『佛説大乗荘嚴經』随聴記

―音曲自然《じねん》の奏―

學場房　世英　講述

尋ぬるに
与へられたる本願は
求めざりし誓願か

門余

浄土真宗三帰依文

今日《こんにち》、濁世《じょくせ》群萠《ぐんもう》・諸衆等、恒沙曠劫《ごうじゃこうごう》よりすべて経来《へかえ》れり。この人身《にんじん》を度《ど》するに値遇《ちぐ》し叵《がた》し、譬えば、優曇華《うどんげ》の始めに開くがごとし。汝、正に三寳《ぽう》に帰命し称名《しょう》念佛《ねんぶつ》すべし矣《と》。

西方不可思議尊

釈迦・諸佛に帰説《きえつ》したてまつる。

世雄《せおう》、願わくは我、十方諸佛と共に、聞名《もんみょう》せん。

南無阿弥陀佛。

世雄《せおう》、願わくは我、群萠と共に、法蔵《ほうぞう》に深入し、慧海《えかい》のごとくならん。

僧伽人《さんがびと》に帰説《きさい》したてまつる。

世雄《せおう》、願わくは我、恒沙《ごうじゃ》の信と共に、聞名し一切無碍ならん。

無上甚深《じんじん》微妙《みみょう》の嘉号《かごう》は、百千万劫《ごう》にも値遇《もうあ》うこと難《かた》し。

われら、今、聞くところを慶び、得るところを嘆ずるなり。

願わくは、恒沙の加勧に、如来の真実義を頌・解したてまつらん矣《と》。

まえがき

今から十七年前であったか、新潟地区の「合同同朋会」が百回を迎え、すでに亡くなられた和田稠先生と竹中智秀先生を迎えて講演会を開催させていただいた。時に、戦世の二十世紀が終焉し、新たなる二十一世紀を迎えることになり、「二十一世紀に望む展望」というテーマを掲げてお話いただきたいとご相談したら、和田稠先生から、豪くお叱りを受けたことがあった。

その趣旨は、あなた方は、二十一世紀という西暦を、自らの罪悪深重煩悩熾盛の衆生として、ヨーロッパの歴史の業報を自身の課題として、本当に考えておるのかという指摘であった。平成元年（昭和六十四年）の一月より元号が平成に定められ、明治以来の国家権力（大日本帝国憲法）の趣旨の本に国民主権の日本国憲法は忘却され、「聖暦・聖代」という「天皇の世」として日本の歴史が、元号という良き慣習として、殆ど国民が議論せずのままに、政府・自由民主党の意向として、天皇の世の一代一元号として定められた。まあ、国民主体の選択というよりは、国家主義による「元号」という既製服を国民に着せた訳です。この課題もご本願の第三十八願に照らし合わせますと、「裁《さい》縫《ふ》・擣染《とうぜん》・浣濯《かんだく》」という汚染の文化が何時の間にか蔓延る訳です。国民に合わせるのでなく、天皇制の世、そして臣民なる国民の教育、臣民が天皇を讃嘆する国歌、日本は神々の国であるという昔話で、天皇を首とする憲法を改正、天皇を称讃する国歌「君が代」、天皇を旗じるしとする「日の丸」の国旗、明治の下級武士が考えた政変、「天皇制」を国の柱とする「大日本欽定憲法」の精神と、国旗・国歌に基づく教育。臣下の礼、臣民の奉仕なる国体の維持が絶対優先される訳です。石川県の門徒でありつつ元総理は、恥ずかしげもなく「日本は神の国」と云って憚らない。それが日本という鬼神社会の現状でした。その問題をほおっておいて何が「二十一世紀の展望」なのかと仰る訳です。

本山の教学もその事には触れられず、東西の国々の歴史の中でただ共通理解しやすい、西暦でも、元号でも併用して記載するという事務面でしか対応せず、今にいたっております。親鸞さまは『教行信証』の「後序」と呼ばれる文に、「承元の法難」という法然・親鸞さまを流罪にし、四人の法朋が死罪になった事件を通して、正にこの「十方衆生」の「時」を奪い、「国」を奪い、「言葉」を奪うような出来事なのだと仰る訳です。そして法然聖人の入滅をご縁として、流罪の地、越後に居られた親鸞さまは、流民と共に、関東に移られる訳です。その時、改めて法然聖人との出遇いの意義が「十方衆生よ」と呼ばれし「時」を回顧され、宿された時を通して改めて「然るに、愚禿釈の鸞、建仁辛の酉の暦、雑行を棄てて、本願に帰す」（聖・399頁）という「本願成就の時」として宣布される訳です。それは、元号の時という鬼神社会の時から解放されると同時に、束縛して止まない鬼神社会の時に開放されて往く時を賜った驚きであり、忝さでございましょう。ここで、親鸞さまはご自分にとっては宝物のような、法然聖人の「真筆・真影・真文」と、法然さまより賜った「綽空」の字を改めて、「佛の名《みほとけみなのもとに》」と書いていただいたと。これは「南無阿弥陀佛」に、本願の歴史からいただいた物は、未来世一切衆生にお返しする。恒沙無量の諸佛の加勧としていただいた宝物を、「真佛土」の大地に帰されたのでございましょう。法然聖人の『選択本願念佛集』は、ご存知のようにこの後、その版木は比叡山の僧分に焼き尽くされ、お墓も暴かれていくような出来事が「法難」として続く訳です。道俗を挙げて「真宗」を排斥し、地表から抹殺される訳です。体制社会文化と、体制内佛教の総力を挙げて。お念佛の燃え上がった炎（同炎）を抹殺する訳ですが、お念佛のご縁は、排除されればされるほど、佛教教団という器から漏れ出で、「群萌海・群生海」に派生してきたのでございます。

ここに「慶ばしいかな、心を弘誓の佛土に樹て、念を法海に流す」という「深知」と「良仰」が呼応し「茲《これ》に因って、真宗の詮を鈔し、浄土の要を摭《ひろ》う」との、未来世一切衆生のわれらに「浄土文類」をお返しされる親鸞さまが起ち上がられるのでありましょう。正に、神々の物語・神々の讃歌・神々の象徴（国旗）の基に鬼神社会を形成する、穢土なる只中で、「地獄・餓鬼・畜生あらば、正覚を取らじ」という還来の魂が「仮令の誓願・果遂の誓い」にまでなって当流してくるのでございます。

親鸞さまは、元号の時、体制内臣民として時を奪われてきた歴史、大和朝廷の覇制の歴史観も含めて、釈迦さまからの佛教の歴史を「三時教」として按じられておられます。体制社会によって、印朝・唐朝・和朝という体制内宗教として人々から迎えられてきた無明性でございましょう。その問題を、単に鬼神社会の歴史の時からの解放ではなく、本籍を浄土と思い出した者は、敢えて体制内佛教の歴史を現住所として生きる事が始まる生活として、親鸞さま、五十二歳の一二二四年を「我が元仁元年甲申《きのえさる》に至るまで、二千一百八十三歳なり」と、時を宣言される訳です。穢土の時を「われらなり」との時の成就として味合われておられます。信心獲得の時を通して、「五濁悪世」という時代社会の時をわが時としていただかれる訳です。失われた国土、失われた主観、失われた使命ではなく、奪われた国土、奪われた主体、奪われた御用の放浪する難民の人々の祈りとして値遇われ、見えられて往かれます。「わが元仁元年」という、個人的な時の喪失の問題ではなく、群生を荷負され、重担とされた時として呼び懸けられる訳でございましょう。つまり、主観の我執が命終せしめられ、南無阿弥陀佛が新たな主体として誕生される訳でございます。法蔵菩薩の誕生秘話でございましょう。佛教の三時史観が命終せしめられ、新たに「浄土真宗は、在世・正法・像末・法滅、濁悪の群生、斉しく悲引したまうをや」（聖・357頁）との本願成就の史観が開放されてまいる訳です。

私どもが「人のいのち」を受け、誕生と共に忘れし願いと使命を「人身受け難く、今すでに受く。佛法聞き難し、今すでに聞く」と「三帰依文」として始まります。人間は「厭離欣楽」の心でしょう。嫌であれば、その場を退散し、蒸発しますが、樹木はそこに種子が発芽されれば、その外境の縁にすべてを任せます。その種子されし場処を自分の道場樹として生まれ生きていきます。譬え、「三悪趣」の境遇であっても、「三界六道」の流転の境遇であっても、そこに身を据えて生きていきます。「和朝」の時代社会の中で「時」を奪われ、「主体」を奪われ、「志願」を奪われようとも、黙々と生死の迷いを尽くすその還来の魂の「我が元仁元年」という時が、親鸞さまという法蔵菩薩さま誕生の秘話でございましょう。和田稠先生より、『教行信証』という、浄土から往来する道路を思い出させていただいた訳です。今回も、『無量壽經』異訳の『荘厳經』を通しまして、「三經一論」という課題に見えんと欲うことでございます。

帰本願八百十六歳（平成二十九年）九月十九日

凡例

一、引用文は、東本願寺出版物『真宗聖典』、「聖・何頁」とした。
　西本願寺出版物『浄土真宗聖典』、「浄真宗・何頁」とした。

二、『大乗荘厳經』の経文は、『真宗聖教全書』を書き下した。

三、経文の語註は、電子辞書の『新漢語林』・『広辞苑』、『真宗新辞典』・『浄土真宗聖典』を参考した。

四、法然上人という慣例は、曽我先生の指南により、法然聖人とした。

五、初めという慣用句を、個人的な事柄は「初め」とし。その他、佛道事業の場合、「始め・創め」と歴史的事柄として表現した。

六、「味わう」との表現は個人に。「味合う」という表現は、十方無量の諸佛・人々と共有する意とした。

七、『經典』の送り仮名は、返り点のままとし、文章上は普通の送り仮名とした。

八、『經典』の文字は、「佛」等、なるべく旧字とした。引用文はそのままにした。

九、『大乗荘厳經』の「經題」を『佛説大乗荘厳經』とした。

目次

巻上

第一章　南無阿弥陀佛なる「開史・開国」の宣言

今年（平成二十六年）の八月まで、ほぼ三年ばかりかかりまして『大寶積經』（如来会）を講読させていただきました。ご存知のように『無量壽經』は「五存七欠」と申しまして、十二回ほど人類の歴史の中で翻訳されてまいりました。それが中央アジア・中国大陸の様々な国々、時代の王朝によって翻訳され、高句麗版大蔵經・宋版・元版・明版等、所収されて、日本の大正蔵經として届けられております。まあ、佛教文化、人類の世界遺産として国家権力による国家プロジェクトとしての文化事業です。その地表の上の華やかな事業の底で、黙々と地下水の如く、伏流水の如く胎動し流れ往く本願の鉱脈があったのでした。『一切經』の大地、佛教の大地でありました。曽我先生は、釈尊以前の佛教として『親鸞の佛教史観』として提起なさっておられます。その本願の歴史観が面々と、人類の歴史に、国を越え、時代を越え、言葉を越え、民族の文化・習俗を越え、翻訳され味合われてきました。それは、様々な国々の歴史に出で、時代社会に出で、言葉の違いに出で、民族の文化・習俗に出でた魂の軌跡であり、それは同時に、国々を超え、時代を超え、言葉を超え、民族の文化・習俗をも超えせしめる人々の道として成就してまいりました。所謂、世に出でる魂が、世を出でる一生涯を共々に回復せしめる「勝過三界道」の往来の道路でありましょう。人々の交流する意もございましょうが、如来と有情、浄土と穢土の人々との交響楽でございます。浄土からの働きが「功徳荘厳」として「謹顕」され、いただいた頷きの「我一心」という「信心獲得」をとおして、その成就せしめた願心を尋源する「謹案」する「荘厳功徳」の味合いとして、相応・呼応・響応するものでございましょう。それが、法然聖人が親鸞に託された課題「三經一論」という『浄土論』なる課題、実は『教行信証』という、「顕浄土真実」の「明証」の歴史が束ねられ、言魂・ことの葉の文類として届けられております。

今回、二十四願經・三十六願經・四十八願經と展開しております本願の歴史を、この『佛説大乗無量壽荘厳經』を読誦・諷誦させていただき、人々に流れ往く根源的な要求に応えし「所欲の願」を尋源させていただこうと開講に至りました。元より浅学菲才の身心を省みず、愚信を申し上げる訳でございますが、命あらん限り、ご縁の尽きるまで届けられ顕されている事柄を通して「謹案」させていただきたいと欲うことでございます。

親鸞さまは、五存の『無量壽經』の内、この『荘厳經』だけ『教行信証』の引かれておられないようです。そして、『講義録』も昔の講者のものは知りませんが、ほとんど取りあげておられません。安田先生の『講義録』に若干、比較として語られておりますが、ほとんど、参考文献はないようです。唯、読誦・諷誦させていただき、感じますことを述べたいと思います。「五念門」の行を通して、「五正行」の信の生活としてお尋ねしたいと欲います。それでは、始めに「經題」と「証信序」と呼ばれるところを読誦いたしましょう。

佛説大乗無量壽荘厳經　巻上

西天訳經三蔵朝散大夫試光禄卿明教大師臣法賢奉詔訳

是の如く我聞きたまへき。一時、佛、王舎城鷲峯山の中に在まして、大苾芻衆三萬二千人と倶なりき。皆、阿羅漢を得、大神通を具せり。其の名を、尊者阿若憍陳如・尊者馬勝・尊者壓瑟比拏・尊者大名・尊者跋多婆・尊者称天・尊者離垢・尊者妙臂・尊者布蘭拏枳襄・尊者憍梵波提・尊者優楼頻螺迦葉・尊者那提迦葉・尊者舎利子・尊者大目乾連・尊者摩訶迦旃延・尊者摩訶倶絺羅・尊者劫賓那・尊者摩訶剸那・尊者弥多羅尼子・尊者阿那律・尊者喜・尊者緊鼻哩拏・尊者須菩提・尊者哩縛帝・尊者佉禰囉縛弥枳襄・尊者賀囉倪・尊者波囉野尼枳襄・尊者縛拘隷襄・尊者阿難陀・尊者羅睺羅・尊者善来と曰ひき。是の如き等の三萬二千人と倶なりき。

それでは「經題」からお尋ねご相談もうしあげましょう。「佛説大乗無量壽荘厳經　巻上」との「經題」です。この「經題」というテーマを、ご存知のように、光明寺和尚・善導さまは『観經疏』の「玄義分」に取りあげられます。「第二に次に名を釈す」（浄土聖典・七祖篇299頁）と、「第四にまさしく説人の差別を顕す」と。「佛」は西国の正音であり、中国では「覚」と名づけ、「自覚・覚他・覚行窮満」が「佛」という意味であると。「自覚」は凡夫に簡異（区別する）と。「覚他」は二乗に簡異し、自利のみの聲聞の利他の大悲なきことを明かし、「覚行窮満」は菩薩に簡異なし、如来する智行の働きとの分限を知らしめると。「説」は口音に陳唱すと。又、機に対して法を説く多種不同であり、衆生なる機に応じて証益を蒙る働きであると「解釈」されておられます。この説人の差別を、親鸞さまは「化身土巻」の「三願転入の文」の終わりに引文せられ、「爾れば、四種の所説は信用に足らず。この三経はすなわち大聖の自説なり」（聖・357頁）と読み添えて味合うておられます。人間の立場の「經」と、如来する「經」の分限を「優婆提舎」されておられます。善導さまの『観經疏』では、「いまこの『観經』はこれ佛の自説なり」と記されます。『観經』は、本願が顕れている「顕」なのであり、その背後に『大經』が隠されているでしょう。所謂、「隠顕の義」です。つまり「真実の教え」が具体的には真実方便としての『観經』なんでしょう。『観經』は佛の自説という事で、他の大乗経典を雑として位置づけ「古今楷定」される訳です。正行なのか雑行なのかという、如来の働きなのか、人間の立場からなのかという二者選択でしょう。佛からの働きはまことで、人間からの働きは雑という「廃立」の教えです。

親鸞さまが「優婆提舎」されますのは「この三経はすなわち大聖の自説なり」と。つまり、『観經』だけでなく、『大經』・『阿弥陀經』をもって「大聖の自説」なりと仰る、『観經』と『大經』の「隠顕」だけでなく、『阿弥陀經』も含めて、三心と照らし合わせ聞思される訳です。真・偽だけでなく、立体的に真・仮・偽という、「化身土巻」が開かれる「真仮みなこれ大悲の願海に酬報せり」（聖・324頁）と。真偽の決判だけでなく、「真仮を知らざるに由って、如来広大の恩徳を迷失す」という、

「佛智疑惑の罪・咎」を明らかにされます。まあ、法然聖人の「三經一論」という菩薩道を託され、それに応じて『教行信証』として集い、改めて浄土文類に値遇われ、「往還二回向」の大事業として奉持し頂戴される訳でございます。

この『荘厳經』の題目は「佛説」・「大乗」・「無量壽」・「荘厳」・「經」という内容が標呼されております。「佛説」は先ほど取りあげましたので、「大乗」の義をお尋ねしますと、大きな乗り物というのでしょうが、昔は南伝の「小乗教」に対して北伝の「大乗教」という云い方でした。南伝の佛教徒の方から、失礼な、お釈迦さまの教えに小も大もあるかと疑難があがりまして、今は「小乗」と云わないで「原始仏教」と呼ぶそうです。まあ、世間の難はさておいて、個人的な救済、個人の悟りという意が「涅槃」という、お釈迦さまの一生涯の功徳として表現されますし、大乗の方は「人々と共に」とか「衆生と共に」という菩薩道が「大涅槃」という意を表すのでしょう。釈迦教団の流れの中では「上座部」と、「大衆部」という、比丘・比丘尼、優婆塞《うばそく》・優婆夷《うばい》という「道俗ともに」という四衆というのでございましょう。更に、「無量壽經典」は、四衆を超えて、過去の人々、未来の人々、現在の人々という、「去・来・現」という佛・佛想念の歴史と世界、三世十方の諸佛・衆生が開史・開国されてくる、僧伽の歴史と世界が「彼の世」という、浄土として仰がれてまいります。ですから、辞書を披いてこれこれだという説明・解釈ではありません。

曇鸞大師の『論註』をいただかれる親鸞さまは、曇鸞大師が、龍樹菩薩の『十住毘婆沙』を謹案されておられます中に、菩提心を起こし、人間から菩薩を求めて往く「難行道」という菩薩道と、如来からの働きの菩薩道を「易行道」と述べられます。これは『正信偈』にも「難行の陸路、苦しきことを顕示して、易行の水道、楽しきことを信楽せしむ」（聖・205頁）と、人間からの菩薩道を「陸路」とされます。如来する菩薩道を「水道」とされます。『論註』は「水路に船に乗じてはすなわち楽しきがごとし」と、曇鸞大師は「陸路・水路」という人間からの機の課題として、「船に乗じて」という「乗佛願力」を選択するという「信」として述べられますが、親鸞さまは、人間の菩薩道は「陸路」、機の問題と。法の働きが「水道」であると、全く方向が違っている意を顕されます。

曇鸞大師さまは、「「易行道」は、いわく、ただ信佛の因縁をもって浄土に生まれんと願ず。佛願力に乗じて、すなわちかの清浄の土に往生を得しむ。佛力住持して、すなわち大乗正定の数にいる。正定はすなわちこれ阿毘抜致《あびばっち》なり」（聖・168頁）と仰られるというのです。まず、佛さまからの菩薩道は、「唯、信佛の因縁をもって浄土に生まれんと願ず」という意味があると。人間からの菩薩道は、菩提心の因をもって佛果を得るというのです。人間からの菩薩道に「十住」がある。五十二の段階があると。そういう菩薩道が命終してくる。佛からの働きが「十住」ある。五十二の歩みがあり、その佛からの働きの展開で、私どもに浄土に生まれんと願ずることが始まってくるのだと。つまり、従来の佛教の教えから解放される。人間からの菩薩道に命終せしめられる出来事が、龍樹菩薩の『十住毘婆沙』であったかという悦服がある訳です。自らが起こした菩提心に立つのでなく、呼び帰す働きが佛からの菩薩道であったかという「信」が曇鸞大師に興きてきたのでしょう。まあ、菩提流支・三蔵に出会い、浄教を教授されて始めて発起せしめられてきた信です。それを「但、信佛の因縁」と仰られる。菩提心の因果でないんです。浄土に往生せんという「願生心」の大地、「欲生心」が佛願力として憶念されてくる訳です。ですから、その信という頷きが本《もと》を尋ねさす訳です。「佛願力に乗じて、便ち、かの清浄の土に往生を得しむ」と。始めて「乗る」という決定が求められてまいります。頭で、小乗とか大乗ということを分別していることではないのです。「乗佛願力」という「信」が始まるのでしょう。「便ち」と、「方便力」として見《まみ》えられてまいります。信の確立に於いて、始めて清浄の土に、浄土に生まれんと、「願生彼国」が願力という、本と法蔵菩薩の願心の展開、歩みを通して、始めて「佛力」が、今日、阿弥陀自在神力として思い出されてまいります。ですから「佛力住持して、即ち大乗正定の聚に入る」と。僧伽に召される訳です。如来の住持力です。私どもの住持ではない。恒沙無量の諸佛の加勧でしょう。如来の住持です。如来する「十住」ですから、私どもの「十住」でないことが明かされてまいります。まあ、「愚身の信心」でございましょう。それが、「水路に船に乗じて、則ち楽しきがごとし」と譬えられる訳です。「則ち」という法則です。自然の願力自然、業道自然に随順する働きが、御約束事として思いだされてまいります。それを「正定は即ちこれ阿毘抜致なり」と。阿毘抜致は「不退転」でありますから、退転しないのは私の菩提心ではなく、私どもに発起された大菩提心、無上の信心でございます。如来する働きが絶え間ない、大悲無倦の驚きなのでございます。

願生彼国という浄土往生が、三經が一心として成就している。本願成就の一心を通して、生みださしめた如来の願心を尋ねることが届けられておったという感激が、次のお言葉でしょう。龍樹の

『十住毘婆沙』を「謹案」されていた曇鸞大師が、天親菩薩の『無量壽經優婆提舍』を思い出される訳です。噫、そうであったかと。『浄土論』を授けられ、「行学」せしめられたのはそういう願いがあったのか。そういう願いが届けられておったのかという感慨です。まあ、主観的な有り難い思い出ではありませんでしょう。「けだし上衍《えん》の極地、不退の風航なるものなり」と。水があふれ出る、あり余る、身に余りある歓びでしょう。自分の個人的な歓びではない、佛と恒沙無量の諸佛の慶び、更に申し上げれば、十方世界、未来世一切衆生の慶びでございましょう。歴史的な、社会的な慶びです。人間の歓びに短調・長調があるんじゃないんです。佛、如来の慶びは「短調」なる大悲です。人間の喜びは自分だけの「長調」の喜びです。それが交響楽する。響き合う、呼応する、この引文の後、「「説願偈総持　与佛教相応」は、「持」は不散不失に名づく。「総」は少をもって多を摂するに名づく。乃至、「願」は欲楽往生に名づく。乃至、「与佛教相応」は、譬えば函蓋相称するが如しとなり、乃至」（聖・170頁）と述べられますがね、本願によって人が生まれた。その人を通して本願が顕彰される出来事が「相応」、人と人の相応ではない、「法」と「機」の相応が、「願偈」と「佛教」との呼応でございましょうや。「不退の風航」という「乗彼願力」の、諷誦・読誦が奏でられるのでございます。

次に、「無量壽」という味合いが語られます。「「無量壽」はこれ安楽浄土の別号なり。釈迦牟尼佛、王舍城および舍衛にましまして、大衆の中にして、無量壽佛の荘厳功徳を説きたまう」と。五濁悪世に出でられたお釈迦さまだと。穢土の王舍城と舍衛国という平和と戦争の国々に生まれ生きられたと。世に出でられた諸佛・阿弥陀でございましょう。爰に、釈迦・弥陀二尊教という親と、その願心が「無量壽佛の荘厳功徳を説きたまう」との内容でございましょう。さすれば「大乗正定の聚に入る」と、「無量壽」の働きと、「荘厳功徳」の極説とが一つに味合われているのが、この『荘厳經』の標呼の經題として顕されていると思われます。つまり、この経典の翻訳者も、『如来会』もそうでしたが、特に曇鸞大師の『浄土論註』を読誦・諷誦して『無量壽經』を尋源されておられると確信する訳です。いかがでありましょうか。

そして、「即ち、佛の名号をもって經の体とす」という、大事な味合いを「優婆提舎」されます。ご存知のように、『教行信証』の「教巻」に「夫れ、真実の教を顕さば、則ち『大無量壽經』これなり」と宣布されます。この『大無量寿經』という人々に味合われ届けられた歴史として顕れていたという驚愕でございましょう。釈迦牟尼佛という諸佛の「称名」の歴史として言説されてきた。それが「結釈」の「爾れば則ち、これ顕真実教の明証なり。誠にこれ、如来興世の正説、奇特最勝の妙典、一乗究竟の極説、速疾円融の金言、十方称讃の誠言、時機純熟の真教なり、知るべし、と」。「正説」・「妙典」・「極説」・「金言」・「誠言」・「真教」との言魂との歴史です。釈迦牟尼佛という世に出でて下さった諸佛称名の歴史でございましょう。つまり、佛と諸佛の法と衆生が成就している。所謂、佛・法・僧の三宝が成就している歴史と世界が「大無量壽經」という三宝成就の僧伽の歴史と世界であったという悦服でございます。さすれば「斯の経の大意は」と、弥陀・釈迦の二尊教、「釈迦・弥陀は慈悲の父母」という働きが顕れていると。ですから、「如来の本願を説きて、経の宗致とす」と、如来の本願があらゆる人々、あらゆる衆生の「宗」となってきたと。帰依すべき歴史と世界が開史、開世界が開かれてくる。開国されてくる訳です。娑婆の世界の、文明開化という開国は話題になっても、南無阿弥陀佛が「開史・開国」の宣言とは誰でも思わない訳です。更に「佛の名号をもって、経の体とするなり」と。南無阿弥陀佛が『大無量寿經』という、具体的な顕れであると。「真実の教え」、釈迦牟尼佛という世に出でて下さった諸佛の歴史と世界が、本願というあらゆる衆生の真なる宗を開いてくる出来事なんだという驚嘆すべき事柄が、この「即ち、佛の名号をもって経の体とす」という、佛道が菩薩道として開顕されておると、その事柄が「後の聖者・婆蘇槃頭菩薩、如来大悲の教を服膺して、経に傍えて願生の偈を作れり、と」。天親菩薩の、信心獲得を通して、『無量壽經』が尋源されてきた歴史が「三經一論」という、「優婆提舎」が届けられておったと。曇鸞大師を分水嶺として、二世紀の南インドの龍樹さまと、四世紀の西アジアの天親菩薩さまが繋がったのです。こんなこと味合うたら、たまらんですわ。親鸞さまが、「何をもってか、出世の大事なりと知ることを得るならば」（聖・152頁）との、思いがけないではない、「唯是れ不可思議・不可思議・不可称の信楽なり」（聖・236頁）との、言葉が絶えたることなのでございます。

それでは、訳者の名告りをお尋ねします。「西天訳経」と記されております、「註」をみますと、「宋西天」とありますから宋代でございましょう。歴史に疎いので分かりませんが十二世紀頃でございましょう。「三蔵」は経典をインドより中国に伝えた僧の総称でございます。「朝散大夫試光禄卿明教大師」という翻訳者の師が長々しく引いてあります。まあ、身分のある朝廷より官位を賜っている、そしてそれが名刺のように飾りたてられています。その「臣」ですから、師匠の七光にあやかって自分を自大しているのでしょう。その臣下の法賢という由々しき者であると名告っておられます。まあ、軍隊で下士官が、三等兵を「天皇陛下の御言」と云って絶対服従を強いたようなものでしょう。権威・権力を振り回す側です。叙勲を受けて人かどの者だと自賛しているような者です。まあ、とんでもない三蔵法賢でございましょうが、国家事業の一環を荷うエリートでございます。賢すぎて、自分で経典の内容を要点として翻訳しているようで、原典をそのまま翻訳してないようにも覚えますが、いらぬ邪推は止めて、経典そのものを読誦・諷誦してまいります。それから、この『荘厳經』は三巻に分かれております。紙の都合なのか、版の都合なのか分かりませんが、「双巻経」という大事な意は忘却され、編集の都合で分けられたか、沢山の弟子たちの分業なのか。まあ、人類の文化遺産、佛教文化事業としての国家プロジェクトの一員であられたのでございましょう。次回は、「証信序」をご相談申し上げたいと欲っております。

第二章　佛弟子の器からこぼれいくもの

それでは「証信序」と云われます、所謂「六成就」が説かれております。この『荘厳經』では「信・

聞・時・主・処・対告衆」の次第になっておりますが、古い異訳経典では「如是我聞」の「信・聞」がなくて「主・(時)・処・衆」の「四成就」として語られます。まあ、この『荘厳經』は宋代ですから一番新しい時代の翻訳でございますから、ややこしくございますが、三十六願經・四十八願經では「如是我聞」が付されております。そして、『三部經』では、ご存知のように『魏訳』では「我聞如是」と、『観經』・『阿弥陀經』では「如是我聞」の次第になっておりまして、どういう事なのかと思ってましたら、安田先生は、御講義の中で、「証信」という意味を大事にされ、「聞信」の次第も「信聞」も同じことだと仰っておられたかと思います。まあ、強いて理屈を云えば、古い異訳は「証信序」から始まっていないのに驚く訳ですが、語りべでありますから、「佛」から語られてくる方が普通なのでございましょう。お聞きした者が生前にいただいた教えを、お釈迦さまの涅槃を通して、遺言・遺教として思い出し束ねられたのが「原始経典」でありますし、「上座部」とか「大衆部」という「小乗」から「大乗」との佛教史観では、「証信序」はいらぬ訳であります。本願成就から始まる「佛法」は、南伝の小乗、北伝の人乗という発展の佛教史観でありませんから、曽我先生のお言葉をお借りすれば、「釈迦以前の佛教」(親鸞の佛教史観)という、釈迦諸佛の地上の歴史というよりは、その歴史を大地として支え続ける地下の世界、諸佛・釈迦の本願なる大地の顕れでございましょう。寧ろ、本願成就の機を通して、断絶の現実、「法難」という出来事を通して値遇われてきた歴史観・世界観でございましょう。

本願成就を通して、その根元が、背景が尋源されてきた、玄義されてきた歴史(歴史以前)の「三心一心」問答が『教行信証』という日域に生まれた『浄土論』・『無量壽經優婆提舎』なのでございましょうや。そういう事柄として「竊《ひそ》かに以《おもん》みれば」と『教行信証』では、「謹案・謹顕」されております。

話がそうなってしまいましたので、申し上げますが、『教行信証』の「総序の文」の最後に「大無量寿經」という標呼が掲げられ、「真実の教」・「浄土真宗」と掲げられております。まあ、「標呼」とは經典に説かれている「法幢」でございましょう。所謂、旗印です。浄土の荘厳が宝樹・宝池・講堂・楼閣等に表現されますが、その中の「法幢」です。旗印が無量に立てられる訳です。まあ、「大会衆」を現すのでありましょう。三世十方の諸佛・衆生が雲集してくる。「一時来会」という言葉がございますが、「正定聚の数に入る」とか、「正定聚に住する」という集いです。どういう集いか。諸佛方は「称名」し、衆生は「聞名」する集いです。「称名」と「聞名」の分限が示されると共に、呼応してくるような大会衆、僧伽和合の世界です。まあ、浄土の人々ですが、正確に云えば、浄土を国籍・本籍として穢土を現住所として生活し集う人々でございます。その僧伽人の相好でございます。浄土の三点セットもありますが、穢土の三点セットです。蓮如さんは、『正信偈』・『和讃（浄土・高僧・正像末）』の四版をもって門徒のお勤めとして下さいましたが、「証信」です。そこに「国土・歴史・時」が開国され、開史されてくると仰る訳です。一般的に申し上げれば、佛・法・僧の三宝でございましょう。穢土に花咲く「一心の華文」、聞法社会の「憲章」と「国歌」と「旗標」です。まあ、阿弥陀佛というご本尊さまが「南無阿弥陀佛」という旗印です。阿弥陀佛なる本願の象徴が、具体的に「南無阿弥陀佛」という「称名」と「聞名」との呼応でございましょう。「大無量壽經」という本願成就を通して願心が尋ねられてくることが「標呼」の内容でございますが、「真実の教」と掲げられます。これは、本願成就文「聞其名号信心歓喜乃至一念」という真実の働きが人類の歴史に成就した出来事、人間の歴史に顕れ出ている「謹顕」を意味するものとお聞きする訳です。お釈迦さまの佛教として人類の歴史に華さいた出来事でございましょう。具体的には「聞名」が衆生の上に成就した。発遣された出来事でございましょうし、「浄土真宗」は、その「聞其名号信心歓喜乃至一念」を通して、如来する願心の展開が如来の四十八願の本願として尋ねられる。「謹案」されてくる出来事なのです。まあ、親鸞さまは、「至心に回向したまえり。彼の国に生まれんと願ずれば、即ち往生を得、不退転に住せんと。唯五逆と誹謗正法とを除く、と」（聖・233頁）と、「本願欲生心成就の文」として分けられておられます。本願が「謹案」されるということは、その根元の「至心・信楽・欲生」がよくよく案ぜられてくるという出来事でございます。

ところが、「教巻」になりますと、「謹んで浄土真宗を案ずるに、二種の回向あり」と「謹案」が先に語られております。「総序」とは逆に本願が案ぜられ、如来の「三心」の願心の働きが往還二回向として、真実からの働きが「教・行・信・証」という道でしょう。浄土からの働きが、衆生への道となる。国土の働きが道だと、「真佛土」の光明壽命の働きは、国土が（往来）の道路として展開しておったと。ですからそれが「夫れ、真実教を顕さば、則ち『大無量壽經』これなり」と。「夫れ」と、穢土に顕れていた驚きであり、人類の歴史として還来しておった出来事として見《まみ》えられます。単なる『無量壽經』という『経典』の名ではないのでしょう。本願成就を通して、本願が尋源されてきた。浄土からの働きの出入と、衆生が浄土に入国する出来事が一つの出来事として「謹案」を通して「謹顕」されている呼応が『大無量壽經』という表現です。単なる書物の名ではないのです。浄土からの働きを通して人間が生まれ生きるという出来事です。

そして、「斯の經の大意は」と、弥陀・釈迦の二尊教の内容が衆生の帰国への促しが穢土の衆生に始まってくる。施与された道として「真実の教行信証」が述べられ、穢土に開かれる「真実の利」として開かれております。親鸞さまの「釈迦・弥陀は慈悲の父母」という「善巧方便」の働きでしょう。ですから、「如来の本願を説きて、經の宗致す」と。ただ「經」とございますから縦糸です。縦糸は縦糸でも、あらゆる衆生の「宗」となる歴史と歴史以前であります。「即ち佛の名号をもって、經の体とするなり」との「優婆提舎」は、届けられた歴史と歴史以前の具体性が「南無阿弥陀佛」という出来事そのものとして述べられるのでございます。

この「弥陀・釈迦」の二尊教の働きは、南無阿弥陀佛なる招喚と発遣の呼び声でございますが、「信巻」の「二河譬」では「この人すでに此に遣《つか》わし彼《かしこ》に喚《よば》うを聞きて」（聖・220頁）という次第です。釈迦・弥陀という働きでございます。「証巻」には「釈迦はこの方にして発遣し、弥陀はすなわちかの国より来迎す。彼に喚《よ》ばい此に遣わす。あに去《ゆ》かざるべけんや」（聖・283頁）と、光明寺和尚・善導さまの起ち上がって往かれる（あに去かざる）決意として値遇われておられます。まあ、真実の往相回向に促されし法然聖人の一生涯のお相を憶念される訳です。ご自分の「聞名」は釈迦・弥陀二尊の招喚・発遣の呼び声ですが、法然聖人を憶念される時は、弥陀・釈迦の働きとして味合われております。まあ、余談になりました。

『荘厳經』の經言に戻りまして、「六成就」の「衆」の内容が「大苾芻《しんしゅ》衆三萬二千人と倶なりき。皆、阿羅漢を得、大神力を具せり」と。「大比丘衆」がここでは「大苾芻衆」という言葉です。『魏訳』は漢語の翻訳でしょうし、『荘厳經』は、サンスクリットの音のままに漢字を当てておられるのでしょう。「萬」と「三萬」は、「三」は満数を顕すそうですから、装飾の儀でございましょうか。みな「阿羅漢を得」と、『愚禿鈔』の上に、「聲聞教」の第四果が阿羅漢向（応供）（聖・425頁）との解釈がございます。その後は、三十一人の尊者が列挙される主だった佛弟子の名前です。十大弟子で象徴されますが、開かれて曰われております。最初は、阿若憍陳如（了本際）です。最初のお釈迦さまの従者が出家した比丘の名です。この最初のお弟子のコンダンニャ（憍陳如）が、佛陀の説法の終わる前に心の垢を去り法眼を得られた。佛陀はそれを知られて、「アンニャ・コンダンニャ」と仰せられ、「コンダンニャよ、汝は知了した」との意が、後で「アンニャ・コンダンニャ」（阿若憍陳如）と呼ばれることになる。「阿若」（知了）は、ああ、そうであったかという感嘆、信心が顕されている。「汝よ」という促す呼びかけに目覚めた智慧が名として成就している。促す働きと、頷いた智慧が「行信」として成就している名告りでありましょう。「信心」に目覚めることが本来の自己であったとの「如是」を意味するものであります。

二番目からは読むだけにしておきます。「尊者馬勝《めしょう》」（正願）・「尊者大名《だいな》」（仁賢）・「尊者跋多婆」・「尊者称天」・「尊者離垢」・「尊者妙臂」・「尊者布蘭拏枳襄」・「尊者憍梵波提」（牛王）。「尊者優頻螺迦葉《うるびんらかしょう》」・「尊者那提迦葉」・「尊者舎利子」（舎利弗）・「尊者大目乾連」・「尊者摩《ま》訶迦栴延《かかせんねん》」・「尊者摩訶倶絺羅《まかくちら》」・「尊者劫賓那」・「尊者摩訶剸那」・「尊者弥多羅尼子」・「尊者阿那律」・「尊者喜」・「尊者緊鼻哩拏」・「尊者須菩提」・「尊者哩縛帝」・「尊者佉襧囉縛弥枳曩」・「尊者摩賀囉倪」・「尊者波囉野尼枳曩」・「尊者嚩拘隷曩」・「尊者阿難陀」・「尊者羅睺羅」・「尊者善来」でございます。

佛弟子の人数は「異訳」によって違いますが、『魏訳』では、この後、大乗の諸の菩薩の名が語られ、普賢大士の徳が八相として示され、還来の菩薩の「遊諸佛国・供養諸佛・開化衆生」の徳が語りべされますが、この『荘厳經』では略されており、すぐに「発起序」が語られてまいります。

この「尊者」という名が、『魏訳』でも、『荘厳經』でも佛弟子への敬愛の尊号として呼ばれております。人間界にあって、佛縁に逢うことが希有の出来事であり、阿羅漢として生まれるというご縁は尊いことなのでございますが、ご存知のように親鸞さまは『浄土和讃』の始めに、「阿弥陀如来・釈迦牟尼如来・頻婆娑羅王・提婆尊者」と、『観經』の阿闍世と韋提希等だけでなく、『涅槃經』を諷誦されて頻婆娑羅王（韋提希夫人・耆婆大臣・月光大臣）、提婆尊者（阿闍世王・雨行大臣・守門者）までも包括して、本願の会座に集う国という社会の人々の問題、本願の機、「難治の機」として、国と国民という問題が、根源的な人間《じんかん》に生まれて生きる人々の問題が、宗教社会の課題とされる訳です。ですから「五逆・誹謗正法・一闡提《いっせんだい》」という本願の機としての課題とされて、象徴的に「提婆」まで「浄邦縁熟」の大事な時のご縁として「尊者」という名をいただいておられます。まあ、『平等覚經』にも、阿闍世の回心が語られておりますが、『無量壽經』だけでなく、『涅槃經』も含めて阿弥陀の本願の会座と知らしめられ、「五濁悪世」の只中、佛縁の全く縁のない人々の「未来世一切衆生」の人に生まれられた、社会・国に生まれられた人々の「秘められた法蔵」が見えられて往く展開が示されます。

まあ、『平等覚經』・『大阿弥陀經』・『如来会』等、『魏訳』と、その『浄土論』『論註』なる『教行信証』を通しますと見えられてまいりますのは、「余のひとびとを縁として念佛をひろめんとはからいあわせたまうこと、ゆめゆめあるべからずそうろう」（聖・576頁）との、親鸞さまのお便りです。このお言葉も、法然聖人のご遺言であろうとの『没後起請文』の「おのおのの所で念佛を専らにしてほしい」との文を思いだすのでございますが、要は国家権力に隷属し、体制内宗教として容認される中で、文化活動としての佛法興隆ではないという事でしょう。どんなに華やかに、世間に随従して人の大なる結集が「真宗再興」とか「真宗興隆」ではないという事でしょう。蓮如さんの『聞書』の「一宗の繁盛と申すは、人の多くあつまり、威の大なる事にてはなく候う。一人《いちにん》なりとも、人の信を取るが、一宗の繁盛にて候う」（聖・877頁）との浄土からのお便りも、「真宗興隆の大祖源空法師、ならびに門徒数輩」という穢土に現住所する還来の僧伽であるとの分限が明かされてくる。決して佛教文化運動ではないのです。そういう意味で、親鸞さまは『法華經』とか、この『荘厳經』を表立って「聞思」されてない意でございましょうや。インド民族から五逆され、西アジアの人々から誹謗され、中華民族から一闡提され、日域で萌芽し、発起せしめられた無上信心が故にでありましょうか。現代に於ても、未来世に於ても、過去に於ても地表では「唯除」される訳ですが、その地下に面々と伏流水の如く流れ往く、源泉でございましょう。寧ろ、「唯除」を機縁とする、「浄邦縁熟して、調達、闍世をして逆害を興ぜしむ」この五濁悪世の只中に、「浄業の機彰れて、釈迦、韋提をして安養を選ばしめたまえり。斯れ乃ち権化の仁、斉しく苦悩の群萌を救済し、世雄の悲、正しく逆謗闡提を恵まんと欲《おぼ》す」（聖・149頁）との釈迦・弥陀二尊の「大悲無倦常照我」という「恵」、本願成就の時として当来せしめるのでございましょうや。いらぬことを申しました。

次に「発起序」をお尋ね申し上げます。

爾の時、尊者阿難、即ち座より起ちて偏に右の肩を袒《かたぬ》ぎ、右の膝を地に著け、合掌し頂礼して、佛に白して言さく。世尊・如来・正等覚、諸根清浄にして、面色円満し、寶刹荘厳せり。是の如きの功徳未曾有なることを得たり。云何が所行、広大の妙行、及び過去・未来の諸佛の所行なる、願はくは為に宣説したまへり。佛、阿難に告げたまはく。善哉善哉、汝、一切を利益せんが為に、慈愍の心を懐き、能く如来に微妙の義を問へり。汝、今諦かに聴き善く之を思念せよ。如来・応供・正遍知、今汝が為に説かん。

まあ、読誦していただきますと、簡素に語られております。阿難が座より起ちあがられ、佛に言されます。『魏訳』の「五徳現瑞」が、ここでは「世尊・如来・正等覚」の佛の十号の三つが語られ、「面色円満」と、佛の尊容が讃嘆され、未曾有の出来事として確かめられます。そして「云何が所行、広大な妙行、及び過去・未来の諸佛の所行なる」との問いが立てられ、佛の宣説が請われます。佛は阿難に、「善哉善哉、汝」と呼びかけられ、一切の利益と、慈愍の心で「微妙の義」を問うたと。そして諦聴を促され、思念を呼びかけられます。そして、佛が「如来・応供・正遍知」という十号の三つを名告られ、説法を始められます。

ご存知のように、『教行信証』の「教巻」に、この「微妙の義を問へり」という阿難の問いをもって、「何をもってか、出世の大事なりと知ることを得るとならば」と。阿難の問いが、「出世の大事」と知ることになるのか、『大無量壽經』・『如来会』・『平等覚經』・『述文賛』をもって「聞思」されておられます。まあ、「教巻」というのは、人々によって「謹案」されてきた本願の歴史と世界、具体的には弥陀・釈迦二尊の慈悲の父母という願心の働きでございましょう。あらゆる人の本願を開き、南無阿弥陀佛の名号をもって「凡小・群萌」に関わって下さる親の願心との出逢いでございましょう。

「釈迦、世に出興して」と、釈迦の「出世の大事」が「凡小・群萌」の「出世の大事」と呼応してまいります。『大無量壽經』では、その出会いを「世尊と阿難」の出会いとして取りあげられ、「去来現の佛、佛と佛と相い念じたまえり。今の佛も諸佛を念じたまうことを得んや。何がゆえぞ威神の光、光いまし爾《しか》る」（聖・153頁）と阿難は世尊に問われる訳です。今日の世尊は、お顔が光顔巍巍とされている、どうしたのですか。未だかって仰いだことのないような殊妙のお相です。佛佛相念のお相なのですか、今日の佛も諸佛を念じておられるのですか。佛だけではない、諸佛方も光、凡小・群萌も光りだすと。こんな光の歴史と世界があるのですかという問いです。

世尊はここで、阿難の問いを確かめられます。諸天から教えられた問いなのか、自ら慧見をもって威顔を問うているのかと。阿難が自ら所見をもってこの義を問うたと応えられると。佛は、貴方の問いは「深き智慧、真妙の弁才を発して、衆生を愍念せんとして、この慧義を問」うておられるのだと。つまり、佛さまに対する人間の讃嘆を阿難はされる訳です。それを佛さまは、佛さまの讃嘆は人間を讃嘆する内容なんだと。阿難よ、あなたのいのちに宿る「法蔵」を、佛さまは讃嘆されているのだよと頂かれる訳です。阿難に発起されてきた「法蔵」が「深き智慧、真妙の弁才を発して、衆生を愍念せんとして、この慧義を問へり」と仰られる訳です。つまり、如来する五念門の働き（礼拝・讃嘆・作願・観察・回向）を通して、五正行の生活（読誦・観察・礼拝・称名・讃嘆供養）の生活が輝いてくるということでしょう。ここでは、阿難に讃嘆が始まってきたという時は、実は「如来、無蓋の大悲をもって三界を矜哀したまう。世に出興する所以《ゆえ》は、道教を光闡し、群萌を拯《すく》い、恵むに真実の利を持ってせんと欲してなり」という背景が大地となっている訳です。道ありとの出会いの時に、道なき群萌の出会いの誓願が託されていると。つまり、「法蔵」の内容が阿難という「器」に溢れ出てくるのです。佛教徒という器、佛弟子の器からこぼれいくものが如来の本願であり、誓願である訳です。

そういう「難値・難見」が「霊瑞華の時にあって時にいまし出ずるが如し」との、世尊と阿難との出会いの問いの中に、実は、如来と群萌の出会いの時が託されている、そういう時として味合われてくる訳です。曇鸞大師の『論註』を抜きますと、「智に依るがゆえに自楽を求めず、慧に依るがゆえに、我心、自身に貪着するを遠離せり」（聖・293頁）と仰いますから、「慧義」というのは、聲聞根性から解放されて「凡小・群萌」という「一切衆生」の凡愚に帰らしめられるという出会いを意味するものでございましょう。

それから『如来会』では、阿難の「如来の光瑞」への問いが「よく如来に如是の義」を問う出来事として語られます。この「如是」は『經』の最初の「如是我聞」でございましょう。つまり「信心」の成就を「優曇華《うどんげ》」の希有として譬えられます。親鸞さまは、「信巻」の「信楽釈」の最後に、『論註』を通して佛言とし「経の始めに「如是」と称することは、信を彰して能入とす」（聖・232頁）と「聞思」されておられます。

「論主建《はじ》めに「我一心」と言えり」という、天親菩薩・曇鸞大師という歴史的信心の希有なる出来事が、つまり、願心の「經」が彰れてきたと。『論註』として「歴《あらわ》」れておったことを通して、願心が湧き出てきたと仰られる。「能入」ですから、「証信序」というよりは「帰敬序」と申し上げたい訳です。ここに「称」という意が確かめられる「優婆提舎」なのでございます。

『平等覚經』では、甚難の難値が「世間に優曇鉢樹あり、ただ実《み》ありて華あることなし」（聖・154頁）と衆生の信の「胎生」の課題が取り上げられます。と同時に「世間に佛ましませども、甚だ値《もうあ》うことを得ること難し。今、我佛に作りて天下に出たり」との、佛として世に出でる甚難、つまり、還来の菩薩道として受け止められる難です。「佛辺にありて佛に侍《つか》えたてまつるなり」という「辺地胎生」の二十願の課題として「優曇鉢樹」の譬えとして語りべされます。それを「普聴・諦聴」と促される訳です。聞法のご縁を果徳としていただいたけれども、その因位の願心のご苦労をしらない、聲聞衆多の課題でございます。親鸞さまという歴史は、エライ、えげつない歴史でございますよ。

そして、新羅の「憬興師《きょうごうし》」の『述文賛』を引いておられます。南都に伝えられている『大無量壽經』の歴史であると教えていただく訳ですが、単に「解説」されておられるのではないのでしょう。釈迦・諸佛の佛教の歴史を超えて、諸佛・釈迦の本願の会座が届けられておった驚き、「夫れ以《おもん》みれば、信楽を獲得することは、如来選択の願心より発起す、真心を開闡《かいせん》することは、大聖矜哀の善巧より顕彰せり」（聖・210頁）と。弥陀・釈迦二尊のご苦労を思い出した、新羅（朝鮮）の憬興に生まれた法蔵菩薩のご苦労でございましょう。まあ、新羅の法蔵さんです。新羅に生希生きた凡小・群萌の往生です。『文類偈』に、「思惟摂取するに五劫を経《へ》たり、菩提妙果、上の願に酬《こた》えたり。本誓を満足するに十劫を歴《へ》たり。壽命延長、よく量ることなし」（聖・410頁）との、「経」・「歴」を共に「へたり」と頌偈されておられます。歴史にのぼらない縁が「経」でしょうし、歴史に語られる縁が「歴」でしょう。その「歴」の方が終わりなき菩薩道なのでしょう。法蔵なる使命です。

第三章　不退の風光

「発起序」を読ませていただいたので、次に移りたいと欲いますが、『荘厳經』の大まかな展開を『聖全一』の「科文」を通して見てまいります。

佛説大乗無量壽荘厳經　巻上

西天訳經三蔵朝散大夫試光禄卿明教大師臣法賢奉詔訳

証信序

発起序

正宗分　菩薩発願　三十八佛

嘆佛偈

思惟摂取

三十六願（より三十願まで）

佛説大乘無量壽荘厳經　巻上

佛説大乘無量壽荘厳經　巻中

西天訳經三蔵朝散大夫試光禄卿明教大師臣法賢奉詔訳

正宗分　菩薩発願　三十六願（三十一願より三十六願）

重誓偈

菩薩修行

弥陀果徳　十劫成道

光明無量

聖衆無量

寶樹荘厳

寶池荘厳

往生因果　十一・十七・十八願成就

三輩往生

佛説大乘無量壽荘厳經　巻中

佛説大乘無量壽荘厳經　巻下

西天訳經三蔵朝散大夫試光禄卿明教大師臣法賢奉詔訳

正宗分　往生因果　往覲偈

道樹・樂音荘厳

釈迦指勧　胎化得失

流通分　慈氏付属

正法難聞偈

佛説大乗無量壽荘厳經　巻下

と「科文」されております。三分釈という晋の道安が取りあげた經典の分類のしかたで、「序文・正宗分・流通分」とお聞きする訳です。まあ、読み方ですから、通途の読み方です。最初に申しあげましたが、この『荘厳經』は三巻でございまして、『一切經』編集の頁の枚数の関係で三巻になっているようです。大まかな意は、『魏訳』の「双巻經」という、「浄土と衆生」「浄土と穢土に生まれる衆生」の関係を課題としておる語りべでございましょう。「科文」と云いますと、『真宗聖典』の最後に付録として「科文」が紹介されております。『經典』の流の要点が列記される訳ですので、読誦します時に参照されますと、『經典』の流が理解しやすい訳です。

それでは「正宗分」の「菩薩発願」の「三十八佛」の処を読誦・諷誦いたします。

佛、阿難に告げたまはく。過去無量無邊不可思議阿僧祇劫の如き、爾の時、佛世尊有《まし》まして世に出現したまへり。名けて然燈如来・応・正等覚と曰ひき。彼の然燈佛の前に、復、世尊有まして世間に出現したまへり。鉢囉多波野輪如来と名く。

又彼の佛の前に佛有まして世に出でたまへり、発光如来と名く。又彼の佛の前に佛世に出でたまへり、賛那襄誐囉護如来と名く。又彼の佛の前に佛有まして世に出でたまへり、須弥劫如来と名く。又彼の佛の前に佛有まして世に出でたまへり、月面如来と名く。又彼の佛の前に佛有まして世に出でたまへり、無垢面如来と名く。又彼の佛の前に佛有まして世に出でたまへり、無著如来と名く。又彼の佛の前に佛有まして世に出でたまへり、龍王如来と名く。又彼の佛の前に佛有まして世に出でたまへり、日面如来と名く。又彼の佛の前に佛有まして世に出でたまへり、山響音王如来と名く。又彼の佛の前に佛有まして世に出でたまへり、須弥峯如来と名く。又彼の佛の前に佛有まして世に出でたまへり、金蔵如来と名く。又彼の佛の前に佛有まして世に出でたまへり、火炎如来と名く。又彼の佛の前に佛有まして世に出でたまへり、不動地如来と名く。又彼の佛の前に佛有まして世に出でたまへり、瑠璃光如来と名く。又彼の佛の前に佛有まして世に出でたまへり、月王如来と名く。又彼の佛の前に佛有まして世に出でたまへり、日音如来と名く。又彼の佛の前に佛有まして世に出でたまへり、散華荘厳如来と名く。又彼の佛の前に佛有まして世に出でたまへり、吉祥峯如来と名く。又彼の佛の前に佛有まして世に出でたまへり、持海慧自在通王如来と名く。又彼の佛の前に佛有まして世に出でたまへり、施光如来と名く。又彼の佛の前に佛有まして世に出でたまへり、大香象光如来と名く。又彼の佛の前に佛有まして世に出でたまへり、離一切垢如来と名く。又彼の佛の前に佛有まして世に出でたまへり、勇猛峯如来と名く。又彼の佛の前に佛有まして世に出でたまへり、寶光如来と名く。又彼の佛の前に佛有まして世に出でたまへり、持多徳得通如来と名く。又彼の佛の前に佛有まして世に出でたまへり、過日月光如来と名く。又彼の佛の前に佛有まして世に出でたまり、最上瑠璃光如来と名く。又彼の佛の前に佛有まして世に出でたまへり、慧花開心行出生如来と名く。又彼の佛の前に佛有まして世に出でたまへり、大華林通王如来と名く。又彼の佛の前に佛有まして世に出でたまへり、月光如来と名く。又彼の佛の前に佛有まして世に出でたまへり、破無明黒暗如来と名く。又彼の佛の前に佛有まして世に出でたまへり、眞珠珊瑚蓋如来と名く。又彼の佛の前に佛有まして世に出でたまへり、三乗法自在王如来と名く。又彼の佛の前に佛有まして世に出でたまへり、師子海峯自在王如来と名く。又彼の佛の前に佛有まして世に出でたまへり、梵音聲自在王如来と名く。又彼の佛の前に佛有まして世に出でたまへり、世自在王如来・応・正等覚・明行足・善逝・世間解・無上士・調御丈夫・天人師・佛・世尊と名く。而るに法中に於て一の芯芻《しんしゅ》あり、名けて作法と曰ふ。信解第一、明記第一、修行第一、精進第一、智慧第一、大乗第一なり。

この『荘厳經』では、「菩薩発願」の背景として三十八佛の歴史として語りべされます。ご存知のように『魏訳』では五十三佛の歴史、『大阿弥陀經』では三十四佛の歴史、『平等覚經』では三十七佛の歴史、『如来会』では四十二佛の歴史と、『異訳』によって数の違いがございます。『荘厳經』は、「過去無量無邊不可思議阿僧祇劫の如き、爾の時、佛世尊有まして世に出現したまへり」ともったいぶるような表現ですが、『魏訳』は「乃往過去、久遠無量不可思議無央数劫に」と、まあ、「昔、昔、その昔」というような語りべでございます。翻訳も、単なる解釈ではないので、語りべの如く語られてくるという事が大事でございます。単に、インドの言葉をそのまま、中国の言葉に翻訳したのではないのです。自らが「語りべ」としてお聞きし、語って往く語りべでございましょう。まあ、余談ですが。

最初に語られる佛名は「然燈《ねんとう》如来・応・正等覚」という、「然燈佛」でございます。「彼の佛の前に」と、三十八佛が列挙されますから、この「然燈佛」は一番最後の、つまり一番新しい佛でございましょう。そして「前に、前に」と、「過去佛」の歴史として尋ねられて往く。そして一番古い佛名が「世自在王如来・応・正等覚・明行足・善逝・世間解・無上士・調御丈夫・天人師・佛・世尊」と、所謂、佛の十号という名が語られます。つまり、一番古い佛が「世自在王如来」という訳です。「然燈」という名は、「輪灯」の意だそうですから、貧者の一灯の如く、一人一人に燈されてきた無量の歴史が顕れているのでしょう。まあ、語りべですから、「菩薩修行」の大地・背景が語りべされますから、歴史以前の神話的表現でございますが、これも『異訳』ごとに違います。『魏訳』を披いていただきますと、最初の佛名は「錠光如来」でございます。そして「次に如来ましまして、次に、次に」と、五十三佛の歴史として列挙されます。つまり、「錠光如来」が一番古い佛名で、「処世」という佛名が一番新しく、その歴史をふまえて「世自在王、如来・応供・等正覚・明行足・善逝《ぜんぜい》・世間解・無上士・調御丈夫《じょうごじょうぶ》・天人師・佛・世尊」と十号が語られております。古い佛から新しい佛への歴史として五十三佛が説かれる訳です。『荘厳經』等は、新しい佛を通して、歴史が逆観され、古い佛との出会いが根元的に神話化される訳ですし、『魏訳』等は、古い佛を通して新しい佛との出会いが歴史観として語られる訳でございましょう。これは、曽我先生・安田先生等、諸師が既に教えて下さっておられますし、そのご縁を通して、大地の先生方も、それぞれが講義されておられます。

この五十三佛の歴史を非神話化して、まあ、文学的な表現ですけど、東京の雲集房さんは、「古くて新しい、新しくて古い」一人一人に於いての法蔵比丘誕生であると云うておられます。語りべを自己の主体的確立の出来事として、「現生」の出来事、ただ今という「今現在」の時として、「法朋」の方のことを云っておられました。まあ、法の世界、佛佛想念の諸佛の位で表現されておられる。「称名念佛」の諸佛のお仕事としてそう仰るのでございましょう。「機」の自覚としては「聞名」の、凡愚の位に於いてどう味合うのか、凡愚の賜りたるお仕事は何なのかという課題でございます。

これも、大地の先生方のご指摘ですが、『魏訳』には、「断絶」があると。「かくのごときの諸佛、みな悉くすでに過ぎたまいき」（聖・10頁）。「皆悉已過《かいしついか》」という断絶があり、それを通して「世自在王」と「比丘」との出会いがあると。まあ、曽我先生、金子先生、安田先生、廣瀬先生と。そして大地の藤元先生、和田先生、宮城先生と、已に亡くなられました。聲聞衆はオロオロして、おい、どうするんだと。いやーまだまだ、宗先生がお元気だと。聲聞の病で、まだぶら下がっておれる、まだ安心だと。最近、諸先生の遺稿として『選集』が全国の講義集から束ねられて届けられます。これも良いことなのか、悪い事なのか、分かりませんが、聲聞徒に於いては、有り難い、「味わい甘露のごとし、と」（聖・328頁）の「胎生の者」という課題を賜ることなのでしょう。まあ、生きておられなくても『講義集』をいつでも読めるわい。ああ、あの時、そんな大事なお話をお聞きしていたのか、うっかり過ごしてしまったという、想い出か、昔ばなしになるのが落ちでございます。『真宗聖典』があるから、何時でも見られるわいと、披くことがないのでございます。人の事でない、吾人自身のことでございます。まあ、三世十方世界の恒沙無量の諸佛の加勧をいただく「甚《じん》難《なん》」、「良《まこと》に勧めすでに恒沙《ごうじゃ》の勧めなれば、信もまた恒沙の信なり」（聖・345頁）と、「言《のた》えるなり」との値遇観、「云えり」との値遇観ではないのです。困ったものでございます。

　実は、今申しあげましたような、聲聞の主観的な感慨ではないのでございましょう。天親菩薩さまの『浄土論』の「長行」の菩薩荘厳功徳成就の四番目の「何等世界無《がとうせかいむ》　佛法功徳宝《ぶっぽうくどくほう》　我願皆往《がかんかいおう》生《じょう》　示佛法如佛《じぶほうにょぶつ》」との「彼の十方一切世界の無三宝の処において、佛法僧宝の功徳の大海に住持し荘厳して、遍く示して如実の修行を解《さと》らしむ」（聖・142頁）との課題です。この「無三宝の処において」というのが「皆悉已過」という「断絶」を通してという事でしょう。「菩薩発願」の内容です。

「従因向果」の浄土往生の成佛道ではございません。「従果向因」という穢土を現住所とする菩薩道でございます。曇鸞大師は、この課題に値遇われて往く訳です。龍樹菩薩の『十住毘婆沙』を「謹案」されます。佛法にご縁のある聲聞衆の課題ではないのです。未来世一切衆生という「五濁の世、無佛の時」という還相回向の課題です。「難行道」というのは、菩薩の還相回向の課題です。佛教の歴史では人間の難行道の方が主流です。易行道は亜流な訳です。行を積めないから、しょうがないから救ってやる、面倒みてやるという佛教が、翻されるような課題な訳です。難行道というのは、人間の難行道に立つのが佛教の歴史であります。そうではない寧ろ、菩薩の還相の行が歩めないような、時代社会、無佛の時といわれる「無三宝の処」で、世に出でる魂の歩みが「阿毘抜致《あびばっち》」、不退転なる課題である訳です。難行であればあるほど現行してくるような還相の課題です。つまり、人間の立場での「阿毘抜致」の問題を通して、大悲の現行、菩薩の立場の「阿毘抜致」が応答してくる訳です。「釈迦牟尼佛、王舎城および舎衛国にましまして、大衆の中にして、無量壽佛の荘厳功徳を説きたまう」と。釈迦牟尼佛というのは穢土に生まれたお釈迦さまです。還相の菩薩の魂に促された諸佛のお一人です。王舎城というのは平和の国です。舎衛国は戦闘の国です。靖国でも平和の国もあり、戦争の国もあるんです。共に宗教世界（民族の經）を宗とする宗教社会です。バラモンの社会のクーデターが平和の王舎城に興る訳です。世間欲のクーデターが舎衛国でも興る訳です。その只中で「經」の働きが「名号」な訳です。「後《のち》の聖者・婆藪槃頭菩薩《ばそばんずぼさつ》、如来大悲の教を服《ふく》膺《よう》して、経に傍《そ》えて願生の偈を作れり、と」。「經」と「教」が出てまいりますでしょう。弥陀・釈迦の二尊が語られます。「經」の宗致は本願でしょう。「經」の体は名号でしょう。何が故に、二尊教として顕れるのか。まあ、「断絶」という問題でしょう。佛縁をいただいた虚しさではないのです。虚作海の只中で、虚作の人々に新たに出逢いつづけるエネルギー、情熱が大地から、湧き出てくる訳でしょう。そういう還相回向の働きを通して、聲聞衆のわれらが往相回向を新たに賜って往く、龍樹菩薩の菩薩道を通して、天親菩薩の『無量壽經優婆提舎』の「不退の風航なるものなり」との往相の相に値遇われて往く忝さを曇鸞大師は『論註』で顕される訳でございましょうし、親鸞はそのご苦労を、還相回向のご苦労として『註論』と、絶句される訳です。そのような意を憶念せざるを得ません。

それから、今回この『荘厳經』を読ませていただいて、「然燈佛」に「応・正等覚」と語られ、根源の世自在王如来の内容にも「応・正等覚」も含めて十号が語られます。名は違う訳ですが、新しい「然燈」も、古い「世自在王佛」も本願が同じという意ではないかと、本願と名号を以て、「然燈」という歴史であり、「世自在」という世界を開史・開国せしめる働き「如来」という徳に帰一する訳です。『魏訳』では、「如来」の徳が「無量の諸佛」の名として、「光遠・処世」等と、諸佛遍領の世界として語りべされますことは留意されることでございます。

「而るに法中に於て一の芯芻《しんしゅ》あり、名づけて作法と曰ふ」と。法蔵比丘が語られてまいります。この『荘厳經』では、「作法芯芻」です。「信解第一、明記第一、修行第一、精進第一、智慧第一、大乗第一なり」と。『魏訳』では「時に国王ましましき。佛の説法を聞きて、心に悦予を懐き、尋《すなわ》ち無上正真道を発しき。国を棄て、王を捐てて、行じて沙門と作り、号して法蔵と曰いき。高才勇哲にして、世に超異せり」（聖・10頁）と語られます。

『嘆佛偈』の前を読誦しておきましょう。

爾の時芯芻、自の本処を離れて来りて佛前に詣り、頭面に禮足し一面に於て立ち、即ち伽他を以て佛の面色端厳なるを嘆じ、復、広大の誓願を発す。頌に曰く。

『魏訳』では、「世自在王如来の所《みもと》に詣でて、佛の足《みあし》を稽首し、右に繞《めぐ》ること三帀《さんぞう》して、長跪し合掌して頌をもって讃じて曰わく」と語りべされます。ここに「伽他」（陀）という言葉が出ております。「伽陀」は七言で詩の形をもった「頌偈」であり、今日、大半は、善導大師の著作『法事讃』によられる。「宋」の時代の翻訳、『荘厳經』ですから、訳者、法賢は『法事讃』によって翻訳されたのでないかと欲われます。佛の面色の端厳なる讃嘆でありますから、「讃嘆・供養」の「五正行」の生活を顕す訳です。「讃嘆・供養」という生活が始まる訳です。佛の面色に悦予を懐き、讃嘆せざるをえない、自ずと詩が、頌偈せざるをえない、詠いだす訳です。それは佛の讃嘆だけでなく、「讃嘆・供養」という生活は、還相回向に促される。「遊諸佛国・供養諸佛・開化衆生」という、「願作佛心」と「度衆生心」が呼応する事柄が「讃嘆・供養」という「五正行」でございましょう。自らの救済から解放され、未来世一切衆生の「苦悩の有情をすてずして」という大悲が回向されてくる。

その回施されてくる、如来二種の回向を賜る、その感嘆が「伽他を以て」という内容でございます。「本願」との出遇いでございますが、「誓願」との値遇いでございましょう。大悲の現行が、「種種の善巧方便して無上の信心」を一人一人発起せしめられる事柄なのでございましょう。諸有衆生の見《まみ》えせしめる大悲の恩徳の味合いが、この後の『嘆佛偈』として「頌偈」されてまいります。

第四章　限りなく発動せし誓願

それでは『嘆佛偈』を読誦・諷誦いたしましょう。

如来微妙の色端厳なり　一切世間に等しきものあることなし　光明無量にして十方を照らす
日・月・火・珠もみな曜を曜《なじま》せり
願はくは佛の清浄の聲を得　法音普く無邊界に及ぼし　戒・定・精進の門に宣揚し　甚深微妙
の法に通達せん
智慧広大にして深きこと海の如く　内心清浄にして塵労を絶し　無邊の悪趣門を超過し速に菩
提究竟の岸に到らん
亦過去無量の佛の如く　威光普く衆生界を照らし　彼の群生の大導師と為り　老・死を度脱し

て安穏ならしめ
常に布施及び戒・忍・精進・定慧の六波羅を行じて　未度の有情をば度することを得しめ　已度の者をば成佛せしめん
我一切を以て供養を伸ぶ　百千倶胝那由他　恒河沙数の佛世尊　我をして寂滅の果を成就せしめん
復十方諸佛の刹に　恒に光明を放ちて一切を照らし　殊勝の荘厳等倫《とも》なきことあらん　願はくは我成佛して群品を利せん
所有無邊世界の中　諸趣を輪迴する衆生を類して　速に我が刹に生じて快楽を受け　久しからずして無上道を成ぜしめん
願はくは精進して恒に決定し　常に慈心を運びて有情を抜かん　阿鼻の苦を衆生を度し盡くすとも　発す所の弘誓は永《とこし》へに断えざらん

この『嘆佛偈』は、三つに分かれているとお聞きする訳です。最初は、遇い得た佛の讃嘆、二つめは、作願。三つめは諸佛証誠です。『魏訳』では明確に分かれておりますが、この『荘厳經』では少しはっきりしないようです。「頌偈」に添って読んでまいります。まず、如来の容顔《ようげん》の端厳と、等しきもののなきことが語られます。そして光明の働きが無量にして十方世界を照らし、日・月・火・珠光も輝きが暱《なじむ》と。『魏訳』ですと「日月・摩尼・珠光・焔耀《えんよう》も、みなことごとく隠蔽して、猶し聚墨のごとし」（聖・11頁）と明快でございます。

次に、「願はくは佛の清浄の聲を得」と、正覚の大法音が十方に響きわたり、戒・定・精進と、そして智慧の働きが通達されると。無邊の悪趣門を超過して菩提心が歩み続け彼岸に到ると。ここまでが「遇い得た佛の讃嘆」でございましょう。

二つめの「作願」が「亦、過去無量の如く」と展開してまいります。如来の威光が普く衆生を照らし、群生海の大導師となって生死を過度し解脱すと。六波羅蜜の行（布施・戒・忍・精進・定慧）が行じられ、未来世の有情が度せられ、復、成佛せしめると。そして、百千倶胝那由他の恒河沙の諸佛からの供養が請われ、諸佛の刹を光明をもって照らし出すと。「願はくは我成就して群品を利せん」と、国土をもって群生海を利益することが誓われます。そして、所有の衆生が輪廻を断ち切って速に「我が刹」に往生し、無上道が成就されると。

最後に、「願はくは精進して恒に決定し、常に慈心を運びて有情を抜かん、阿鼻の苦の衆生を度し盡くすとも、発す所の弘誓は永へに断えざらん」と「仮令の誓願」が宣布されます。『魏訳』では、「假令《たとい》、身を諸の苦毒の中《うち》に止《おわ》るとも、我が行、精進にして、忍《しの》びて終に悔いじ」（聖・13頁）との「仮令《けりょう》の誓願」が語られております。「苦毒」が、「阿鼻の苦の衆生」との新たなる出逢いと、未来世一切衆生の「苦悩の有情を捨てずして」（聖・503頁）との、「如来の作願」を尋源する「誓願」として「弘宣」されておるのでございましょう。

それでは、「菩薩発願」・「思惟摂取」の「科文」のところを読誦いたします。

爾の時世尊、阿難に告げたまはく。彼の作法苾芻《しんしゅ》、是の偈を説き已りて世自在王如来に白さく。我、今、阿耨多羅三藐三菩提心を発し、無上正等正覚を樂求す。唯、願はくは世尊、諸の佛刹の功徳荘厳を説きたまへ。若し我、聞くことを得ば、恒に自ら厳土の行を修持せんと。爾の時世自在王如来、作法苾芻に告げて言はく。汝、自ら思惟せよ、何たる方便を修しめか、而能く佛刹の荘厳を成就せんと。

苾芻白して言さく。我、智慧微浅にして厳刹の行を了知することあたはず。如来・応・正遍知、願はくは為に諸佛刹土の荘厳の事を宣説したまへ。

時に世自在王如来、即ち為に八十四百千倶胝那由他佛刹の功徳荘厳の広大円満の相を宣説したまへり。於一劫を経て方《まさ》に究竟すべし。

爾の時阿難、是の事を聞き已りて、佛に白して言さく。世尊、彼の施自在王佛の壽量の長短、云何ぞ、土を説きて於一劫を経る。

佛、阿難に告げたまはく。彼の佛の寿命四十劫に満てり。阿難、彼の作法苾芻、佛の所説の八十四百千倶胝那由他の佛刹の功徳荘厳の事を聞きて明了に通達すること一佛刹の如し。即時に会中にして頭面に禮足し、佛を辞して而退き、一静処に往いて独坐して功徳を修習し佛刹を荘厳せんことを思惟し、大誓願を発して於五劫を経たり。

爾の時、作法苾芻、復、世自在王如来の所に詣り、五体を地に投げて世尊の足を禮したてまつ

る。禮し已りて合掌して佛に白して言さく。世尊、是の如きの八十四百千倶胝那由他の佛刹の功徳荘厳の所行の行願、我、今成就せり。時に世自在王如来、苾芻に告げて言はく。善い哉善い哉、汝の行願、思惟し究竟せんこと、今正に是時なり。衆の為に解脱せよ。時に諸の菩薩、是の法を聞き已らば大善利を得て、能く佛刹に於て修習し荘厳せんと。

阿難と世尊との出遇いに於て、「昔話」が語られてまいります。「世自在王如来」と「作法苾芻《しんしゅ》（法蔵比丘）との対話が語られます。まあ、単なる昔話をお聞きするというは、阿難と世尊との出会いが宿している「宿善」の物語でございましょう。それは、やがて、阿難の中で「宿縁」の歴史として蘇ってくるような「經」でございましょう。「經」が「歴」として成就してくるような、そして「歴」を通して「經」が値遇われてくるような出来事なのです。

「作法苾芻」が『嘆佛偈』を頌偈されて、世自在王如来に白される訳です。「我、今、阿耨多羅三藐三菩提心（無上正覚の心）を発し、無上正等正覚を樂求す」と。そして、「唯、願はくは世尊、諸の佛刹の功徳荘厳を説きたまへ」と浄土の荘厳の説法を請われる訳です。それをお聞きして、浄土の行を修持せんと決意を述べられます。佛にお会いしたら、その佛の国土が知りたくなったと。願心なる国土でしょう。そして、その国土の行を「厳土の行を修持せん」と言われます。『魏訳』を抜きますと、「我、世において速やかに正覚を成らしめて、諸の生死・勤苦の本《もと》を抜かしめん」

（聖・13頁）と。「世に於いて速やかに」と、穢土に働く働きが「厳土の行」なんでしょう。「速やかに」という言葉が付されます。浄土からの働きが「速」なんでしょう。その働きが「生死・勤苦の本を抜」くという内容として語られます。余談になりますが、曇鸞大師さまは『論註』で、「苦を抜くを慈と曰う。楽を与るを悲と曰う。慈に依るがゆえに一切衆生の苦を抜く。悲に依るがゆえに無安衆生心を遠離せり」（聖・293頁）と優婆提舎されます。普通、佛教思想では、苦を抜くを悲と云い、楽を与えるを慈と表すとお聞きします。曇鸞さまは逆で現される訳です。お釈迦さま、父なる働きは「苦を抜く」と。阿弥陀さまは、母なる働きは「楽を与うる」と。「慈悲」という言葉の辞書的な説明でないのでしょう。父母なる働き、衆生に現れている働きでしょう。現に、今、ここで働き続けている二尊教が顕れているのだと。「苦を抜く」という働きは、穢土に於いての発遣の声でしょう。「仁者《きみ》ただ決定してこの道を尋ねていけ」（聖・220頁）という、促しの呼びかけです。「楽を与うる」という働きは、浄土からの招喚の呼び声でしょう。「汝一心に正念にして直ちに来たれ、我よく汝を護らん」という呼び喚す声でしょう。「摂取」の働きです。具体的には「悲に依るがゆえに無安衆生心を遠離せり」という、衆生の流転に何処までも随順する願心でございましょう。親鸞さまは「釈迦・弥陀は慈悲の父母、種種の善巧方便し、われらが無上の信心を発起せしめたまいけり」（聖・496頁）と讃じられ、「釈迦弥陀の慈悲よりぞ、願作佛心はえしめたる、信心の智慧にいりてこそ、佛恩報ずる身とはなれ」（聖・503頁）とも讃っておられます。

それから、世自在王如来が作法芯芻に告げられます。「汝、自ら思惟せよ、何たるか方便を修しめか、而能く佛刹の荘厳を成就せん」と。芯芻が答えられます。「我、智慧微浅にして厳刹の行を了知することあたはず。如来・応・正遍知、願はくは為に諸佛刹土の荘厳の事を宣説したまへ」と。この世自在王如来と芯芻の応答を、金子先生や、廣瀬先生が、よくお話しになっておられました。如来と衆生、法と機の分限を知らしめられる分限の自覚として取り上げておられました。『魏訳』では「汝自《みずか》ら当に知るべし。」比丘、佛に白さく、「この義弘深にして我が境界にあらず。唯願《ただし》わくは世尊、広くために諸佛・如来の浄土の行を敷演したまえ。我これを聞き已りて当に説のごとく修行して所願を成満すべし」と。

まあ、何時も申しあげるんですけど、私どもは、先生に「汝、自ら当に知るべし」と認可を受けますと、「非我境界」どころじゃなくて、「我境界」として得々と「不浄説法」を垂れ流すのが落ちでございます。自分もそうでしょうが、偉そうに全国を飛び回っておる輩が如何に多いことか、恥ずべし、傷むべし、事柄でございます。聞いた知識を飾って、自分の果徳として着飾る訳です。自らを促し続ける因位の願心に帰ることなく、果徳だけを掴み、それが「自大」であり、「邪見」とも思わず、憍慢の悪衆生という分限を知ることがないのでございましょう。

ですから「非我境界」という分限の自覚、「深信」は、比較世界の謙遜ではありません。安田先生は、確か「謙譲の心」と、法蔵菩薩の魂を仰っておられました。家の土台石だと、名も無く、貧しく、美しいじゃないですが、あらゆるものを大地として支えながら、じっと黙して語らない、人間に犯され続けて、無視され続け、常に排除せしめられるような働きでございます。「仮令の誓願・果遂の誓い」という働きでございましょう。愈々、自らは大地に没して往く菩薩道でございます。

佛に諸佛刹土の荘厳を宣説したまへと請われますから、「時に世自在王如来、即ち為に八十四百千倶胝那由他佛刹の荘厳の広大円満の相を宣説したまへり。於一劫を経て方《まさ》に究竟すべし」と語られております。『魏訳』でございますと「ここに世自在王佛、即ち為に広く二百一十億の諸佛刹土の善悪、国土の麁妙《そみょう》説て、その心願に応じて悉く現じてこれを与えたまう。時にかの比丘、佛の所説の厳浄の国土を聞きて、みな悉く覩見して、無上殊勝の願を超発せり。その心寂静にして、志着するところなし。一切の世間に能く及ぶ者なけん。五劫を具足して、荘厳佛国の清浄の行を思惟し摂取す」（聖・14頁）と、『正信偈』の最初のところにも「頌偈」されておりますから、照応しますと意が少し分かりましょうか。その前にこの『魏訳』では、世自在王佛が法蔵比丘のために『經』を説かれております。その經が大事な物語であると思われます。「譬えば大海を一人升量せんに、劫数を経歴《きょうりゃく》して、尚底を窮めてその妙宝を得べきが如し。人、心を至し精進にして道を求めて止まざることあれば、みな当に剋果すべし。何れの願いをか得ざらん」との「經」でございます。大海、煩悩海を一人升量せんとするとは、まさに「度衆生心」の願心、菩薩の魂でございましょう。「劫数を経歴して」と語られますから、「五劫思惟」の国土建立の願でございます。国土をもって一切衆生を救済する、生死海を度せしめんとの還来の魂でございます。

ご存知のように、『魏訳』では、「普賢大士の徳に遵って」（聖・2頁）と。「群生を荷負してこれを重担となす」（聖・６頁）とか、「仮令、身を諸の苦毒の中に止《おわ》るとも、我が行、精進にして、忍びて終に悔いじ」（聖・13頁）等、「自利利他円満」の「度衆生心」が「願作佛心」の大地から毀《こぼ》れ出でております。そういう「五濁悪世」を「われら」とする還来の魂が、「世に出で」奏でられております。一人で拯いあげられるような課題ではないのですが、「仮令の誓願」までになって衆生に随順し、南無・帰命される大悲の願心の現行そのものでございます。その底が窮《きわ》められて「妙宝」を得べきが如しと譬えられます。「妙宝」というのはあらゆる有情に宿される本願、「法蔵」でございましょう。「未生怨」という言葉が『涅槃經』にございますが、「未生起」の覆われしいのちの約束事でございます。「異訳」では「其の底泥」とか、「其の底涅」と語られております。「底泥」ですから、「泥」が「宝」と転ぜしめられる。「清浄功徳」の内容でございましょう。「汚泥華」（聖・288頁）のように、煩悩海、群生海、無明海に咲く華に譬えられる訳です。四種の菩薩荘厳の「不動応化」の働きです。「凡夫煩悩の泥の中にありて、菩薩のために開導せられて、よく佛の正覚の華を生ずるに喩う」と「優婆提舎」されております。余談になりますが、亡くなられた藤元先生が講義で、宮城君は、全国を飛び回っている「至遍十方世界・教化衆生」の相であり、僕は、じっと動かず「不動応化」と、田舎の地で聞思しているとの話を思い出します。

ここで、阿難の世尊への質問が急に出てまいります。「世尊、彼の世自在王佛の寿量の長短、云何ぞ、土を説きて於一劫を経る」との問いです。世自在王佛と作法苾芻の対話をお聞きして、阿難は思わず問わざるを得ない感動をおぼえたのでしょう。世自在王佛の寿量の長短を問うておられます。それに対して、佛は阿難に答えられます。「彼の佛の寿命四十劫を満てり」と。そして阿難よと。「彼の作法苾芻が八十四百千倶胝那由他の佛刹の功徳荘厳の事をお聞きして明了に通達すること一佛刹の如し」と。その時すぐに「世自在王佛を頭面に禮足し、佛を辞して退き、静処に往いて独坐して功徳を修習し佛刹を荘厳せんことを思惟し、大誓願を発して於五劫を経たり」と続きます。『魏訳』を披いていただきますと、阿難の問いの前にこの処は語られております。

そして、作法苾芻が世自在王如来の所に詣り、五体を投地して、禮し已りて合掌して佛に言されます。「世尊よ、是の如きの八十四百千倶胝那由他の佛刹の功徳荘厳の所行の行願、我、今成就せり」と。時に世自在王如来が苾芻に「善哉、善哉、汝の行願、思惟し究竟せんこと、今正に是時なり」と告げられます。「衆の為に解脱せよ。時に諸の菩薩、是の法を聞き已らば大善利を得て、能く佛刹に於て修習し荘厳せんと」と語られます。まあ、何時も申しあげますが、この『荘厳經』の翻訳は、堅く、流れるような表現ではありません。『魏訳』は読みなれているせいか、流暢に語りべされております。

世自在王如来が「今、正に是時なり。衆の為に解脱せよ」と勧められ、それを受けて三十六願が発せられてまいります。本願が建立される時が成就してくる。時を知るものは世自在王如来です。時を示し、時を待つのでございましょう。苾芻に「自心が建立」されてくる時熟の時が来たと。『魏訳』では「宜知是時《ぎちぜじ》」（宜しく知るべし。これ時なり）という言葉です。「宜」のウ冠は、屋内であり、調理のさまを表す訳ですから、準備万端調ったさまを云うのでしょう。この『荘厳經』は「思惟」という菩薩の行願で表され、『魏訳』では「清浄の行の摂取」という表現でございます。
それでは、三十六願をお尋ねご相談申しあげます。まず、読誦・諷誦いたします。

爾の時、作法苾芻、佛の聖旨を聞いて、偏に右の肩を袒《かたぬ》ぎ、右の膝を地に著け、合掌して、佛に向ひて、即ち為に宣説す。

（一）　世尊、我誓願を発せり、願はくは世尊の如く阿耨多羅三藐三菩提心を証得せんに、所居の佛刹無量不可思議の功徳荘厳を具足して、所有一切衆生及び焔摩羅界、三悪道の中の地獄・餓鬼・畜生、みな我が刹に生じて我が法化を受け、久しからずして悉く阿耨多羅三藐三菩提を成じて、一切みな身眞金色なることを得ん。

まず、三十一願を除いては、最初に「世尊」という呼びかけで始まります。『魏訳』のように「設我得佛」で始まっておりません。『平等覚經』は「我作佛せん時」ですし、『大阿弥陀經』は「願ずらく、某作佛せしめん時」と。『如来会』では「若し我無上菩提を証得せんに」です。「世尊」とお呼びする処に存在の立脚地をみる訳でしょう。『浄土論』も「世尊我一心」から始まりますが、「帰命・南無」が顕れていることでしょう。南無阿弥陀佛の根拠に我が起ちあがってくる。私が、誓願を発すのでない。誓願が起こる器、「機」であるところから自心が建立されております。そして「願わくは」という起こした誓願が自らを超えている事の自覚、深信から始まっております。起こされた「無上正遍道」が私どもの法蔵を歩ましめるのでございましょう。一切衆生及び焔摩羅界、三悪道の地獄・餓鬼・畜生がみな「我が刹」に生まれて、「阿耨多羅三藐三菩提を成じて」と、「無三悪趣」が説かれ、最後に「一切みな身眞金色なることを得ん」との『魏訳』での第三願の内容が付設されております。第一願から少しきお尋ねいたしましょう。第一願は「世尊、我誓願を発せり」で始まりますが、第二願よりは「世尊、我菩提を得」と付されております。『魏訳』では、「我が所願」という展開で「設我得佛」という「正覚」が展開しますが、この『荘厳經』では、「誓願」で始まり、第二願より「正覚を成じ已らんに」と展開します。まあ、本願が「誓願」として発動している確めでしょうか。「正覚」が最終目標でない訳でしょう。「正覚」から始まるあらたなる歩みでしょう。つまり、「誓願」というのは穢土に関わり続ける「善巧方便」の歩み、「仮令の誓願・果遂の誓い」でございます。佛道として展開するのでなく、菩薩道として展開する本願が顕される訳でございましょう。そして第一願から「願はくは世尊の如く阿耨多羅三藐三菩提心を証得せんに」と、「双樹林下往生」に随順する働きが、「所居の佛刹無量不可思議の功徳荘厳を具足して」という国土をもって救済し、「所有一切衆生及び焔摩羅界、三悪道の中の地獄・餓鬼・畜生」と出逢い、「我が刹に生じて」という浄土往生が誓われております。そして、願文の最後は「得阿耨多羅三藐三菩提」という言葉で結ばれ、この第一願に、『魏訳』の本願の第三願が「一切みな身眞金色なることを得ん」と付されます。

この「悉皆金色」の意は、『唯信鈔文意』（聖・553頁）に「能令瓦礫変成金」と「文意」として、「如来の御ちかいを、ふたごころなく信楽すれば、摂取のひかりのなかにおさめとられまいらせて、かならず大涅槃のさとりをひらかしめたまうは、すなわち、りょうし・あき人などは、いし・かわら・つぶてなんどを、よくこがねとなさしめんがごとしとたとえたまえるなり」と仰いますように、「身眞金色」というのは「如来の御ちかいを、ふたごころなく、信楽すれば」という信心の成就でございます。更にその具体的な働きは、「凡聖所修の雑修雑善の川水を転じ、逆謗闡提恒沙無明の海水を転じて、本願・大悲・智慧・真実・恒沙万徳の大宝海と成る」（聖・198頁）との転成を意味するものでございましょうし、「願海は二乗雑善の中下の屍骸を宿さず。いかにいわんや、人天の虚仮邪偽の善業、雑毒雑心の屍骸を宿さんや」という浄土（我が刹）という国土そのものの働きを意味するものでございましょうや。「久しからずして悉く阿耨多羅三藐三菩提を成じて」とございますから、ただ単に佛刹に往生するに留まらず、展開する「無上正遍道」なのでございましょう。終わりなき歩み、『魏訳』で申しあげれば、「尋発無上正真道意・我発無上正覚の心・超発無上殊勝願・皆発無上正覚の心」と、苦悩の有情に限りなく発動して往く意でございましょう。

第五章　鬼神社会の病の深さ

それでは、第二願を読誦・諷誦いたします。

（二）**世尊、我菩提を得、正覚を成じ已らんに、十方世界の所有衆生をして我が刹に生ぜしめ、諸佛土の人天の衆の如くに、分別を遠離し諸根寂静にして、悉くみな阿耨多羅三藐三菩提を得しめん。**

（解読）世尊よ。私が求道し、佛のさとりを得已らんに、十方世界の生死の迷いの衆生が、我が浄土に生まれせしめ、諸佛の国々の人天の如く、分別の心から解放され、諸の根の働きが定まり、悉くみな無上正真道を得証せんと。

ご存知のように、『魏訳』・『平等覚經』・『如来会』は、第二願が「不更《ふきょう》悪趣」の願と呼ばれますように、「悪趣に更《かえ》らず」という願です。この『荘厳經』は、「分別を遠離」するという「分別起」の煩悩が取り上げられます。「倶生起」の煩悩の課題ではないようですが、修道によって断ぜられる見惑でしょうから、根本煩悩の無明の照破では無い訳です。求道の道を歩むことに於いて随起する惑ですから、佛縁に遇いて歩み出す者の信仰課題です。一般佛教（聖道）に於いては「行」という実践課題でありますが、本願の教えに於いては、「行信」に帰命する課題として「玄義」されてまいります。

ですから、親鸞さまは『教行信証』の「行巻」の「如来の本願力」の内容を曇鸞大師の『論註』を披かれて「優婆提舎」されます。まあ、佛教の歴史では、天親菩薩の『浄土論』の菩薩さまの「自利利他円満」は「従因向果」の佛道の菩薩さまでございますが、曇鸞大師はそうではないのだと。『浄土論』の菩薩さまは本願成就の菩薩道に出でた「従果向因」の菩薩道に生まれ生きんとする菩薩さま、「法蔵菩薩」であられるんだと。天親菩薩さまの「世尊我一心」という宣言は「信心成就」の弘宣なんだという佛法の事業を明かされたのでありましょう。「我一心」は、私どもの主観の「一心」ではないのです。南無阿弥陀佛が主体であったとの、主観が命終せしめられ、新たに生まれでたのです。南無阿弥陀佛が主体であり、「帰命」が即生せしめられる主体、信心成就なのだという本願力の出来事として、天親菩薩の「世尊我一心」に値遇うて往かれる曇鸞大師を憶念されて往く訳です。ですから、サンスクリットの「阿耨多羅三藐三菩提」という音写を、わざわざ、漢民族の漢字、言葉に翻訳される訳です。「阿」・「耨多羅」・「三藐」・「三」・「菩提」と態々分けられて「無上正遍道」と翻訳されます。これ、外国語の字の翻訳ではありません。曇鸞大師が天親菩薩さまの「世尊我一心」という宣言、この世に生まれた産声、「南無阿弥陀佛」という「宣言」であり、「弘宣」であったかと驚嘆の讃仰でございますよ。天親菩薩の一生涯の顔貌《かおばせ》です。「金剛信心成就の貌なり」

（聖・178頁）と、親鸞さまはいただかれますから、天親菩薩さまの「帰命」の瑞光、貌でございましょう。

その曇鸞大師さまの「聞思」を「大行」の証《あかし》された問答をさらにひかれておられます。「何の因縁ありてか「速得成就阿耨多羅三藐三菩提」と言えるや」と。天親菩薩さまが『浄土論』で語られるのであるかと。これも「言《のた》えるや」と曇鸞大師さまはいただかれます。求道者・天親菩薩さまではない、佛言を本願成就の信心としていただかれる天親菩薩に値遇われて往かれたのです。本願成就の歴史と世界の僧伽に生まれ生きられた天親さまの事業に参加・集会される訳です。曇鸞大師の姿勢は「翺求其本《かくごほん》」でございます。翺《まこと》にその本《もと》を求むればと本願の三心の展開、本願力を天親菩薩を帰命せしめた大地として、「阿弥陀如来を増上縁とするなり」といただかれます。自分の考究した結論ではないのです。天親菩薩さまを帰命せしめたのは阿弥陀如来の本願力であったかとの、ご自分の回心でございましょう。東を向いて佛道を尋ねておられた曇鸞大師が、始めて西を尋ねられた。自らの求道に命終せしめられ、新たに生まれ出られたのです。そういう懺悔が「何をもってこれを言わば、もし佛力にあらずは、四十八願すなわちこれ徒《いたず》らに設けたまえらん」（聖・195頁）と、十八願・十一願・二十二願がその証としてあげられておられます。「国」と「人々」と「人としての御用」でございましょう。共に、「このゆえに速やかなることを得る」と付されております。今の時の衆生に、今、応じ如来してくる働きです。それが「誓願一佛乗」であったかと。私どもが「一乗」の世界を考え夢みるのでなく、本願力として働き続けて下さっておられた誓願が大乗であり、一乗であったかという驚きの敬信でございます。

それでは、第三願をお尋ねしたいと欲います。先ず読誦・諷誦いたしましょう。

（三）　**世尊、我菩提を得、正覚を成じ已らんに、十方世界の所有の衆生をして我が刹に生ぜしめ、大神通を得、一念を経る中に百千倶胝那由他の佛刹を周遍し巡歴して、諸佛を供養し深く善本を植えて、悉くみな阿耨多羅三藐三菩提を得しめん。**

（解読）　**世尊よ、私が求道し、佛のさとりを得已らんに、十方世界の生死の迷いの衆生が、我が浄土に生まれしめ大神通を得る。その内容は、一念に無量の佛国土を遊行し、無量の諸佛を供養し、深く善本（念佛）に立ち帰り、悉くみな無上正真道を得証せんと。**

読誦していただくように、十方衆生という所有衆生、生死の迷いを経巡る凡愚が浄土に生まれると、「大神通」力を得ると言われます。そして一念を経る中に、無量の佛国土を遊行し供養するという内容ですから、ご存知のように「普賢の徳」でございます。「還相回向」の働きの三点セットでございます。諸佛の国を観見し、諸佛に値遇うて往く歩みが始まる。その出来事が「阿耨多羅三藐三菩提を得しめん」と語られております。

先にも触れたと思いますが、第一願が「我誓願を発せり」から始まりまして、第二願以降は、「我菩提を得、正覚を成し已らんに」と展開しております。第二願は「一切みな身金色なることを得ん」と。この第三願の内容は「還相回向」の働きでございます。してみますと、この『荘厳經』の三十六願の展開は、最初から「還相回向」の内容として展開しているのではないかと推察されます。

第二願でも申しあげましたが、「正信偈」に「分別を遠離し諸根寂静にして」との語辞がございます。「分別起」の煩悩惑でございますが、『正信偈』には、ご存知のように「貪愛・瞋憎の雲霧、常に真実信心の天に覆えり」（聖・204頁）と、煩悩惑が「雲・霧」と譬えられますから、「無明の闇」という倶生起の根本煩悩の方が深くて重い課題だと思っておりました。人間社会の根本課題だと吾人は長らく思っておりました。ところが、最近、藤元先生の『愚禿鈔』の講義録を読ませていただいていたら、反対の事を仰っておられまして、驚きいった事でございます。それは、要約いたしますと、佛教の場合は涅槃でなしに菩提を得るといいます。菩提を得るということと涅槃を得るということは本当は違うと。菩提を得る場合は二障（分別障・煩悩障）ともに克服した人です。菩薩の問題は分別障にあります。煩悩障（倶生起の惑）はわりあい簡単に克服できる。だけれども煩悩障は克服できても分別障はなかなか克服できない。これは分別起です。分別起の我執と倶生起の我執と二通りあるのですと。で、私たちは生まれながらにもっている倶生起の我執と、生まれてから私たちがもたざるをえずしてもってきた分別起の我執があると。そして分別起の我執は凡夫の我執ではなしに、菩薩の我執であると。ですから菩薩の我執というのは七地沈空の難といわれるように、まだ七地に至っても克服できない我執です。そういう我執は分別起の我執です。倶生起の我執は生まれながらもっている我執です。ですから倶生起の我執というのは、私たちにとっては痛くも痒くもないような我執のことです。煩悩障は生まれながらにもっている我執です。分別障はそうはいかん。

　だからいわば煩悩障を克服する、煩悩が邪魔をしているのは凡夫の迷いを言っているのです。凡夫の迷いは克服できたけれども菩薩の迷いはまだ残っている。で、凡夫の障り、いわゆる煩悩障は克服できる、それを涅槃と呼んでいる。ところが菩提というのはそうはいかん。菩提というのはまさしく分別起の我執ですとの講義でございます。

　人間の立場では、分別起の我執はなんとかなる、倶生起の我執のほうが根本課題で解決不可能と思ってしまうのでしょう。佛からの働きは、倶生起の我執は何とかなるが、分別起の我執の課題は永遠に終わりなき課題であると仰られる訳です。こういう視点をお聞きしますと、噫、そうか、「行巻」の「この菩薩所有の余の苦は、二三水渧のごとし。百千億劫に阿耨多羅三藐三菩提を得といえども、無始生死の苦においては、二三水渧のごとし。滅すべきところの苦は大海の水のごとし。このゆえにこの地を名づけて「歓喜」とす」（聖・162頁）の読み替えも、「信巻」の『涅槃経』「難治の機」の課題、曇鸞大師の『論註』の「八番問答」の課題も開放されてまいる事でございます。

　この第三願をお尋ねしますと、「還相回向」の内容として第四願以降が展開していくとも思われますが、還相回向の三点セットは「遊諸佛国・開化衆生・供養諸佛」でございますから、大神通の智慧の働きが、「所有衆生」に見《まみ》え往く歩みが始まります。第二・三願が「十方世界の所有衆生」

として浄土に往生せしめられる目覚めと、御用を通して、個々の「所有衆生」として出逢われてまいります。その視点を通して、第四願をお尋ねいたします。

（四）世尊、我菩提を得、正覚を成じ已らんに、所有衆生をして、我が刹に生ぜしめ、一切みな宿命通を得て、能善く百千倶胝那由他劫の過去を観察し、悉くみな阿耨多羅三藐三菩提を得しめん。

（解読）世尊よ、私が求道し、佛のさとりを得已らんに、生死の迷いの衆生が、一切みな我が浄土に生まれしめ、宿されたる縁《えにし》を思い起こす智慧の働きをいただき、無量の過去世の事柄を観察し、悉くみな無上正道を得証せんと。

先ほどから申しあげますように、菩薩道としての分別起の煩悩の所照の自覚と、還相の菩薩の御用に目覚めるところに、新たに「所有の衆生」の発見が始まってまいります。「宿命通」という智慧は歴史を深信する智慧でございます。人間の個人的な罪悪性ではありません。人間社会の歴史的な罪悪性でございましょう。「罪悪深重煩悩熾盛」という人間社会の歴史と世界の深重性であり、熾盛性でございます。まあ、存在そのものの罪業性と申しあげてもよいかと思われます。「無始よりこのかたの無明業障のおそろしき病」という言葉もございますが、「曠劫よりこのかた」という出離の縁なき自身として信知せしめられます。この「宿命通」という智慧は、「人倫」の運命論ではございません。先日、偶々、『魏訳』の上巻の最後の処を読誦しておりましたら、阿難が佛の問いに答えられる処です。佛国土に往生した者の顔貌端正の容色が「自然虚無の身、無極の体」（聖・39頁）と讃嘆されて、佛が阿難に問われます。世間の乞食（貧窮乞人）が王様（帝王）の辺におるが、その形貌容状《ぎょうみょうようじょう》と類似しているかと尋ねられますと、阿難は、得意げに、世間の「人倫」喩えられない、「百千万億不可計倍ならん」と。比較することもおこがましいと云うんです。乞食は乞食でしかないと、徹底的に侮蔑する訳です。そしてその故は、「みな、前世に徳を植えず、乃至、このゆえに死して悪趣に堕して、長苦を受く。罪畢《おわ》りて出ずることを得て、生まれて下賤と為りて愚鄙《ぐひ》廝極《しごく》にして、人類《にんるい》に示同す」と。これ読んで驚きましたね。正に輪廻思想ですし、善因善果・悪因悪果の因果律であり、乞食は前世に徳を植えなかったから、下賤に生まれたんだと。それも「愚鄙」ですから、愚かに卑しく取るに取らない存在であり、それも「人類に示同す」ですから、人間に似ているけれども人間でないというような内容を平気で阿難は語るのです。女人や、弱い立場に慈しみの優しい阿難が、実は抱えている、体制人間・体制社会の抱えている問題が露わにされてくる訳です。「さるべき業縁のもよおさば、いかなるふるまいもすべし」（聖・634頁）との存在の無明性でございましょう。無明海というバラモン教の文化・習俗。差別社会・鬼神社会の病の深さが露呈しております。

そして、世間の帝王の人中の独尊なる故はと、「みな前世に徳を積めるによりて致すところなり」

と。そして「ここをもって寿《いのち》終え、福応じて善道に昇ることを得て、天上に上生して、この福楽を享《う》く。積善の余慶に、今、人と為ることを得たり。たまたま王家に生まれて、自然に尊貴なり」と。まあ、前世に徳を積んだから、尊貴に生まれたのだという、人と為ることができたと。輪廻思想、正に運命論としての「人倫」でございましょう。こんなとんでもない事を阿難は、とうとう佛に答えられます。いやー、驚きました。何度も読誦しておりましたけど、斜め読みをしておったのでしょうね。単なる、お話しとしか聞いておりませんでした。

佛は、阿難に「汝が言《ことば》是なり」と答えておられます。普通は、差別されておられる者への随順が「慈悲」でございますから、阿難の言葉を否定、叱咤されるのが佛であると、誰も思う訳です。ところが、ここでは「汝の言、是なり」と肯定されております。まあ云えば、差別している阿難に随順しておられる、佛の大悲が語られる訳です。差別して、人を失っている阿難を「われら」と背負うて下さる「釈迦牟尼佛」でおられる訳です。その「機縁」が「計《はか》りみるに」と大悲されます。比較の世界、差別そのものの「人中の尊貴、形色端正」を比較、差別の現実の無涯底を比較を通して、比較なき世界と歴史に呼び帰されておられる説法でございましょう。阿難が得意になって述べた「帝王」の尊貴・端正を「転輪聖王」と比較され、まず問題外だと、「甚だ鄙陋《ひる》なりとす」と。卑しくとるにたらんと。最初の帝王と乞食の関係のごとしと喩えられます。そして、転輪聖王《てんりんじょうおう》の威相は、欲他化界の第五忉利天王に比べると、醜悪にして喩えることができないと。更に、第六（他化自在）天王に比べると、問題外であると語られます。「帝王・転輪聖王・忉利天王・第六天王」は

「人天」の比較、人間の建てた「人倫」の最上・最下の比較を出でない訳です。「三界六道」を出でることのない差別社会の歴史と世界を象徴している訳です。

最後に、「無量壽佛国の菩薩。聲聞」が語られます。人天の「人倫」の義が間に合わない分限として「光顔容色相及逮《およ》ばざること百千万億不可計倍なり」と、比較を超えている如来なる働きを比較を通して語られます。

吾人は、この語りべを改めて読誦させていただき、阿難が外儀は「無量壽佛国の聲聞」の姿でありつつ、内実は「体制差別社会の臣民」であり、佛教徒そのものが「国中」の人々ではなく、「十方衆生」の「所有の衆生」としての課題性が取り上げてられる『無量壽經』であったと驚嘆するものであり、異訳の『如来会』では、簡単に、「他化自在転の如し」との、人天の「人倫」との比較に終わっていることを驚きいることでございます。そういう佛教徒の教団の業報の病、歴史的・社会的な課題として、「五逆・誹謗正法・一闡提」の本願の機、「難治の三病」の課題が歴史として見えられてくることが「宿命通」という本願の歩みであると確信する訳でございます。

それでは、第五願に移らせていただきます。まず、読誦・諷誦いたしましょう。

（五）　**世尊、我菩提を得、正覚を成じ已らんに、所有衆生をして我が刹に生ぜしめ、一切みな清浄天眼を得て、能く百千倶胝那由他世界の麁細の色相を見、悉くみな阿耨多羅三藐三菩提を得しめん。**

〈解読〉　世尊よ、私が求道し、佛のさとりを得巳らんに、生死の迷いの衆生が、我が浄土に生まれしめ一切みな清浄なる見通す働きを得て、見えないもの、聞こえないもの、意えないものを全て見ることによって、悉くみな無上正真道を得証せんと。

この第五願文は、「天眼通・天眼智通・令得天眼」と呼ばれています。六神通の二番めの智慧の働きでございます。本願の内容でございますから、本願力の実動の相でございましょう。見えないもの見る力ではなく、見えてないものが見開かれる働き、智慧との遭遇でございましょう。遭遇ですから、本当は見たくないものが見ざるを得なくなってくるという出来事です。主観で見えていたものが見えなくなり、見えていなかったものが主体として発見されてくるような回心を顕す訳であります。この見えないものが見えてくる力を、金子みすずは「青いお空の底ふかく、海の小石のそのように、夜がくるまで沈んでる、昼のお星は目に見えぬ、見えぬけれどあるんだよ、見えぬものでもあるんだよ」と詩っております。人間から凝視しても見えないものが、佛なる智慧を通して見開かれてくる。まあ、佛なる縦糸が、人間の限りある横糸に織り成されてくると智慧が萌芽することでございましょう。本当に大事なものが見えない、それが思い出し見えるようになるだけでなく、愈々、こちらから尋ねるのでなく、巳に届けられし宿されたる縁《えにし》として知らしめられてくる。そういう働きが「天眼通」でございましょう。辞書を抜きますと、「五眼」、浄土の菩薩にそなわる働きとして、「肉眼」は現実の色形をみる。「天眼」は三世十方を見とおす。「法眼」は現象の差別を見分ける。「慧眼」は真理の平等を見抜く。「佛眼」は前の四眼を具える佛の眼と解説されております。復、『魏訳』では、「天眼」は通達して無量無限なりと（聖・54頁）。『如来会』では、「天眼」は出現して佛土を見。この『荘厳經』では、五眼は真に照らして俗に達すると紹介してございます。単なる説明ですから、そんなものかですが、浄土の菩薩の行、歩みでありますから歴史を超えて「通達」され往く智慧、本願力の内実でございましょう。次に、第六願を読誦・諷誦いたします。

（六）　世尊、我菩提を得、正覚を成じ已らんに、所有衆生をして我が刹に生ぜしめ、一切みな他心通を得て、善能く百千倶胝那由他衆の心・心所の法を了知し、悉くみな阿耨多羅三藐三菩提を得しめん。

（解読）　世尊よ、私が求道し、佛のさとりを得已らんに、生死の迷いの衆生が我が浄土に生まれしめ、一切みな他心を知る智慧を得て、無量の衆生の心念を了知し、悉くみな無上正真道を得証せんと。

この第六願は「他心通・他心智通・他心悉知」とよばれてきた願文であります。ここで「心・心所」という言葉で、唯識の言葉が使われております。世間的に云われています心理学・深層心理学とかという分野の事でしょう。しかしながら、西洋思想での阿闍世コンプレックスとか、幼い頃のトラウマという、自己の外に原因を尋ねる事ではございませんでしょう。それらは、「六師外道」と云われます、宗教の世界が背景となって思想が語られてまいりますが、そういう認識の対象論ではありません。『観経疏』の善導大師のお言葉をお借りすれば、「心に応じ所念に答える」という、如来と衆生の呼応関係、衆生は如来に心に応じることを願い、如来はそれに随順しつつも「所念」に答えられてこられる。求めに応じつつ求めていないものを与えて下さる訳です。金子先生は、その宗教心の成就を「求めずは与えられず、与えられたものは求めたものでない」と仰っておられました。善導大師のお言葉ですが、親鸞さまは、「「如意」と言《のたま》うは二種あり。一つには衆生の意のごとし、かの心念に随いてみなこれを度すべし。二つには弥陀の意《おんこころ》のごとし、五眼円《まどか》に照らし六通自在にして、機の度すべき者を観《み》そなわして、一念の中《うち》に前なく後なく、身心等しく赴《おもむ》き、三輪開悟して、おのおの益《やく》すること同じからざるなり、と」（聖・214頁）仰せられます。如来する関係存在が衆生という機でございます。

個人的な深層意識の事柄ではないのでございましょう。

第六章　生まれ出でる陣痛

それでは、第七願を読誦・諷誦いたしましょう。

（七）世尊、我菩提を得、正覚を成じ已らんに、所有衆生をして我が刹に生ぜしめ、一切みな正信位を住することを得て、顛倒の想を離れ堅固に修習し、悉くみな阿耨多羅三藐三菩提を得しめん。

（解読）世尊よ、私が求道し、佛のさとりを得已らんに、生死の迷いの衆生が我が浄土に生まれしめ、一切みな正信位に住することを得て、顛倒の想から解放され、堅固なる志しで修習して、悉くみな無上正真道を得証せんと。

この第七願は何でございましょうか。この『荘厳經』では、六神通の「宿命・天眼・他心」通だけが願文になっております。「三明」という、「宿命・天眼・漏尽」通でもございません。「正信位に住す」という表現は、『魏訳』の第十一願、「定聚に住し」との意でもございましょうし、「顛倒の想を離れ」という内容は、第十願の「想念を起こして」という意でもあるかと思われます。まあ、四十八願の展開が三十六願の内容になっている訳ですから、願文の内容から「住正信位の願」・「堅固修習の願」とでも名づけましょうか。この「正信位に住す」という意でございますが、菩提心を発してからの修行の、佛果に至るまでの階位に五十二位が『瓔珞經』で説かれます。「十信・十住・十行・十回向・十地・等覚・妙覚」の最初の「十信位」を外凡といい、十住・十行・十回向を内凡、三賢といい、十地は十聖というと辞書には説明されます。まあ、存知の世界の概念でございますので、単なる情報の資料でございます。親鸞さまは、道綽禅師の『安楽集』の言葉を「化身土巻」に引かれておられます。「ここをもって、玄忠寺の綽和尚の云わく、しかるに修道の身、相続して絶えずして、一万劫を径《へ》て、始めて不退の位を証す。当今の凡夫は、現に「信想軽毛《しんそうきょうもう》」と名づく、また「仮名」と曰《い》えり、また「不定聚」と名づく、また「外の凡夫」と名づく。未だ火宅を出でず。何をもって知ることを得んと。『菩薩瓔珞經』に拠って、つぶさに入道行位を弁ずるに、法爾なるがゆえに「難行道」と名づくと」（聖・358頁）。凡夫の事実を忘却している相が「顛倒」の所照の自覚であり、「難行道」と知らしめられる浄土からの便りの願心の歩みとして味合うことでございます。

この「顛倒」という課題を曇鸞大師は『論註』に取り上げておられます。親鸞さまはそのか所を「証巻」に味合われておられます。少しお尋ねしてみましょう。「謂わく、智慧と方便は、これ菩薩の父母なり。もし智慧と方便とに依らずは、菩薩の法則、成就せざることを知るべし」（聖・295頁）と論述されます。浄土という働きが二種の回向として、特に還相回向として顕れている。その内容です。「菩薩の父母」ですから、菩薩を育てて下さる働き、菩薩を菩薩たらしめる働きが「智慧」と「方便」で象徴される訳です。「菩薩の法則」が成就しないと仰られる訳でございます。その事由が尋ねられます。「何をもってのゆえに」と「三心」に玄義されておられます。「もし智慧なくして衆生のためにする時んば、すなわち顛倒に堕せん。もし方便なくして法性を観ずる時んば、すなわち実際を証せん」と。智慧の光明の働きでなければ逆さまになると。人間の立場に堕落すると単なるヒューマニズムに終わるということでしょう。例えば、アフリカ等で飢餓の子どもたちを経済で救済できると過信していく訳ですし、呼び帰す念佛の働きがなければ体験主義・経験主義・慈善主義に固執していく訳です。智慧の光明と、方便なる名号の働きが育てられませんと菩薩は、佛に向かうだけで、衆生に向かうことなど有り得ないのでございます。

それでは第八願を読誦・諷誦いたします。

（八）**世尊、我菩提を得、正覚を成じ已らんに、所有衆生をして我が刹に生ぜしめ、所修の正行の善根無量にして、円寂界に遍く、而も間断なく、悉くみな阿耨多羅三藐三菩提を得しめん。**

（解読）世尊よ、私が求道し、佛のさとりを得已らんに、生死の迷いの衆生がわが浄土に生まれしめ、修行の因位の善根が無量にして、寂滅の世界が開かれ、間断することなく、

悉くみな無上正真道を得証せんと。

第七願の「正信位」という信心の智慧を通して、その歩みが堅固に修習され、「所修の正行」として歩まれてまいります。私どもの歩みというよりは、促し続ける働きが歩みとして「念佛の智慧」として憶念されてくる。そういう「無上の信心」の発起でございましょう。むかしよりありし働きとして、今、始めて起きてまいったのでございます。私どもが行ずるというよりは、促す働きが展開していく相が「間断することなく」という味合いです。

それでは、第九願を読誦・諷誦いたしましょう。

（九）　世尊、我菩提を得、正覚を成じ已らんに、所有衆生をして我が刹に生ぜしめ、聲聞・縁覚の位に住すといえども、百千倶胝那由他の寶刹の内に往いて、遍く佛事を作し、悉くみな阿耨多羅三藐三菩提を得しめん。

（解読）　世尊よ、私が求道し、佛のさとりを得已らんに、生死の迷いの衆生がわが浄土に生まれしめ、聲聞・縁覚の位に住することを得て、無量の寶国に生まれ生き、遍く佛事をなさしめ、悉くみな無上正真道を得証せんと。

第七願では、浄土に生まれた者が、一切みな聞法の始め（正信位）を得て、生活をはじめられる訳です。第八願には、所修の正行の善根が尋ねられ、この第九願では「聲聞・縁覚の位」に住すと展開しております。『魏訳』でございますれば、第十四願の「聲聞無数」の願でございましょうか。百千倶胝那由他の宝刹の内に往いてと、浄土で遍く佛事を作すと。まあ、浄土なる阿弥陀の学校に入学される訳でございます。そして佛縁の御用を成し遂げられると。聲聞・縁覚でございますから、二乗・三乗が偏に一乗をもとめて往く歩みでございましょう。続いて第十願を読誦・諷誦いたします。

（十）　**世尊、我菩提を得、正覚を成じ已らんに、所有衆生をして我が刹に生ぜしめ、一切みな無邊の光明を得て、而能く百千倶胝那由他の諸佛刹土を照曜し、悉くみな阿耨多羅三藐三菩提を得しめん。**

（解読）　世尊よ、私が求道し、佛のさとりを得已らんに、生死の迷いの衆生が我が浄土に生まれしめ、一切のものがみな無邊の光明を得て、無量の諸佛の国土を照曜して、悉くみな無上正真道を得証せんと。

この第十願は、生死の迷いを抱えている衆生が浄土に生まれせしめられて、みな無邊の光明を得て、無量の諸佛の世界を照曜すと誓われます。まあ、『魏訳』に照応しますと第十二願にあたるかと思われます。しかし、『魏訳』でございますと、十二・十三の「光明無量・壽命無量」の願文は、「摂法身」の願と呼ばれまして、「法」の働きの願文ですが、この『荘厳經』では、浄土に生まれせしめられた人々の徳として願文されております。所謂、「本願成就」の機の内容として開かれております。諸佛世界が照らし出されてくる。各別の諸佛の世界が出会われてまいります。諸佛世界の発見と諸佛の歴史の発見でございましょう。十願と十一願がセットでございましょうから、続いて読誦・諷誦してまいります。

（十一）**世尊、我菩提を得、正覚を成じ已らんに、所有衆生をして我が刹に生ぜしめ、命中夭せず、壽百千倶胝那由他劫にして、悉くみな阿耨多羅三藐三菩提を得しめん。**

（解読）世尊よ、私が求道し、佛のさとりを得已らんに、生死の迷いの衆生が我が浄土に生まれしめ、途中で挫折することなく、その願いに生まれ生きることが無限なる劫として相続され、悉くみな無上正真道を得証せんと。

この第十一願も、本願成就の機の課題として願文されております。ここで第十一願まで整理しておきましょう。

（一）　世尊、我誓願を発せり　阿耨多羅三藐三菩提心を証得　三悪道の地獄・餓鬼・畜生
我が刹に生じて　阿耨多羅三藐三菩提を成　みな身金色なる
（二）　世尊、我菩提を得、正覚を成じ已らんに　十方世界の所有衆生　我が刹に生ぜしめ
分別を遠離・諸根寂静　阿耨多羅三藐三菩提を得
（三）　世尊、我菩提を得、正覚を成じ已らんに　十方世界の所有衆生　我が刹に生ぜしめ
大神通を得　諸佛供養・深植善本　阿耨多羅三藐三菩提を得
（四）　世尊、我菩提を得、正覚を成じ已らんに　所有衆生　我が刹に生ぜしめ
宿命通を得　阿耨多羅三藐三菩提を得
（五）　世尊、我菩提を得、正覚を成じ已らんに　所有衆生　我が刹に生ぜしめ
清浄天眼を得　阿耨多羅三藐三菩提を得
（六）　世尊、我菩提を得、正覚を成じ已らんに　所有衆生　我が刹に生ぜしめ
他心通を得　阿耨多羅三藐三菩提を得
（七）　世尊、我菩提を得、正覚を成じ已らんに　所有衆生　我が刹に生ぜしめ
正信位に住す　顛倒の想を離れ堅固に修習　阿耨多羅三藐三菩提を得
（八）　世尊、我菩提を得、正覚を成じ已らんに　所有衆生　我が刹に生ぜしめ
所修の正行の善根　間断なく　阿耨多羅三藐三菩提を得

（九）　世尊、我菩提を得、正覚を成じ已らんに　所有衆生　我が刹に生ぜしめ
聲聞・縁覚の位に住す　遍く佛事を作し　阿耨多羅三藐三菩提を得

（十）　世尊、我菩提を得、正覚を成じ已らんに　所有衆生　我が刹に生ぜしめ
無邊の光明を得　諸佛刹土を照曜し　阿耨多羅三藐三菩提を得

（十一）　世尊、我菩提を得、正覚を成じ已らんに　所有衆生　我が刹に生ぜしめ
命中夭せず　壽百千倶胝那由他劫　阿耨多羅三藐三菩提を得

ご存知のように『魏訳』では、第一願は「国に」と。二願より十一願まで「国中人天」と。十二願・十三願は、浄土の国土の徳。第十四願が「国中聲聞」。十五願・十六願は「国中人天」との配列になっております。この『荘厳經』は、おおまかに十七願までは「所有衆生」が「我が刹に生ぜしめ」と展開しております。浄土に生まれせしめられた人々の課題でございます。まあ、浄土という地表の人々の課題です。

『魏訳』では、「国中の人天」の地表の人々の課題の途中に、十二・十三願と地下の浄土そのものの「性」を通して、又、「国中の聲聞・人天」の課題が語られております。吾人は、地下の本願の大地の源泉が、地表に湧き出てくる、人々の無上の信心の内容として発起せしめられてくる。地下の本願の源泉と地上の人々との信心の交流、呼応として語りべされております。これは安田先生でしたか、曽我先生でしたか、第十一願と二十二願が分水嶺となって、地下と地表が呼応し、交響し

ていると（趣旨）講述されておられました。まあ、味合いぶかい領解でございましょう。親鸞さまが、この『魏訳』を「正依」とされ、異訳を通して味合われていると推察いたすことでございます。

願文に戻りまして、この「命中夭せず」という言葉ですが、『魏訳』では、「限量ありて」という限りがない、無量という意でございましょう。「中夭」は、若くして亡くなるとか、志し半ばという、果たし遂げることのない意である訳です。親鸞さまは『正像末和讃』で、「五濁」の「命濁」の内容として「命濁中夭刹那にて、依正二報滅亡し、背正帰邪まさるゆえ、横にあたをぞおこしける」（聖・501頁）と謳っておられます。この「依正二報滅亡し」という出来事です。所謂「五濁悪世」の只中、「無佛の時」という「法滅」の時が象徴される訳ですが、具体的には、天親菩薩の『浄土論』の「世尊我一心」という「三心一心の問答」の事業が忘却される時代であり、社会文化という事でしょう。二十九種荘厳、環境と主体と使命という課題が流罪・死罪される佛教徒の歴史であり、真宗教団の教学の実体という事でしょう。「依報荘厳・正報荘厳」の満天の星空の功徳が何んの意味もなさない。新興宗教に走る若者が、既成の佛教界を、風景に過ぎないと意味を見いださないと同じ質の問題です。その課題は一度たりとも取り上げてこない。表面を飾るのは、「背正帰邪」（正に背き邪に帰す）というよしあし、自是他非の論理のみなのでございましょう。外儀の相の廃佛毀釈の相です。被害にあった、加害者が悪いという、我他彼此という不響和音のみが奏でられる。悲化段も智慧段もいらんのです。人間社会の是非の物差しだけが幅をきかせて、批判排斥するだけの「人倫」の社会のテーゼのみが横行する訳です。

そういう「背正帰邪まさるゆえ、横にあたをぞおこしける」時代社会を南無・帰命し続けて往くような願心なる歩みが玄義され、値遇われて行くような出来事なのでございましょう。「速やかに難思往生の心を離れて、難思議往生を遂げんと欲う」（聖・356頁）という往生という意欲が始まってくる。繋縛から解放されたという人間の思いがけない往生の歓びではなく、逆に繋縛を現住所として生活が始まって往く。還来の魂に絆されて、穢土の現実に開放され往く、「欲生心」の発露でございましょう。解放への発露ではなく、開放へのいさみの念佛でございましょう。いさみの佛念が「帰命」であり、「南無」なのでございますよ、「難思議往生を遂げんと欲う」というのは、如来の生まれ出でる陣痛であり、われら群萠の生まれ出でる陣痛でもございましょう。「難思議往生を遂げた」とは云わせないのでございましょう。あくまでも如来の三心の因相「欲生心」に帰る、尋源せしめられる出来事が「謹案」なる出来事であり、そこに「謹顕」されてまいる道路でございましょう。「路」を包み、「大行」という歴史なる道に呼び帰す、往来の道路が「謹案」され「謹顕」されてくる。「真佛土・化身土」の公開性でございます。

それでは、第十二願に移りたいと欲います。読誦・諷誦いたしましょう。

（十二）　**世尊、我菩提を得、正覚を成じ已らんに、所有衆生をして我が刹に生ぜしめ、不善の名なく、無量無数の諸佛刹土の無名・無号・無形なるを聞きても、称讃することなく而疑謗することなく、身心不動にして、悉くみな阿耨多羅三藐三菩提を得しめん。**

（解読）世尊よ、私が求道し、佛のさとりを得已らんに、生死の迷いの衆生が我が浄土に生まれしめ、名をもって差別される慣習なく、無量の諸佛の世界に於いて、名もなく、名づけられることもなく、形なき存在として無視されても、称讃されなくても、疑謗されても、それに動ずることなく、悉くみな無上正真道を得証せんと。

『魏訳』でございますと、第十六願文にあたる、「無諸不善・離譏嫌名・離諸不善」という課題の願文でございます。浄土に生まれせしめたる者には「不善の名なし」と、『浄土論』を通しますと、「浄土の果報は、二種の譏嫌を離れたり、知るべし」（聖・140頁）と「荘厳大義門功徳成就」として取り上げられております。まあ、一々に「応知（知るべし）」と付されております。呼びかけの言葉でしょう。信知することを通して、愈々、知るべきことが開かれてくる。有学の身が知らしめられてくる。「無学」という、知るべきことはみんな学ばれたという佛の位ではないのでございましょう。愈々、知るべきことを信知せしめられてくる。存知のように情報力・資料として頭で認識することではありません。わが身として知られてくるという出来事でございましょう。とにかく、浄土の世界では二種の譏嫌、非難されたり、嫌われたるから解放されると。佛土でありますから、その清浄の働きが差別の世界に開放されてまいりますから、譏嫌の差別から解放されて往く。譏嫌する本が存在の病として信知せしめられますから、差別の社会の病巣に見えますから、慣習として残らないのでございましょう。「この三つに過《とが》なし」とか、「二乗・女人・諸根不具の三種の名を聞かず」と曰われる訳でございます。「不善の名がない」というのは実体化されない、所謂、無生の生という、実体化された実の生死ではない、「所有」の事柄ではない、「因縁生」なんだと。浄土の菩提なる働きが「証巻」に「一つには無染清浄心」の働きとして「菩提はこれ無染清浄の処なり」（聖・294頁）。「二つには安清浄心」の働きとして「菩提はこれ一切衆生を安穏する処なり」と。「三つには楽清浄心」の働きとして「菩提はこれ畢竟常楽の処なり」と。そして、「この畢竟常楽は何に依りてか得る、大義門に依るなり。大義門は、謂わくかの安楽佛国土これなり。このゆえにまた「衆生を摂取してかの国土に生ぜしむるをもってのゆえに」と言えり」と論述されております。大乗の義が問われてくる、それが、浄土の果報は、二種の譏嫌を離れたりという課題なのでございましょう。「衆生を摂取してかの国土に生ぜしむる」という、「所有衆生をして我が刹に生ぜしめ」という、浄土往生から始まる課題なのでございましょう。浄土に願生せしめられて、愈々、穢土という私どもの社会の病巣「不善の名」だらけの歴史と世界が現前に信知せしめられてくるのでございます。

この『荘厳經』では「名」の働きが、この第十二願の「不善の名」、第十三願の「吾が名号を念じて」、第十四願の「吾が名号を聞きて」と三願続けて展開しております。『魏訳』の流れとは少し違っております。第十三願は第十九願に当たるでありましょうか。第十四願は二十願に該当するようです。ところが、十八願はどこにいったのやら分かりません。この後、三十六願中の展開の中でございますのでしょうか。不審しく思われます。この「名」の働きでございますが、名づく・号づく働きと共に、夕方の暗くなり、帰る道筋を「名」として呼びかける、呼び帰す働きでもございます。呼応する働き、「名」を通して「名告り」が呼応してまいります。譏嫌の名のように、侮蔑の呼称もございますし、讃嘆・称讃の働きでもございます。古くは、共同体の一員として迎え入れる「姓」と、願いを名を通して名づけられ、自らその願いに生まれ生きるという名告り、呼応語でございましょう。「是の如く」と届けられ、「是の如し」と受け止められる、呼応を意味するものでございます。「我聞如是」・「如是我聞」と『經』の始めに説かれますが、親鸞さまは、『論註』を引かれて、「また言わく、經の始めに「如是」と称することは、信を彰《あらわ》して能入とす」と味合われます。信が彰れてくると。「能入」ですから、浄土に入国するのでございましょう。入国手続きは何か、頷く智慧であると。信心という智慧であるとおっしゃられる訳です。「我聞きたまえき」と、法蔵菩薩が「我」と聞かれたのでしょう。聞きたまえきという「われ」の誕生でございます。主観の「我」を建ててお聞きするのでない。お聞きする、聞法するという身、それが主体だということでございます。説明しますれば、主観が命終し、生まれたものが「聞」という、「聞名」という主体でございます。あらゆる人々に宿されたる主体が、新たに生まれ出でたのでございましょう。「我、聞きたまえき」。何をお聞きしたかと云えば、「われ」を、「われら」をお聞きしたのです。私がこれこれお聞きしましたという内容ではないのです。「是のごとし」という「称名」を「是のごとき」と聞名せしめられる呼応です。流布語は呼応語だそうでありますが、南無阿弥陀佛という「称名」は、

「南無阿弥陀佛」という聞名であり、「阿弥陀佛南無」という願心が玄義・尋源されてくる。「謹案」されてまいるのでございましょうや。

第七章　「二種深信」から「七深信」へ

今回は、本願文の第十三願を読誦・諷誦したいと欲います。まず拝読いたします。

（十三）　**世尊、我菩提を得、正覚を成じ已らんに、所有衆生をして我が刹に生ぜしめ、吾が名号を念じて、志を発し心を誠にして、堅固不退ならん。彼の命終の時、我、無数の苾芻をして前に現じて圍繞《いにょう》し来迎せしめん、彼の人須臾《しゅゆ》の間を経て我が刹に生ることを得て、悉くみな阿耨多羅三藐三菩提を得しめん。**

（解読）　世尊よ、求道に生まれ出で、佛のさとりを得已らんに、生死の迷いの衆生が我が浄土に生まれしめ、阿弥陀の名を念じ、菩提心を発し一心に行じ歩みを止めることがないであろう。その往生せしめた者が命終わる時、その無数の法蔵比丘の前に現じて迎えたまふ。生まれし者は、少しの間を経て悉くみな無上正真道を得証せんと。

第十二願でも申しましたが、「不善の名なく」という浄土に生まれせしめられた所有衆生が「諸佛」として称讃する、『魏訳』で申しあげれば、第十七願でございましょう。この第十三願の文は、内容から見て、第二十願文が分けて語られ、第十四願が第二十願の後半に相応する訳でございます。第十八願文はどこだと云うことになりますが、不明でございます。まあ、この十三願（十九願）、十四願（二十願）が、第十八願の具体的な働きの内容でございますので、訳者は省いたのかも知れません。願文をお尋ねしているうちに明らかになることでございましょう。

この第十三願文を読誦しますと、『魏訳』の第十九願文のように、「菩提心を発して諸の功徳を修して」という諸行ではございません。諸行のなかの念佛の行という位置づけではありません。「吾が名号を念じて」という「一心一向」という、名号を憶念するという出来事が語られますから、諸行も、念佛も、というあれもこれも行ずるということではございませんでしょう。名号・南無阿弥陀佛を憶念するところに菩提心が発こさしめられると。そしてその自力を尽くして堅固と、まあ、にぎって離さぬのでしょう。これだけ懸命に修行した、精進したと、自ら飾る訳でしょう。そういう人おられますよ。私は何十年と聞法のご縁を、あの先生、この先生からいただいたと。現在はこういう心境ですと主張され、自らの求道を飾り、離さぬ訳です。そういう聞法の病、聲聞の閉鎖性を大事な時として、目が覚めるまで待ち続けられる「誓願」でございましょう。親鸞さまは「仮令《けりょう》の誓願、良《まこと》に由あるかな」（聖・343頁）と絶句されます。目が覚める可能性は100パーセントない訳です。此方からはないのです、不可能なのです。それが故に、彼の方よりの働きは不可思議パーセントなんでしょう。

　そういう「善巧方便」のぬくもりの温かさを親鸞さまは「是を以て釈迦牟尼佛、福徳蔵を顕説して群生海を誘引し、阿弥陀如来、本《もと》誓願を発して普ねく諸有海を化したまう。既にして悲願います」（聖・326頁）との釈迦・弥陀二尊教としておっしゃいます。その目覚める可能性のない「群生海・諸有海」を南無し帰命せし「悲願」の内容が「修諸功徳の願」と名づく、復、「臨終現前の願」と名づく、復、「現前導生の願」と名づくと、復、「来迎引接の願」と名づくとおっしゃる訳です。佛教二千五百年の歴史の中で、親なる願心に背き続けた人々が、釈迦・弥陀二尊のご縁を慈悲の父母として味合われた「名」として名づけられたのでございますよ。地上の人々によって新たに名づけられてくる訳です。ここに、親鸞さまは「亦、「至心発願の願」と名づくべきなり」と、如来の「至心」、「至心に回向したまえり」と。釈迦・弥陀二尊の願心の大地を「玄義」され、「謹按」される訳です。真宗聖典では「謹案」という字でございますが、坂東本では「謹按」という、「按」は手を添えて憶念せしめられる歴史と世界でございましょう。頭で、思考して「案」ぜられたのではございません。未だ知りえない、望郷の父母・世々生々の父母・兄弟・姉妹、との眷属無量の浄土聚会との邂逅、値遇いでございます。

　それから「吾が名号を念じて」という言葉でございますが、名号を行じる、行の位の念佛でございましょう。「ただ念佛もうせ」と、「ただ念佛をもうす身となれ」と、念佛が勧められる訳でございますが、諸佛が「ただ念佛もうして、弥陀にたすけられまいらすべし」とのよきひとの仰せでございましょう。称名念佛です。この後に、第十四願文には「吾が名号を聞きて」と、「聞其名号信心歓喜乃至一念」という「聞名」が語られてまいります。第十三願では「称名」、行の一念。第十四願では、「聞名」、信の一念として取りあげられてまいります。それでは、第十四願文を読誦・諷誦いたします。

（十四）世尊、我菩提を得、正覚を成じ已らんに、所有十方無量無邊無数の世界の一切衆生。吾が名号を聞きて、菩提心を発し、諸の善根を種えて、意に随ひて諸佛刹土に生ぜんことを求めんに生を得ずということなく、悉くみな阿耨多羅三藐三菩提を得しめん。

（解読）世尊よ、求道に生まれ出で、佛のさとりを得已らんに、生死の迷いを抱えている十方無量無邊無数の世界の衆生よ。阿弥陀の名号の働きを聞いて、菩提心を発起せしめられ、諸の善根を種えて、意のままに諸佛の浄土に願生して、生まれることがないなら、悉くみな無上正真道を得証せんと。

まあ、読誦しますと、『魏訳』の第十八願と第二十願とが一緒になっているような願文でございいます。今まで「所有衆生」が我が刹土に生ぜしめと語られておりましたが、この願文だけ、「所有十方無量無邊無数の世界の一切衆生」と呼びかけられております。普通は、この「一切衆生」が主語として、「吾が名号を聞きて」と読みますでしょう。ご存知のように『魏訳』は、第十八願・第十九願・第二十願と「十方衆生よ」と呼びかけられます。一方衆生、人間中心に、私中心に存在を認識している私どもが、始めて「十方衆生よ」と名を呼ばれた訳です。「一方衆生」の名で呼びかけられ、育てられておりますから、「十方衆生」は誰のことか。そんな抽象概念で呼ばれても分からんと。私には名がある故、私の名を呼んでくだされば認識できると。呼ばれたことがないからそんなもんでございましょう。

今まで、この『荘厳經』の内容も、「所有衆生をして我が刹に生ぜしめ」と、経典の物語として、話として願文が展開しておりますが、この第十四願文にきて、「群萌海」と呼びかけられた訳です。まあ、「人間海《じんかん》」でもよいのでしょうが、十方のとか、世界の一切の衆生とかの呼びかけです。なに故にか。今まで、「我が刹に生ぜしめ」という浄土に生まれた前提の表現が、ここでは「諸佛刹土に生ぜんことを求めんに」という言葉で語られます。つまり、普通は、菩提心を発し、諸の善根を修めて（種えて）、その結果浄土に生まれる、願生するという次第ですが、ここでは逆になっております。まあ、注意深く読誦いたしますと、おや・おや、何か違っていることを物語っておるぞと、興味深々になりますが、吾人だけでございましょうか。「吾が名号を聞きて」から始まってくることが展開してまいります。南無阿弥陀佛を通して、諸佛の国土に生まれたいと意欲されてくる。これ何んでありましょうか。第十八願と第二十願どころでない、第十七願も一緒に語られているような願文なんでございましょう。吾が名号の働きが、「聞名」に止まらず、「称名念佛」の歴史と世界が開かれてくる。そんな内容が「悉くみな阿耨多羅三藐三菩提を得しめん」という、無上正真道の得証の内実である願文といただくことでございます。

それでは第十五願文を読誦・諷誦いたしましょう。

（十五）世尊、我菩提を得、正覚を成じ已らんに、所有衆生をして我が刹に生ぜしめ、みな三十二種大丈夫の相を具して、一生に阿耨多羅三藐三菩提を得しめん。

（解読）世尊よ、求道に生まれ出で、佛のさとりを得已らんに、生死の迷いの衆生が我が浄土に生まれしめ、みな三十二相を具足す。生涯、無上正真道を得証せしめん。

この第十五願文は『魏訳』の四十八願の展開の中では「三十二相・具三十二相・具足諸相」の願と呼称されております。十八願・十九願・二十願で「十方衆生よ」と呼びかけられ、「我が国に生まれんと欲うて・我が国に生まれんと欲わん・我が国に生まれんと欲わんに」と、故郷・本国への帰省の意欲が明らかにされます。その内容が「国中人天」は「三十二大人相」であり、「他方佛土の諸の菩薩衆」は「衆生のためのゆえに、弘誓の鎧を被《き》て、徳本を積累《しゃくるい》し、一切を度脱し、諸佛の国に遊んで、菩薩の行を修し、十方の諸佛如来を供養し、恒沙無量の衆生を開化して、無上正真の道を立てしめん」という功徳でございましょう。『魏訳』は、そのような展開になっております。

余談でありますが、今年の安居で、廣瀬 惺さんが、この第二十二願の願文にふれられ、四十八願中、一番言葉を尽くして内容が語られている願文であり。特に「弘誓いの鎧を被て」という内容が、訳者・康僧鎧《こうそうがい》の僧伽の名になっていることが注目されると。僧伽からたまわる名の内容が、「弘誓の鎧を被て」という、衣服（相）、生まれ生きる願生の生活観というようなお話しでございました。

従来、三十二相を阿弥陀佛の真金色の具体的な相としてと、浄土に生まれた人天の具足する三十二相と取り上げられております。又、千輻輪と白毫の二つの際だった違いとして解説されてきたようです。この『荘厳經』では、「三十二種大丈夫」の相として語られております。亦、第一願文に「一切みな身真金色なることを得ぬ」という本願成就の貌《かおばせ》として象徴的に語られておりますことは注意すべき事柄でございましょう。

続いて第十六願文を読誦・諷誦してまいります。

（十六）　**世尊、我菩提を得、正覚を成じ已らんに、所有衆生我が刹に生ぜしめ、若し大願ありて未だ成佛を欲せず、菩提と為る者をば、我威力を以て彼をして一切衆生を教化してみな信心を発さしめ、菩薩の行・普賢の徳・寂滅の行、浄梵の行・最勝の行、及び一**

切の善行を修して、悉くみな阿耨多羅三藐三菩提を得しめん。

（解読）　世尊よ、求道に生まれ出で、佛のさとりを得已らんに、生死の迷いの衆生が我が浄土に生まれしめ、若し生死に還来する誓願に促され、自らの救済なる成佛道に命終して、穢土を現住所として生活する菩薩に即生するならば、佛の威神力を加して一切衆生を教化し無上の信心を発起せしめ、菩提の行であり普賢の行、寂滅の行であり、浄梵の行であり最勝の行、一切の善行を修して、悉くみな無上正真道を得証せしめん。

この『荘厳經』の第十六願文は読誦していただければ、『魏訳』の第二十二願文に当たる訳でございましょう。内容は「我が国に来生して、究竟して必ず一生補処に至らん」という内容はふれられず、「未だ成佛を欲せず、菩薩となる者」という五濁悪世・無佛の時なる穢土に還来する魂が語りべされます。『魏訳』では「他方の佛土の菩薩衆」という「所有衆生」が自国・他国と立体的に語られます。そして最後の第四十一願文より「他方国土の諸の菩薩衆」という、未来世一切衆生の課題が「我が名字を聞きて」との如来の願心の歩み、法蔵菩薩の兆載永劫の展開が、終わりなき歩みとして取りあげられております。

「願文」をみますと、「成佛」という佛道を求める方向が、転ぜられ「菩薩と為る者」という衆生に向いている働き、「従果向因」の還来の菩薩の働きでございます。先ほど第十五願文の「三十二相二種大丈夫」を、促しめる佛の「大丈夫相」と、頷く衆生の「大丈夫相」ともうしてみました。果徳だけが云々される「相」に促す因位の相が見えられてくる。つまり、法然聖人のご一生涯が還来の菩薩のご一生涯として味遇われてくるのでございましょう。浄土往生を果たされた往相回向のご生涯を憶念せると共に、往生極楽の道を果遂せしめるという誓願に生まれ生きられる法然聖人の相が憶念せしめられる事でございます。正親含英先生でしたか、説浄土真宗・聞浄土真宗という表現で、確か語っておられたかと思います。世に出でる還来の促しを受けて、始めて世を出でるという生涯が定まる訳です。『魏訳』ではその徳が「遊諸佛国・供養十方・開化衆生」の三点セットで語りべされますが、この『荘厳經』では、「無上の信心」の発起の内容として「菩提の行・普賢の行・寂滅の行・浄梵の行・最勝の行」という味合いで、善行の修として語られております。本願成就の信心を通して、促す働きが願心の歩み、味合いとして取り上げられる訳でございましょう。

まあ、この「菩提の行」という表現でありますが、『論註』を披きますと「もしつぶさに梵音を存ぜば、「菩提薩埵《さった》」といふべし。「菩提」は、これ佛道の名なり。「薩埵」は、あるいは衆生といひ、あるいは勇健といふ。佛道を求める衆生、勇猛の健志あるがゆえに菩提薩埵と名づく」（浄聖・50頁）と論述されておりますから、佛道が衆生に成就している意でありますから、佛道が菩薩道として成就している事でございます。衆生に成就している義というよりは、促す法の働き、衆生に関わり続ける菩薩道として願心自体が歩み始める訳です、その義が、この『荘厳經』では「菩提の行」

という言葉で、その内容が第十七願以降として普賢の行として展開してまいります。それでは第十七願文を読誦・諷誦してまいります。

（十七）世尊、我菩提を得、正覚を成じ已らんに、所有衆生をして我が刹に生ぜしめ、一切の処に於て、無量百千倶胝那由他の諸佛を承事し供養して諸の善根を種えて、意の所求に随ひて願を満たさずということなく、悉くみな阿耨多羅三藐三菩提を得しめん。

（解読）世尊よ、求道に生まれ出で、佛のさとりを得已らんに、生死の迷いの衆生が我が浄土に生まれしめ、一切の処に於いて恒沙無量の諸佛を供養し、諸の善根を種えて、意《こころ》の情願に随い願生を果たし遂げて無上正真道を得証せんと。

第十六願・十七願文が「所有衆生」の凡愚に託された菩薩の促しの行でございましょう。恒沙無量の諸佛の加勧を思いだすと共に、恒沙無量の信心の朋がらとして見えて往く内容が「諸佛供養」でございます。「諸の善根を種えて」と、法蔵菩薩さまの願心の縁が慮ばかられてくる訳です。宿善として「遠慶」されてくる出来事でございましょう。「遇《たまたま》、行信を獲ば、遠く宿縁を慶べ」（聖・149頁）と共に、「若し此の回、疑網に覆蔽《ふへい》せられば、更復《かへて》た曠劫《きょうりゃく》を径歴せん」との課題が現生不退してくる訳です。「我が刹に生ぜしめ」と浄土に蒸発するだけじゃないんです。浄土に願生するという出来事が、穢土に願生する願心の歩みと再確認、深信せしめられる訳です。要するに、二種深信として「謹按」され、更には、「七深信」の歩みとの歴史的・世界的な出来事として思い出され、味合われてくるような内容が語りべされる訳です。個人的な、主観的な体験・経験が命終する、翻されてくる出来事なのです。

『魏訳』でございますれば、第二十三願・二十四願文の展開でございましょう。「佛の神力を承けて」と、「若し意のごとくならずんば」と遊戯する還相回向の徳でございます。『教行信証』の「証巻」では、『註論』の「利行満足」の内容として、因位の五念門に相応する果徳の「五功徳成就」として「出第五門とは、大慈悲をもって一切苦悩の衆生を観察して、応化身を示して、生死の園、煩悩の林の中に回入して、神通に遊戯し、教化地に至る。本願力の回向をもってのゆえに、これを出第五門と名づく」とのたまえりと論述されております（聖・297頁）。

続いて第十八願文を読誦いたしましょう。

（十八）**世尊、我菩提を得、正覚を成じ已らんに、我が刹土の中の所有菩薩をして、みな一切智慧を成就することを得て、善く諸法の秘要の義を談じ、久しからずして速に阿耨多羅三藐三菩提を成ぜしめん。**

（解読）世尊よ、求道に生まれ出で、佛のさとりを得已らんに、浄土に生まれ課題をたまわる

菩薩が、一切みな智慧の働きを通して、速やかに無上正真道を成得せしめん。

この願文より「所有衆生」が「我が刹土の所有菩薩」に変えられております。それも「所有菩薩」でありますから、生死の迷いを抱えた菩薩ということでございましょう。「証巻」の「還相回向」の働きが「未証浄心」の菩薩と論述されております。「この菩薩、安楽浄土に生まれて、すなわち阿弥陀佛を見んと願ず。阿弥陀佛を見るとき、上地の諸の菩薩と、畢竟じて身等しく法等しと。龍樹菩薩・婆藪般豆菩薩《ばそばんずぼさつ》の輩《ともがら》、彼《かしこ》に生まれんと願ずるは、当にこのためなるべしならくのみと」（聖・285頁）還相回向の菩薩が「未証浄心」の菩薩と語られ、龍樹菩薩・婆藪槃頭菩薩さまが還相回向の働きとして「謹顕」されております。

そして、「みな一切の智慧を成就することを得て」と、「開化衆生」の働きの展開としてこの十八願文に謳われております。『魏訳』では、第二十三願・二十四願文が「供養諸佛」の内容として、第二十五願・二十六願文は「一切智を演説」と「金剛那羅延の身を得る」という「開化衆生」の内容として展開しております。「金剛那羅延」は、辞書を抜きますと「佛・菩薩の勝れた身をいう、体は金剛のように堅固で、働きは那羅延天のように強く勝れている、浄土の聖衆はこの身をうける」と解説されております。

続いて、第十九願文も読誦・諷誦いたしましょう。

（十九）世尊、我菩提を得、正覚を成じ已らんに、我が居する寶刹の所有菩薩をして、勇猛の心を発し、大神通を運び、無量無邊無数の世界の諸の佛刹の中に往き、真珠・瓔珞・寶蓋・幢幡・衣服・臥具・飲食・湯薬・香華・伎楽を以て供養し承事し、迴して菩提を求しめ、速に阿耨多羅三藐三菩提を成就することを得しめん。

（解読）世尊よ、求道に生まれ出で、佛のさとりを得已らんに、三宝成就している浄土に生まれ課題に生きる菩薩が勇猛心と大神通力をもって恒沙の佛刹に遊び、真珠・瓔珞・宝蓋・幢幡・衣服・臥具・飲食・湯薬・香華・伎楽とさまざまな用具を以て供養し、回心して求道が発起し、速に無上正真道を成得せしめん。

この願文より「我が利に生ぜしめ」という表現が「我が居する宝刹の所有菩薩」という言葉に変っております。『註論』を通しますと、五功徳門の「四には屋門」になるでしょうか。「衆の数に入りぬれば、当に修行安心の宅に至るべし。宅に入り已れば、当に修行所居《しょこ》の屋宇《おくう》に至るべし」（聖・296頁）との「入出の功徳」として「優婆提舎」されております。「諸の佛刹の中に往き」という、「遊諸佛国」の働きがここで語られております。やはり、還相回向の語りべの願文である訳でございましょう。まあ。一切智を演説する、金剛那羅延の身の様々な供養の具が謳われ、「迴入」せしめられる内容が語りべされております。

第八章　地球村の村民は誰か

第十九願文の途中からでございます。浄土に居住する僧伽舎の菩薩が「無量無邊無数の世界の諸の佛刹の中に往き」と、世に出でる還相の魂にふれ得て「遊諸佛国」が始まってくる。その具体的な展開が公開されてくる訳でございます。世界の恒沙の僧伽舎に見える相です。その供養の具が、この『荘厳經』では具体的に、「真珠・瓔珞・寶蓋・幢幡・衣服・臥具・飲食・湯薬・香華・伎楽」と生活環境が語られます。『魏訳』では、第二十四願に「もろもろの欲求せんところの供養の具」と語りべされております。この『荘厳經』では、第十九願・二十願・二十一願と供養の具がともに語られておりますので、連続した課題として語りべされているようです。続いて、第二十願を読誦・諷誦いたします。

（二十）世尊、我菩提を得、正覚を成じ已らんに、我が居する寶刹の菩薩、大道心を発し、真珠・瓔珞・寶蓋・幢幡・衣服・臥具・飲食・湯薬・香華・伎楽を以て、他方世界の無量無邊の諸佛世尊に承事し供養せんと欲せんに、而も往くことあたはずんば、我、爾の時に於て、宿願力を以て彼の他方の諸佛世尊をして、各、手臂《ひ》を舒《の》べて我が刹の中に至りて、是の供養を受けしめ、彼をして速に阿耨多羅三藐三菩提を成ぜしめん。

（解読）　世尊よ、求道に生まれ出で、佛のさとりを得已らんに、三宝成就している浄土に生まれ課題に生きる菩薩が、大道心を発して真珠・瓔珞・寶蓋・幢幡・衣服・臥具・飲食・湯薬・香華・伎楽とさまざまな用具を以て、他方世界の恒沙の諸佛世尊を供養せんと欲い、しかも往くことが出来ないようであるなら、宿願力を以て他方の諸佛世尊が自ら我が僧伽舎にお出でになり、供養を受けられ、速に無上正真道を成得せしめん。

この第二十願文は、「我が居する寶刹の菩薩」という三宝成就する僧伽舎に集う菩薩が「大道心を発し」と語られます。第十九願では「勇猛の心を発し」とございます。まあ、菩提心の内容が様々に味合われているのでございましょう。様々な供養の具を以て、他方世界の恒沙無量の諸佛世尊を供養しようとする訳です。ところが問題が起こる訳でございましょう。爾の時には、「宿願力を以て」と、まあ、誓願力なる種々の善巧方便力でございましょう。法蔵菩薩（芯芻）が自ら「三心」に建ち帰り、他方の諸佛世尊の方々が、自ら浄土なる僧伽舎にお出でになり、供養を受けられ、無上正真道を速得されんという内容です。十九願では、我が居する菩薩方の自らの菩提ですが、この二十願では他方世界の無量の諸佛世尊方でございます。

それでは、第二十一願文を読誦・諷誦いたします。

（二十一）　世尊、我菩提を得、正覚を成じ已らんに、我が居する寶刹の所有菩薩、自の意樂に随ひて此の界を離れず、真珠・瓔珞・寶蓋・幢幡・衣服・臥具・飲食・湯薬・伎楽を以て、他方無量の諸佛を供養せんと欲せん。又復、思惟すらく、如佛《もし》、臂《ひじ》を展べ此に至りて供を受けば、諸佛を劬労《くろう》せしめ我をして益なからしむと。是の念を作す時、我、神力を以て、此の供具をして自ら他方諸佛の面前に至らしめて一一に供養せしめん。爾の時、菩薩久しからずして悉く阿耨多羅三藐三菩提を成ぜん。

（解読）　世尊よ、求道に生まれ出で、佛のさとりを得已らんに、三宝成就の浄土に生まれ課題に生きる菩薩が、促されし意欲を以て此の穢土を現住所として定め、真珠・瓔珞・寶蓋・幢幡・衣服・臥具・飲食・湯薬・香華・伎楽とさまざまな用具を以て供養せんと欲わん。復、思惟を重ね、もし佛が礼拝し供養を受ければ、諸佛は我を讃嘆されるであろう。是の念を作願せし時、我、神力を以て様々な供養の具を付して自ら他方諸佛の面前に至り、一一に供養す。爾の時、菩薩は速に悉く無上正真道を成得せしめん。

浄土に生まれた国中の菩薩が、復、「我が居する宝刹の所有菩薩」と語られますように、菩薩の課題性として本に戻っております。そして菩提心の「勇猛の心・大道心」の内容が「自の意樂に随ひて此の界を離れず」と「信楽」なる意欲として還来の魂が語られ、他方無量の諸佛を供養せんとの宣言でございましょう。そして、「復、思惟すらく」という言葉が出ております。その内容は、「如佛《もし》、臂を展べ此に至りて供を受けば、諸佛を劬《く》労せしめ我をして益なからしむと」。これが何を意味しているのか分かりかねておりますが、「劬」という字は、母はほねおり苦しむとの意だそうですから、諸佛が「慈悲の父母」でしょうから、いのちの親にご苦労かけっぱなしで面目がないとの意になりますか。親の方が南無・帰命されるご苦労の象徴でございましょう。まあ、慚愧なき身の懺悔でしょう。是の念を作す時、「我」神力を以て様々な供具を持ち、他方諸佛の面前に至り、一一に供養せしめんと改めて誓われる訳です。まあ、重ねて誓うという「重誓」の義でありましょうか。『魏訳』の第二十三願では、国中の菩薩が「佛の神力を承けて」と受動的な表現でございますが、この『荘厳經』では「我、神力を以て」と、能動的な言葉になっております。先に申しあげましたように、第十九・二十・二十一願と展開している内容でございましょう。

続いて、第二十二願文を読誦・諷誦してまいります。

(二十二)　世尊、我菩提を得、正覚を成じ已らんに、我が居する寶刹の所有菩薩、身の長《たけ》十六由旬にして、那羅延の力を得、身相端厳に、光明照曜し、善根具足して、阿耨多羅

三藐三菩提を成就せん。

（解読）世尊よ、求道に生まれ出で、佛のさとりを得已らんに、三宝成就する浄土に生まれ課題に生きる菩薩が、身の高さが十六由旬であり、那羅延の力を得、身の相は端厳にして、光明は照曜し、善根は具足して無上正真道を成得せん。

還相の菩薩の修行が取り上げられる訳ですが、身の長《たけ》が十六由旬と語られます。一由旬が約7マイル～9マイルだそうですから、1マイルは1・6キロです。11・2キロから14・4キロぐらいでしょうか。1万メートルより高い訳です。まあ、ヒマラヤのエベレストより高い距離です。その16倍ですから、私どもの計量する数値をはるかに超えているという意でしょう。高度150キロ以上ですから、宇宙から見るようなものでしょう。地球は青かったという宇宙飛行士の声がありますが、還相の菩薩の観察は人間の地球でなく、十方衆生の地球であったとの感慨でございましょう。そして、その還相の菩薩の修行の具体的な働きが、「那羅延の力」という言葉です。「那羅延」という意は、辞書を披きますと、「金剛力士、堅固力士といい、天上界の力士、ヒンズー教ではヴィシュヌ神のことであり、那羅延身とは強大な身体の意」だそうであります。金剛心、所謂、ダイヤモンドの堅さですから、堅固願を顕す訳です。『魏訳』の語りべでは「これみな無量壽佛の威神力のゆえに、本願力のゆえに、満足願のゆえに、明了願のゆえに、堅固願のゆえに、究竟願のゆえなり」（聖・

36頁）と語られますから、無量壽佛の威神力、本願力のことでございます。本願力によって新たに出立ちする還相菩薩の相が、「身相端厳・光明照曜・善根具足」と述べられております。『魏訳』でございますならば、第二十六願文の「開化衆生」の徳の菩薩の働きが「金剛那羅延の身」と語りべされておる訳です。第二十七願文では、「国中の人天」の課題として、「一切万物厳浄光麗にして、形色殊特ならん」と「身相端厳・光明照曜・善根具足」が語られております。

それでは続いて第二十三願を読誦・諷誦いたします。

（二十三）**世尊、我菩提を得、正覚を成し已らんに、我が居する寶刹の所有菩薩、諸の衆生の為に、法蔵に通達し、無邊の一切智慧を安立し、諸結を断盡して、悉く阿耨多羅三藐三菩提を証成することを得ん。**

（解読）世尊よ、求道に生まれ出で、佛のさとりを得已らんに、三宝成就せし浄土に生まれ生死の課題に生きる菩薩が、生死に迷う凡夫の為に、法蔵に深入し、限りなき一切の智慧に安立して、諸の禍を断四流して、悉く無上正真道を証成せん。

この願文に「諸の衆生の為」という言葉が付せられます。還相回向の還来する菩薩の魂が顕れているのでございましょう。この内容は『涅槃經』の「阿闍世王の「為」に涅槃に入らず」（聖・259頁）

という言葉が思い出されてまいります。「諸の衆生の為」にという具体的な内容は、「一切凡愚の為に」という、救済なき「逆謗闡提を恵まんと欲す」（聖・149頁）という欲生心の成就でございましょう。「阿闍世王の「為」に」という事柄です。如来の不可思議の密語であり、「汝未だ解することあたわず」と語りべされます。「何をもってのゆえに」と、その密義が謹按されています。一つは、「我、「為」と言うは一切凡夫、「阿闍世」は普くおよび一切、五逆を造る者なり」と。誓願海の第一条です。一切凡夫の象徴が「阿闍世」という名であり、普くおよび一切と、「五逆を造る者なり」と、「五濁悪世」の世界と歴史の製造機だと云うんです。政治・文化・教育をあげて「国民」を指導し育てていく製造国家だと言われる訳です。

『大日本帝国憲法』でも、戦後の『日本国憲法』でも、第一条は「大日本帝国は万世一系の天皇これを統治す」と、「天皇は、日本国民の象徴であり、日本国民統合の象徴であって、この地位は、主権の存する日本国民の総意に基づく」と謳っております。もとより、旧憲法・新憲法に於ても、第一条は「天皇」でございます。帝国憲法にあっては、第三条に、天皇は「神聖にして侵すべからず」と鬼神国家の君主であり、元首であり、祭司権を持つ統治権の総攬者でございます。まあ、一言で申せば、羅刹であり、絶対独裁者でございましょう。戦後、象徴天皇制で主権は国民にあると謳われますが、実際、国民の意識は神聖なる天皇に仕える臣民としての国家観でございます。その良し悪しは別にして、世界の主だった諸国の憲法に比べても、第一条に「羅刹」という条項が謳われており、それを国民は疑問にも思わぬのでございます。

この第一条の「天皇」の位置づけが、実は「阿闍世」という一切凡夫であり、更には、普ねく、一切、五逆を造る者なりとの「鬼神国家」の絶対主君であり、臣民の象徴なのでございましょう。その娑婆の憲法の課題を、本願は第一条で明らかにしてまいります。この『荘厳經』では「所有一切衆生及び焔魔羅界、三悪道の中の地獄・餓鬼・畜生、みな我が刹に生じて我が法化を受け、久しからずして悉く阿耨多羅三藐三菩提を成じて、一切みな身眞金色なることを得ん」と。ご存知のように『魏訳』では、「たとい我、佛を得んに、国に地獄・餓鬼・畜生あらば、正覚を取らじ」との第一条が、娑婆の憲法、穢土の憲法の第一条に相応している訳です。「阿闍世」という国王の名が顕し・象徴する名が「五濁悪世」を造る内容に「大悲」する働きが浄土の憲法でございましょう。

二つめは、「また「為」は、すなわちこれ一切有為の衆生なり」と。「有」という言葉は、辞書を披きますと、ものの存在、所有という意と。有情（衆生）、衆生が迷いの世界に輪廻する一期間の生存状態を中有・生有・本有・死有の四有に分けるとか、迷いの世界を欲有・色有・無色有の三有（三界）とするとか。有の見という意と説明されております。まあ、生死の迷いを抱えている三界の存在ということでございましょう。「阿闍世」は、「すなわちこれ煩悩等の具足せる者なり」と語られますから、「煩悩海」に生死せし「群生海・群萌海」の為に世に住すと、佛は仰る訳です。

三つめは、「また「為」は、すなわち佛性を見ざる衆生なり。もし佛性を見んものには、我ついににために久しく世に住せず」と示され、「「阿闍世」は、すなわちこれ一切、未だ阿耨多羅三藐三菩提心を発せざる者なり」と、救済なき未来世一切衆生を意とするものです。

四つめは、乃至を入れられ、「また「「為」は名づけて佛性とす」と。佛の働き「法」を顕され、「阿闍」は、名づけて不生とす。「世」は、怨に名づく。佛性を生ぜざるをもってのゆえに、すなわち煩悩の怨《あだ》を生ず。煩悩の怨を生ずるがゆえに、佛性を見ざるなり」と。「阿闍」と「世」を分けられ、機の課題を「不生」と「怨」に分けられ、佛性が生ぜないから、煩悩の怨を生ずるがゆえに佛生を見ざるなりとの縁起を語られます。

更に、阿闍世の回心でしょうか、「煩悩を生ぜざるをもってのゆえに、すなわち佛性を見る。佛性を見るをもってのゆえに、すなわち大涅槃に安住することを得。これを「不生」と名づく」と。「阿闍」にかけられる如来の願心の成就が語られております。

「このゆえに名づけて「阿闍世」とす」と、機と法が相応する出来事を「阿闍世」と名づけると。そして、改めて、「「善男子」、「阿闍」は不生に名づく、「不生」は涅槃と名づく。「世」は世法に名づく。「為」は不汚《わ》に名づく。世の八法をもって汚《けが》さざるところなるがゆえに、無量・無辺・阿僧祇劫に涅槃に入らずと。このゆえに我「阿闍世の為に無量億劫に涅槃に入らず」と言えり」と。

ちょっと何を仰っておられるのか、分かりにくい文章です。人間の理知の立場、生死の迷いの立場から明らかになることではないと、「善男子、如来の密語、不可思議なり。佛・法・僧、また不可思議なり。菩薩摩訶薩また不可思議なり。『大涅槃經』また不可思議なり」と念を押されて咨嗟される訳でございましょう。

この『涅槃經』の引文は「梵行品」の内容でございます。還相の菩薩の新たなる修行の内容が「梵行」でございましょう。『魏訳』の第三十六願「我が名字を聞きて、寿終わりて後、常に梵行を修して」との願文がございますので、そのことが取り上げられておると邪推するものでございます。亦、この『荘厳經』の願文に、「無邊の一切智慧を安立して」との言葉が付されておりますので、「得弁才智」との自由自在な理解力とも、「智弁無量」の表現能力の無尽さが語られております。『魏訳』では第二十九願文、第三十願文で取りあげてございます。「諸結を断盡」は、諸の煩悩を断ずる意でございますから、やはり「梵行」の内容の事柄でございます。

続いて、第二十四願文を読誦・諷誦いたします。

（二十四）**世尊、我菩提を得、正覚を成じ已らんに、我が居する寶刹の所有菩薩、百千倶胝那由他の種種の珍宝を以て香炉を造作し、下、地際より上空界に至るまで、常に無価栴檀の香を以て普ねく薫じて、十方の諸佛を供養せしめ、速に阿耨多羅三藐三菩提を成ずることを得しめん。**

（解読）世尊よ、求道に生まれ出で、佛のさとりを得已らんに、三宝成就せし浄土に生まれ課題に生きる菩薩が、数え切れない億劫の希なる宝をもて、香炉を用いて三界の世界を

普ねく薫じ、十方諸佛を供養して、速に無上正真道を成得せしめん。

菩薩の修行が智慧の働き、そしてこの願文では香味の働きとして取り上げられてまいります。『魏訳』の願文では、第三十二願でございましょうか、「みな、無量の雑宝百千種の香をもって、しかも共に合成せん。厳飾奇妙にして、もろもろの人天を超えん。その香、普ねく十方世界に薫ぜん。菩薩、聞かん者、みな佛行を修せん」（聖・21頁）に謳われております。この『魏訳』の展開を窺いますと、「国土清浄」の働きが十方諸佛世界を照見せん働きとして語りべされ、その薫香の働きが合成として菩薩の佛行として展開します。その総括が、第三十三願文の「我が光明を蒙る」働きと、第三十四願文の「我が名字を聞き」との働きで菩薩が「無生法忍」という智慧を賜って往く歩みとして語られております。まあ、この『荘厳經』の願文の展開はバラバラでございます。続いて、第二十五願文を読誦・諷誦しましょう。

（二十五）　**世尊、我菩提を得、正覚を成じ已らんに、所居の佛刹広博にして、厳浄光瑩なること鏡の如く、悉く能く無量無邊の一切の佛刹を照見せん。衆生を覩ん者、希有の心を生じ、久しからずして速に阿耨多羅三藐三菩提を成ぜん。**

（解読）　世尊よ、求道に生まれ出で、佛のさとりを得已らんに、三宝成就せし浄土が広博にして厳浄光りかがやき鏡の如く、悉く恒沙無量の一切の僧伽を照らし見せるであろう。見えん衆生は無上の信心が発起せしめられ、速に無上正真道が成得せられん。

「我が居する寶刹の所有菩薩」という、浄土に生まれ穢土に生きる菩薩の願文ではなく、この第二十五願文は、「所居の佛刹」という浄土の僧伽そのものの働きが語りべされます。その厳浄の浄土が鏡に喩えられる訳です。無量無邊の佛刹を照見せんと、あらゆる聞法社会を照らし出す。その照らし出された穢土に成就する僧伽を観る者ですから、「観見諸佛浄土因」（聖・204頁）でございましょう。法蔵菩薩さまの願心の歩みとしての「希有なる心」、「無上の信心」が発起せしめられてくる願文でございます。

『魏訳』でございますと、第三十一願文です。「国土清浄」の働きが以後、味合われ確かめられてまいります。続いて第二十六願文を読誦・諷誦してまいります。

（二十六）　**世尊、我菩提を得、正覚を成じ已らんに、我が居する寶刹の所有菩薩、昼夜六時に恒に快楽を受けること於諸天に過ぎ、平等總持門に入りて、身光普く無邊世界を照らし、久しからずして阿耨多羅三藐三菩提を成ずることを得ん。**

（解読）　世尊よ、求道に生まれ出で、佛のさとりを得已らんに、浄土に生まれ課題を生きる菩

薩が、恒に真実なる快楽を受けることが諸天を超え、平等覚の智慧が総持され、身光が普ねく無邊世界を照らし、速に無上正真道を成得せん。

国土清浄の表現が、復、「我が居する寶刹の所有菩薩」と生まれた菩薩として語られます。一日中、いかなる時も、恒に諸天の快楽を超えせしめられ、「平等總持門に入りて」と、平等覚の世界に入門して、身光が普く無邊世界を照らし出すという内容です。先ほど取りあげました、『魏訳』の第三十三願文「触光柔軟の願」と、第三十四願文「聞名得忍の願」の二つが一緒になったような願文でございます。十方の諸佛世界の衆生が、佛の光明を蒙りて、身心柔軟にして、人天に超過すると。そして、十方の諸佛世界の衆生が、我が名字を聞きて、菩薩の無生法忍、諸の深総持を得ずばとの内容でございます。親鸞さまは、「信巻」の「真佛弟子釈」に引文されておられますから、穢土に生まれ生きる、真の佛弟子たる相が「所有菩薩」という内容でございます。救済なき菩薩ではなく、救済なき人々の共に生まれ生きる生活観でございましょう。

第九章　「其有衆生《ごう》」に命終して「請有衆生《しょう》」に即生す

第二十七願文からですので、まず読誦・諷誦いたします。

（二十七）世尊、我菩提を得、正覚を成じ已らんに、所有十方無量無邊無数の世界の一切女人、若し女身を厭離する者ありて、我が名号を聞て清浄心を発し帰依し頂礼せん。彼の人命終して即ちわが刹に生じ、男子の身と成りて、悉くみな阿耨多羅三藐三菩提を得しめん。

（解読）世尊よ、求道に生まれ出でて、佛のさとりを得已えました。そこに出逢われてきたのは苦悩の有情なる十方無量・無邊世界の一切の女人の方々です。若しその女人の方々が、自ら女身を厭い、佛の御名が称讃される歴史に値遇い、清浄なる無上信を発起せられ、帰命せられ、頂戴されるでしょう。その方々が命終され、我が浄土を国土として穢土の差別する社会を現住所として生まれ生きられ、みな悉く無上正真道を成得されるでしょう。

先に申し上げましたように、『魏訳』では、還相回向の第二十二願よりの展開が、第三十一願文として「国土清浄」なる課題として語られ、国土の人々の課題が「十方無量の諸佛世界の衆生として第三十三願・三十四願の光明と名字の智慧の働きを通して、具体化されます。そして、第三十五願にて、十方無量の諸佛世界の「女人」という新たなる出会いが出逢われてまいります、「それ女人ありて」と。見ざる・聞かざる・云わざるという言葉がございますが、個人主義的なこの在り方の問題というよりは、見えない、聞かない、云わせない社会の構造の課題でございましょう。世間の「常倫」だけでなく、体制内宗教をあげて「善男子・善女人」という男尊女卑の社会・歴史の中で、念佛のご縁が呼び帰し、照らし出す訳でございましょう。「女人」というわが子と共に、男と共にとか、社会的な遇縁存在・業縁存在そのものの課題が「我が名字を聞いて」という、如来の願心の歩みに立ち帰らしめられる事を通して、女性自身の「女身」という問題と、他（男）社会から対照的に客観視される「女像」という問題として開かれてまいります。「女人」という存在の課題が「三界」の問題として新たに出合われてまいります。「欲界」は「女像と女身」という問題でしょう。女の体と、女性としての美の対象です。「無色界」は業報を共にするという「存在論」でございましょう。つまり、「我が名字を聞いて」という如来の願心のご苦労の歩みが、「歓喜信楽して」と、存在そのものの歓喜に開放される訳です。「三界」の女性の喜びから命終・解放されて、佛教で説く「菩提心」を発起する、「女身を厭悪せん」との人間観（人倫）から、解放され、「女像」という女性が象徴する「三界観」（常倫）から解放される訳です。逆から云うと、「我が名字」という法蔵の兆載永劫のご修行が、三界の「女像」観・「女身」観に新たに値逢うて往く、それが還相回向に呼び帰され・翻される課題でございます。ここでも佛に向かっていく歩みが、衆生に向かって往く歩みの促しとして値遇われてまいります。願心の世界とその歩みが「佛国」の働き、浄土なる働きとして「彼の佛国は、すなわちこれ畢竟成佛の道路、無上の方便なり」（聖・293頁）といただかれるのでございます。人間の差別社会の問題が転ぜられて、衆生が佛の世界と歴史を犯し続け、恥辱せしめる訳でしょう。その事柄を背負われる願心の歩みが「仮令の誓願」であり、「果遂の誓い」なのでございます。

『荘厳經』の願文をお尋ねしますと、「所有十方無量無邊無数の世界の一切女人よ」と呼びかけられます。共に生きんと願いながら、その事柄が様々な業縁・遇縁によって引き裂かれ、流転せしめられる存在の課題でございます。古今東西、解決策が見出すことのできないような、「出離の縁」がない、出口がみつからん訳です。安田先生は「無窓」と云われますし、信国先生は被投的存在、根無し草と仰います。それらを「われら」として、本願の機として見えられ呼びかけられる訳です。「若し女身を厭離する者ありて」と、自らの業報からの解放を願われる訳でしょう。争いからの解放、平和を。貪りからの解放、平等。支配・隷属からの解放、自由を求める訳でございましょう。人間自身、女性自身から始まる「厭離」、解放です。自らを回復し・解放し、世の中を、社会をよりよい理想の社会を改革しようという意欲です。「若し」がつきますから、仮定です。強靭に求め続けることが出来るかどうか分からんと。挫折する者がほとんどでしょう。人間社会の改革、自身の変身を求め続ける訳です。その「女人」に願心が発動してくるのでしょう。『魏訳』でもうしますれば、「其有衆生《ごうしゅじょう》」という衆生の発見が、その衆生の課題「諸有衆生」という「有」をかかげている、まあ云えば、「難治の機」の発見です。その業病の因が具体的に「五逆・誹謗正法・一闡提」という「罪悪深重性」、存在そのものの「罪・咎」が如来の自身として荷われてまいります。読み下しは「あらゆる衆生」という説明ですが、「諸有」という課題が「衆生」イコールという課題です。

まあ、ヨーロッパ思想では、「実存」という課題でしょう。いのちをいただいてきた宿題、「人」に生まれ生きる課題です。主体とは何かという根源的な課題です。答えが分かって解決する問題ではないのです。一生涯をあげても解けないような問題が、存在そのものの課題です。ですからそういう存在そのものの課題に呼び帰す働きが、この『荘厳經』では「我が名号を聞きて清浄心を発し帰依し頂礼せん」という願文でございます。『魏訳』では「其有女人《ごうにょにん》」と。「それ女人あって、我が名字を聞きて、歓喜信楽し、菩提心を発して、女身を厭悪せん」（聖・21頁）と、「我が名字を聞きて」との如来の三心の展開、法蔵菩薩の修行の「果得」、「至心に回向したまえり」との大地が法蔵の兆載永劫の菩薩なる修行の因位が「聞我名字」と南無阿弥陀佛の願心が尋ねられ、玄義される訳です。『荘厳經』では「我が名号を聞きて」と、第十八願成就の「聞其名号」という、「称名念佛」の歴史を「聞其名号、信心歓喜、乃至一念」という願文になっております。

この後に「彼の人命終して我が刹に生じ」という「命終」が説かれますが、第十八願成就の「聞其名号、信心歓喜」が、成佛への道程が命終せしめられる。始めて「流転の衆生と共に」という菩薩道として展開する訳です。曽我先生のお言葉をお借りすれば、「信に死して願に生きる」という、願心に生まれ生きる法蔵の願心に立ち帰って往く訳です。その具体的な内容が「男子の身と成りて」と、自分が男子という菩提心に生きる者と成るということではなく、差別する、救いなき教団人を我が身として荷う魂、本願に値遇われてまいります。つまり、還来の魂、還相回向に値遇うという、法然聖人のご一生涯の相に、天親菩薩・曇鸞大師のご一生涯の相に値遇われて往く、そういう促しの出立ちが、「悉くみな阿耨多羅三藐三菩提を得しめん」との「無上正真道」が始まってくるのでございます。

親鸞さまの『浄土和讃』を披きますと、第十八願成就が「至心信楽欲生と　十方諸有をすすめてぞ　不思議の誓願あらわして　真実報土の因とする」（聖・484頁）との、如来の三心が尋源され、浄土に往生する因が尋ねられ、「真実信心をうるひと」が、「正定聚」の数に入り、不退転の位に住し、必ず滅度に至るという、一生涯が誓願の大地として見出されてまいります。ですから、その具体的な内容として、「弥陀の悲願ふかければ　佛智の不思議をあらわして　変成男子の願をたて　女人成佛ちかいたり」と、「女人」という差別する男社会、差別者と共にという内容が「衆生と共に」という展開を見る訳です。ですからこの「変成男子の願」というのは、女人が男子に変身して救われるのではないのです。男子という菩提心の処まで向上して救済されるという事ではありません。差別社会、差別の世に生まれ生きるという教団人が呼び帰される、「変成」という働きは、名号の働きである。南無阿弥陀佛の現行だと。本願力の回向、往還の回向に呼び帰される出来事なのです。「女人」を救ってやろうという憐悲ではありません。拯いなき「声聞・縁覚・菩薩」と共にという「大悲」の誓願の歩みなのでございます。「女人」とは共に生きるものです。「男子」は自らのみの救済を求めるものです。所謂、「小乗性」でございます。決して「大乗性」は開かれてまいりません。「一乗」という「法華一乗」も、人間からの「路」でしかない。親鸞さまは「誓願一佛乗」という言葉で顕されます。人間からの歩みではない、如来する働きの歩みです。促す願心の方が歩むのです。人間の立場からの「大乗」・「一乗」という概念規定ではないのです。自重すべき課題でございます。

続いて、第二十八願文をお尋ねします。まず読誦・諷誦いたしましょう。

（二十八）世尊、我菩提を得、正覚を成じ已らんに、所有十方無量無邊無数の佛刹の聲聞・縁覚、我が名号を聞きて、浄戒を修持し、堅固不退にして、速に道場に坐し、阿耨多羅三藐三菩提を成就せん。

（解読）世尊よ、求道に生まれ出で、佛のさとりを得已らんに、生死の迷いを抱える十方無量無邊無数の佛縁の集いに集会する二乗の機（聲聞・縁覚）が南無阿弥陀佛を聞名して、浄土の定めを受持し、堅固不退の歩みの中で、速やかに道場に坐し、無上正真道を成得せん。

この『荘厳經』では、「所有」という生死の苦悩を抱えている存在そのものの実存なる課題が語りべされ、第二十八・二十九・三十願文に、「十方無量無邊無数の世界の一切の女人、聲聞・縁覚、一切の菩薩」が「聞我名号」（我が名号を聞いて）という、無量の諸佛の「称名讃嘆」の念佛を「聞名」するという、「智慧の念佛」と「信心の智慧」が呼応し、「行信の道」として届けられているという内容です。『魏訳』では、「我が光明を蒙りて」・「我が名字を聞いて」と、光明・名号顕因縁の法蔵の因位の願心に値遇う展開として願文されています。

それでは『荘厳經』の願文によって少しお尋ねしてみましょう。この第二十八願文は、無量の佛刹の聲聞・縁覚という「二乗」の機が取りあげられ、第二十九願文は、「一切の菩薩」ですから、この二十八・二十九願文で「三乗」が取り上げられます。まあ、佛縁をいただくご縁が成就してますから、「有佛」の時です。「無佛の時」の課題、未来世一切衆生の課題ではありません。あくまでも「佛刹」の聞法社会の問題でございます。ですから、「聞我名号」の出来事が教団社会の「浄戒」の問題として、復、速にという「聞法成就」の時の問題が「道場」という、聞法の坐の問題として見えられております。つまり、智慧の念佛の歴史と世界に値遇うて往く世界です。「我が名字」という因位の願心に帰るのでなく、よきひとの仰せを「親鸞におきては、ただ念佛して、弥陀にたすけられまいらすべしと、よきひとのおおせをこぶりて、別の子細なきなり」（聖・627頁）との「行信の道」を信心するという内容でございます。この後の第三十願文がそういう展開になっております。ですから、不退の歩みは、自らが「聞法」を通して始まってくる、「行」の生活観として語りべされます。「行」が勧められているのか、「信」が勧められているのか定かではない。自力の「読誦・観察・礼拝・称名・讃嘆供養」という念佛生活の多様性として、読誦・観察の「聞思」の生活と、「礼拝・称名・讃嘆供養」が「浄土往生」の「往生」という課題にまで確かめられてまいりません。法然聖人が提起されて「三經一論」という課題、親鸞さまを通しての「三心一心問答」という「優婆提舎」の時をもって、公開されてくるのでございます。続いて第二十九願文を読誦・諷誦いたします。

（二十九）**世尊、我菩提を得、正覚を成じ已らんに、所有十方無量無邊不可思議無等の佛刹の一切の菩薩、我が名号を聞きて、五体を地に投げて礼拝し帰命せん。復、天上・人間、一切の有情、尊重し恭敬し親近し侍奉することを得て功徳を増益し、阿耨多羅三藐三菩提を成就せん。**

（解読）世尊よ、求道に生まれ出で、佛のさとりを得已らんに、生死の迷いの流転を抱える十方世界の恒沙の聞法の国に集う一切の菩薩方が、南無阿弥陀佛の名号が称名・聞名として呼応されるお謂われを聞きて、全身をもって礼拝・帰命に生まれん。復、人天の世界の一切有情が、それらの菩薩方を尊び、恭敬し、親しく仕えられ、その功徳が洋々と味合われ、無上正真道を成得せん。

この二十九願文は、『魏訳』の第三十六・三十七願文が一つになったような内容でございます。まあ、還相回向の働きですから、この菩薩は上地の菩薩方ではなく、「未証浄心」の菩薩でございましょうし、更に申し上げれば、帰命の菩薩、凡愚に呼び帰され、凡愚の身を共々に生きる菩薩でございましょう。つまり、佛に帰命する聖道の菩薩ではなく、衆生に帰命して往く限りなく歩む菩薩でございます。流転の自身を「われら」と共業して往く、『教行信証』の「証巻」の「善巧摂化」に語られる「火摘の譬え」の「その身を後《のち》にして、身を先にするをもってのゆえに、方便と名づく」（聖・293頁）との法蔵菩薩のことでございましょう。謙譲の魂です。大地を支える救世観世音菩薩さまに譬えられる、誓願なる菩薩道でございます。浄土を出入する往来の道路、「五念門」の働きでございましょう。「この中に方便と言うは、謂わく作願して一切衆生を摂取して、共に同じくかの安楽佛国に生ぜしむ。かの佛国は、即ちこれ畢竟成佛の道路、無上の方便なり」と『論註』で仰られる訳です。

『魏訳』では第三十六願文が「菩薩衆」であり、第三十七願文では「諸天人民」が「我が名字を聞きて」と、如来の願心が尋ねられてくる訳ですが、その出来事の中で「菩薩」に始まる御用と、「諸天人民」に始まってくる御用が明かされる訳です。菩薩には「命終わりて後」という言葉が付してあります。恐らくは、「成佛道」の菩薩が命終せしめられて、新たなる衆生に見え往く菩薩道が始まってくる訳です。それが「梵」でございましょう。諸天人民に始まってきます事は、単なる恭敬の心、「稽首作礼」ではなく、「歓喜信楽して」という訳ですから、「聞其名号信心歓喜一念せん」という事柄に、「南無阿弥陀佛のお謂われ」をお聞きする。「至心に回向したまえり」との願心の歩みが「信楽」として思い出され、味合われているのです。ですから「菩薩の行を修せん」と、諸天人民の凡愚が「菩薩」の使命を賜る。凡夫が菩薩に変身するのでなく、凡愚の身に呼び帰されることが、菩薩なる使命を託されて往く驚きなのでしょう。菩薩の御用を賜る、凡愚の身に賜ってゆく出来事です。こういう希有なる出来事。有り得べからざる出来事として凡愚の身に無上の信心として発起せしめられる不可思議なる出来事です。本願念佛の出来事が一人の身に始まってくる。本願成就の出来事「無量壽經優婆提舍」が、天親菩薩から九百年、曇鸞大師から八百年後の日域で、法然聖人を通して始まってきた。本願成就が時代や、宗教・民族・言葉を超えて偶々一人の生涯に成就した出来事が「親鸞」という歴史の顕彰なのでございましょう。私が法然聖人に出会った、佛法に出会ったという主観的な感慨ではないのでしょう。

「しかるに五不思議の中に、佛法最も不可思議なり。佛よく聲聞をしてまた無上道心を生ぜしめたまう。真に不可思議の至りなり」（聖・315頁）と曇鸞大師は、天親菩薩さまの『浄土論』をいただかれる訳です。菩薩が凡愚に呼び帰され、帰命の大地、願心に帰り、願心を尋ねられる出来事が「世尊我一心」という、「三經一論」の課題であったかと。法然さまは、『選択集』は提起され、親鸞さまはその課題を「三心一心問答」として開顕される訳でございます。噫、天親菩薩さまが「我が名字を聞きて」と帰命され、凡愚の人天が「我が名字を聞いて」という出来事は、優曇華なる出来事、三千年に一度咲くような、華文を開く事柄であったのかと慚愧せしめられるような内容なのです。病んでいる聲聞のただなかで、「五濁悪世」の人々、業縁社会、女人という社会の只中で、さまざまな能力、機根の差別社会の只中で、再興されてくる真宗でございましょう。そういう意味が、「諸天世人」という、『大經』下巻の大悲の現行が「三毒五悪段」として見えられ、「莫不《まくふ》致敬《ちきょう》」

という、いのちそのものの尊さが見えられて往くのでございます。「難治の病」という機縁が、本願の機として蘇ってくる、不可思議なる真の至りなのでございます。

それでは、第三十願文を読誦・諷誦いたします。

（三十）**世尊、我菩提を得、正覚を成じ已らんに、所有の衆生、浄信を発し、諸の沙門・婆羅門の為に、衣を染め衣を洗い、衣を裁ち衣を縫ひ、修して僧服と作し、或は自ら手づから作り、或は人をして作らしめ、作り已りて迴向せん。是の人の感ずる所の八十一生、最上の衣を得て身に随ひて豊足し、最後の身に於て我が刹に来生し、阿耨多羅三藐三菩提を成就せん。**

（解読）世尊よ、求道に生まれ出で、佛のさとりを得已らんに、生死の迷いを抱えた衆生が、清浄なる信心を発起せしめ、諸の道を求める修行せし人々の為に、衣を染め・縫いて僧服を作り、それを回向せんと。これらの人々が感ずるところの佛の一生涯に於て、それらの供養する人々の志願に応えて教化され、涅槃に至る身にとして浄土に来生され、無上正真道を成得せんと。

解読してみましたが要領を得ません。本願の展開がいま一つはっきりしませんので、『魏訳』を通してお尋ねしてみます。第三十七願文が「人天致敬・作礼致敬」の願として三十八願の「衣服随念」として、三十九願は「快楽無染」の願として展開しますが、先に申し上げましたように、「我が名字を聞きて」という願心が尋ねられます。つまり、願心に促されて始めて「稽首作礼」とか、「莫不致敬」が始まってくると。それは単なる人と人との関係、尊厳性の恭敬ではなく、南無・帰命という出来事な訳です。「帰命は即ちこれ礼拝なり」と。しかるに礼拝はただこれ恭敬にして、必ずしも帰命ならず。帰命はこれ礼拝なり」（聖・168頁）という「優婆提舎」です。阿弥陀佛より始まる事柄と、人間同士の関係の分限です。分限が明らかにされてくる。「諸天人民」と「諸天世人」という礼拝という問題が確かめられてまいります。還相回向の働きでございましょう。因位の願心を尋ねるところに、「国の中の人天」の中に味合われてくるという果徳が「衣服」の問題でございましょう。まあ「佛の所讃の応法の妙服」ですから、「佛・法・僧伽」の三宝でございましょう。三宝成就の歴史と世界が「僧伽」なる正定聚に住す益でございます。当然「衣服」という荘厳、生活感覚の内容が「裁縫・擣染・浣濯」の課題として照らし出されてまいります。そこに『荘厳經』では、この願文に「浄信心」の発起として語りべされるのでございましょう。まあ、「八十一生」という語句でございます。お釈迦さまの八十歳のご生涯という意でございましょうか。よう分かりません。一生涯。『魏訳』の三十九願文を通しますと、「漏尽比丘のごとくならずんば」と、一生涯、「汚染」という課題、煩悩にも染まりますが、佛法にも染まって往く訳です。「聞きなれ雀」という「我執・法執」の課題です。まあ、念佛を申すと申しましても、第十八願なのか、二十願なのか、味噌も糞も一緒くたになっているのが法然聖人までの佛教の歴史です。人間の立場の回向も、佛からの働きの回向も一緒くたになってきた訳です。親鸞さまは「三經一論」という法然聖人の提起を受けて、『浄土論』の意義を「三心一心問答」として「優婆提舎」される訳です。「謹顕」された歴史的な事業を「謹案」される、そういう内容が、『魏訳』の第三十八・三十九願文を照らし合わせますと窺える訳です。まあ、間違っておるかも知れません。「所有の衆生」という「所有」なる課題が「信心」、「たまわりたる信心」という課題として味合われてくる。「若し裁縫・擣染・浣濯することあらば」という、信心の確かめとして、還相回向の菩薩のご修行、法蔵菩薩さまの兆載永劫の御修行が現行してくる展開であると推察申し上げることでございます。ここで「巻上」が終わりまして、「佛説大乗無量壽荘厳經　巻上」と標呼されます。それに就きましては、次号にお尋ね申し上げたいと欲っております。

佛説大乗無量壽荘厳經　巻上

巻中

第十章　法然・親鸞の行信の道路

この『荘厳經』は、三十六願の第三十願文で「巻上」が終わり、「巻中」から第三十一願文でございます。「巻上」の終わりに「佛説大乗無量壽荘厳経　巻上」と標呼されており、「上・中・下」と、それぞれに標呼されます。三巻の巻物として分かれておるのでございましょう。今回は、この「大乗」という意義を最初に少しきお尋ねいたします。

辞書を抜きますと、「自己の解脱だけを目的とする声聞・縁覚の二乗の道を小乗という、声聞・縁覚・菩薩のそれぞれに教法の別があるとする三乗に対して、すべての衆生は悉く佛になると説く唯一の絶対教法を一乗という。自らさとりを求めるとともに他をも教えて導く自利・利他の菩薩道を大乗」と説明されています。まあ、解釈はそれでよいのでしょうが、日域の歴史の中で、この「大乗」と「一乗」を取りあげていただいて下さった方は聖徳太子でございます。ご存知のように、聖徳太子には「三經義疏」と云われる、『法華經義疏』・『維摩經義疏』・『勝鬘經義疏』の著作があるそうですが、「法華一乗」の声聞、維摩という在家の立場、勝鬘夫人という女性の佛縁を通して「すなわち四生《よつのうまれ》の終わりの帰《よりどころ》、万《よろず》の国の極めの宗《むね》なり」（聖・963頁）との「大乗性」と「一乗性」を「宗」という根源的な課題、「帰依処」の課題として佛教の智慧に学ばれた方でございましょう。飛躍しますかも知れませんが、『浄土論』の「荘厳大義門功徳成就」の「二種の譏嫌《きげん》を離れたり」との課題でございましょう。『教行信証』・「証巻」の凡愚が味合う往生の一味にもこの「大義門功徳成就」が束ねられております。まあ、大乗味であり、一乗味でありましょう。凡愚に呼び帰された者を「ひと」と名づけられるのでしょう。人間観というよりは、「衆生観」・「有情観」という「無量壽佛」が群萌海・群生海として見えて下さる、その確かめが「言《ごん》一乗海者」(「一乗海」と言うは)(聖・196頁)と始まります。まあ、『涅槃經』・『華厳經』を引文され、浄土からの便りとして味合っておられます。「言《ごん》一乗海」という、改めて、佛言として値遇われておられます。『經』の解釈・説明ではないでしょう。佛言として聞いておられる。呼び帰される・翻されし出来事として生まれられる訳です。「「一乗」は大乗なり。大乗は佛乗なり。一乗を得るは、阿耨多羅三藐三菩提を得るなり」と。「大乗は、二乗・三乗あることなし。二乗・三乗は、一乗に入らしめんとなり。一乗は即ち第一義乗なり。ただこれ、誓願一佛乗なり」と「優婆提舎」される訳です。浄土には差別される慣習がないということは、この「五濁悪世」の穢土には差別があり、比較があり、区別があると深信せしめられる訳でしょう。「則ち一乗を究竟するなり」、「一乗を究竟するは、即ちこれ無辺不断なり」と誓願となって「一佛乗」として働き続けるのでございましょうや。

ここに「言海者」(「海」と言《のたま》うは)と、やはり佛言として値遇い、味合われておられます。「転成」という味合いです。「願海」の味合いでしょう。「凡聖所修の雑修雑善の川水」が転じられ、「逆謗闡提恒沙無明の海水を転じて、本願・大悲・智慧・真実・恒沙万徳の大宝海水と成る」(聖・198頁)と。川水が転ぜられ、海水が転ぜられる。各々の業報が転ぜられ、人類の歴史と世界という「人権思想」が「一切衆生」の「衆生と共に」という「十方世界」という開かれた衆生性に転ぜられる訳です。それが「海」の功徳であり、味合いとして「本願・大悲・智慧・真実・恒沙万徳」の働きであったと味合われる訳です。ここに「良《まこと》に信りぬ」という産声が表白されます。全く忘却しておった、思いもかけぬ事であったと、懺悔・慚愧の自督の言葉でございましょう。「荘厳清浄功徳成就」の味合いとして、佛言として聞思しておられます。そして、「願海」の働き、本願力成就の味合いとして、「二乗雑善の中下の屍骸を宿さず」と。声聞の閉ざされた人間観が「宿さず」と解放され、「人天の虚仮邪偽の善業、雑毒雑心の屍骸を宿さんや」と、佛縁なき、人天の善業と雑毒雑心の人間中心主義、人権の屍骸から解放され、「一切衆生と共に」という自身の事実に開放され往く、宗教からの解放という、佛教教団人からの解放、人間主義という人権思想からの解放をたまわり、「苦悩の有情」としての所照の自覚なる分限に生まれ生きることが始まるのでございます。

それでは、「巻中」に移りたいと欲います。最初に「標呼」が「佛説大乗無量壽荘厳経　巻中」と掲げられ、「西天訳經三蔵朝散大夫試光禄卿明教大師臣法賢奉詔訳」という訳者の名が記されております。そこは「巻上」の処でふれさせていただきましたので、第三十一願文より読誦・諷誦してまいりましょう。

（三十一）　爾の時、作心芯芻、世尊に白して言さく。我菩提を得、正覚を成り已らんに、所有

一切衆生、我が名号を聞きて、永く熱悩を離れ、清涼の行を得、信行を正しくして我が刹に生ずることを得、宝樹の下に坐して無生忍を証し、阿耨多羅三藐三菩提を成就せん。

（解読）その時、作心芯芻（法蔵比丘）、世尊よ。と稽首され申された。求道に生まれ出で、佛のさとりを得已らんに、生死の迷いを抱えた一切衆生が、諸佛が称名讃嘆される歴史を南無阿弥陀佛とお聞きし、永らく煩悩海を厭離せし、無上正真道を成得せん。

『魏訳』の四十八願文の展開と照応いたしますと、第三十九願文に当たるのでないかと推察されます。第三十八願文が「衣服随念」の願でございますから、その次の「快楽無染・受楽無染・常受快楽」の願（聖・974頁）の内容でございます。これは藤元先生が『魏訳』の二十六願文の御講義で、「那羅延身」という還相回向の菩薩方の相が、実は、曽我先生・金子先生・安田先生方の御一生涯であったと。身は老いる身を抱えながらもお相は子どもの菩薩のような精神を生きておられたと。その念佛者の前に生まれん者、先輩であられ、私ども、ご縁に逢った者は「一切万物厳浄光麗にして、形色殊特ならん」という、言葉にもならぬ、形にも現せないような感動を受けると。その先輩方が浄土往生を遂げられたその経験・体験が二十八願文の道場樹という、先輩方には、自分の学ばれた「母校」であると。還相の菩薩方の母校であり、私ども、浄土往生する者にとって、母校と云ってもさして感激がないと。そういう菩薩方が昔学ばれた視点が省みられる願文であるとお話しになっておられます。まあ、旨い事、仰るなあと感心する訳ですけれども、この『荘厳經』の第三十一願文もそのような展開があるのでないかと窺う訳です。第三十願・三十一願文は、「所有衆生」・「所有一切衆生」と呼びかけられ、その後は、「所有十方一切の佛刹の菩薩衆」等ですから、そのように思われる訳でございます。

そして、この三十一願文より「我が名号を聞きて」・「我が名号を聞かば」・「我が名を聞き」・「我が名を聞かん」と「聞名」が等流して語りべされる訳です。つまり、所有の一切衆生が差し出した「志願」と「破無明」の坐に座された。それが宝樹だというんです。一切衆生が身を据えている人生であり、生涯です。どんないのちの座も、宝樹と転ぜる働き、「悪を転じて徳となす成す正智」、円融徳の嘉号でございましょう。諸佛方の「称名」に呼応し、相応する「聞名」の行信の道でございましょう。あらゆる存在にとって公道として思い出され、味合われ、いただかれてきた道でございましょうや。

それでは、続いて第三十二願文を読誦・諷誦してまいります。

（三十二）　**世尊、我菩提を得、正覚を成じ已らんに、所有十方一切佛刹の諸菩薩衆、我が名号を聞かば、時に応じて寂静三摩地を証得せん。是の定に住し已りて、一念の中に於て無量無邊不可思議の諸佛世尊を見あげたてまつることを得、承事し供養して、阿**

耨多羅三藐三菩提を成就せん。

世尊よ、求道に生まれ出で、佛のさとりを得已らんに、敢えて衆生の生死の迷いを共とする十方諸佛の国の菩薩方が、南無阿弥陀佛を聞名されて、時が熟し寂静三昧を証得されるであろう。是の定に住し、信心歓喜の一念に於て、無量無邊不可思議の諸佛世尊に見え、招喚の声を承り、供養生活が定まり、無上正真道を成得せんと。

（解読）

『魏訳』の本願文を照応しますと、第四十二願文の「住定供佛・聞名得定」の願と呼ばれております願文に当たるでしょうか。この『荘厳經』では「寂静三摩地」と語られます。『魏訳』では「清浄解脱三昧」と表現されます。まあ、基本的な概念が分かりかねますので、辞書を披いてみますと、「三昧」は三摩地（如来会・荘厳經）とも書く、等持と訳し、平等の心をもちあらゆる功徳をたもつこと、正定と訳し、心が統一されて散り乱れず安らかなこと」と説明されます。概念の説明ですから、それ以上ではありませんが、分かりかねる訳です。還相回向なる菩薩さまの働きですから、先輩の説明は「住定供佛」と名づけられると。「佛を供し住定す」と読むのか、「聞名して定を得る」と読むのでしょうか。何れにしろ還相回向の「供養諸佛」の生活が始まるという事柄であり、『魏訳』では「他方国土の諸の菩薩衆」ですから、「五濁悪世」の無佛の時の「遍至三宝」です。「五逆・誹謗正法・一闡提」の機に南無して往く菩薩なる魂、法蔵の足音です。「難治の機」として本願の機に見えて往く歩みでございましょうや。続いて第三十三願文も読誦・諷誦いたしましょう。

（三十三）**世尊、我菩提を得、正覚を成じ已らんに、所有十方一切佛刹の声聞・菩薩、我が名号を聞きて、無生忍を証し、一切平等の善根を成就し、無功用に住し、加行を離るるが故に、久しからずして阿耨多羅三藐三菩提を得しめん。**

（解読）世尊よ、求道に生まれ出で、佛のさとりを得已らんに、生死の迷いを抱えた十方一切の聞法の声聞、菩薩が、南無阿弥陀佛のお謂われを聞き開き、念佛の智慧を証し、一切平等覚を味合う称名念佛に呼び帰され、無用の用たる生活が始まり、独り立ちするが故に、時を待たずして無上正真道を得られるに違いない。

還相回向の菩薩なる働きが、「所有」という、生死の迷いの中に埋没している声聞・菩薩方に改めて見えて往かれるのでございましょう。まあ、当たっているかどうかは分かりませんが、「従果向因」の菩薩が「従因向果」の二乗・三乗の人々に見える訳です。そういう内容が「一切平等の善根」という本願の嘉号の宿善を宿縁として思い出して往かれるのでしょう。ここの「無功用に住し」と、「加行を離る」という意味が分かりかねますが、「無功用」は金子先生のよく仰られている「無用の用」でないかとも思われます。所謂、それ自体は役に立たないのでしょうが、Aという働き、

Bという働きを、それぞれに際立たせる働きだそうです。「補薬」という薬で説明をされておられました。補薬という何の意味もない（メリケン粉）粉を、Aという薬と、Bという薬に混ぜるんだそうです。Aという薬とBという薬は混ぜ合わすと、両方のききめが消しあうんだそうです。そこにCという補薬を入れると、AはAの働きを発揮し、BはBの働きを発揮するという譬えです。ほんとかどうか知りませんが、そういうお話しでした。「加行」というのが、加勧の意なのか、自ら巣立ち独立する意なのか分かりませんが、自身を供養する心から厭離するという意もあるでしょうか。ちょっと『魏訳』に照応しても何願か分かりません。大事なポイントは、「我が名号を聞きて」という、南無阿弥陀佛の働き「称名」と「聞名」の呼応、行信の道として届けられている事でございましょう。分からない時には、どんどん読誦してまいりましょう。続いて、第三十四願文を読誦・諷誦いたします。

（三十四）世尊、我菩提を成じ已らんに、所有十方一切佛刹の諸菩薩衆、我が名を聞き已りて希有の心を生ぜば、是の人即ち普遍菩薩の三摩地を得ん。此の定に住し已りて、一念の中に於て無量無邊不可思議の諸佛の刹の中に至ることを得て、諸佛を恭敬し尊重し供養し、阿耨多羅三藐三菩提を成就せん。

（解読）世尊よ、求道に生まれ出で、佛のさとりを得已らんに、敢えて衆生の生死の迷いを共とする十方一切の諸佛の国の菩薩衆が、南無阿弥陀佛を聞名されて、希有の無上の信心を発起されと、是の人は即ち普遍三摩地を得られる。その三昧の定に住され、一念に於て無量遍不可思議の諸佛の至れり、諸佛方を恭敬・尊重・供養されて、無上正真道を成得せんと。

『魏訳』の四十八願文に照応しますと、第四十五願文に当たるでありましょうか。第四十五願の願名は、「住定見佛・聞名見佛」と呼ばれております。「所有」を抱えている「十方一切佛刹」ですから、やはり、「他方国土の諸の菩薩衆」の課題、信心なる課題なのでございましょう。『魏訳』では、法蔵の願心の歩みに立ち帰り「普等三昧」を逮得し、住して、一切諸佛を見たてまつるという内容が『荘厳經』では、「諸佛を恭敬し尊重し供養し」と語られております。南無阿弥陀佛の聞名を通して還相回向の働きが見えられてくるのでございましょう。続いて第三十五願文を読誦・諷誦いたします。

（三十五）　世尊、我菩提を成じ已らんに、我が刹の中に於て所有菩薩、或は説法を樂ひ或は聴法を樂ひ、或は神足を現じ或は他方に住して、意に随ひて修習せんに、円満せずということなく、みな阿耨多羅三藐三菩提を証得せしめん。

（解読）世尊よ、求道に生まれ出で、佛のさとりを得已らんに、浄土を荘厳する僧伽なる集いに於て、敢えて生死の迷いを共とする魂に生きんとする菩薩が、自然に説法を楽しみ、聴法を楽しみ、智慧なる神足通を現じ、他方世界を現住所として生き、意のままに修習し、果し遂げないままに、みな無上正真道を証得せんとす。

この願文も、ちょっと分かりかねる訳です。まあ、『魏訳』の願文に照応しますと、第四十六願文にあたるでしょうか。この願文は「随意聞法」の願と呼ばれております。この四十六願文だけ、「国の中の菩薩」と呼ばれ、後は四十一願文より四十八願文まで「他方国土の諸の菩薩衆」の課題です。『荘厳經』の第三十五願文だけ「我が刹の中の於て所有菩薩」ですから、「国中の菩薩」でございます。これもやはり、前にご紹介いたしました、還相の菩薩の浄土に生まれられた軌跡、先輩方の聞法の歴程が以《おもん》みられているのでしょう。それを通して、改めて三十六願文が味合われてくる。まあ、宿善という縁が憶念される事を通して、不退転、法忍という智慧なる課題をたまわり続けて往かれる、終わりなき歩みとして展開しているのでございましょうや。従果向因の菩薩と従因向果の菩薩の呼応・交流・交響楽です。往相回向が第一章であれば、還相回向は第二章でしょう。往相回向を卒業して還相回向に回入するというよりは、「前《さき》に生まれん者は後《のち》を導き」（聖・401頁）という先達の還相回向の相を通して、「後に生まれん者《ひと》は前に訪え」と、それぞれが浄土往生の帰り路を往相回向を通して故郷に帰省する訳でございましょう。南無阿弥陀佛の回向という働きは円環現象でございましょう。還相回向の先輩の相、後姿が後に生まれん者の浄土往生の路となる。前姿は往相の相で、後姿は還相の相でございます。一人の往相から還相に出立ちするのでなく。先達の人々は還相回向の御一生涯を果し遂げて往かれる訳です。法然聖人の一生涯でございましょう。その還相回向の働きが、親鸞さまという歴史的な課題に生まれ生きるという、親鸞の一生涯、往相回向として浄土帰宅する一生涯の功徳として成就して往く訳でございます。法然聖人のご一生涯・親鸞さまの一生涯の行信の道として連続無窮の事業が、「無量壽經優婆提舍」として始まります。それこそ無辺の生死海を尽くさんとする、終わりなき始めでございます。

それでは最後の第三十六願文を読誦・諷誦いたしましょう。

（三十六）　**世尊、我菩提を得、正覚を成じ已らんに、所有十方一切の佛刹に、我が名を聞かん者、時に応じて即ち初忍・二忍乃至無生法忍を得て、阿耨多羅三藐三菩提を成就せん。**

（解読）　世尊よ、求道に生まれ出で、佛のさとりを得已らんに、生死の迷いを抱えている十方一切の共なる佛縁の社会に於て、法蔵因の願心のご苦労を憶念する時、本願成就の時が熟し、智慧の歴史と世界をたまわりて、無上正真道が成就せられん。

この第三十六願は、『魏訳』の第四十八願文に当たる訳でしょう。「得三法忍の願」と呼ばれ、無量寿佛の道場樹のところで語られます。「阿難、もしかの国の人天、この樹を見るもの、三法忍を得。一つには音響忍、二つには柔順忍、三つには無生法忍なり」（聖・35頁）の三忍の智慧です。この『荘厳經』では、「初忍・二忍乃至無生法忍」と語りべされます。「音響忍」ですから音が響き合う、交響曲のような智慧の歴史と世界でございましょう。単なる音楽の交響というよりは、二尊の釈迦・弥陀の招喚と発遣の呼び声が呼応し、浄土（国土）と人々が共鳴し、浄土と穢土が呼応する表現でございましょう。「柔順忍」は、親鸞さまのご指摘は、「信巻」の「真佛弟子釈」のところで、本願文の第三十三願・第三十四願を引かれて、「わが光明を蒙りてその身に触るる者は、身心柔軟にして人天に超過せん」（聖・245頁）と。「わが名字を聞きて、菩薩の無生法忍・諸の深総持を得ずは」と、光明の働きによって身心柔軟という信心の相が顕れ、南無阿弥陀佛のお謂われをお聞きすることを通して、如来からたまわる智慧の歴史と世界をたまわり、その事柄が相続されて往くという味合いを聞思されます。『大經』で取り上げられる「三忍」は法の働き、機教相応の促す智慧の働きとして語られているようです。

『観經』では「正信偈」にも「行者、正しく金剛心を受けしめ、慶喜の一念相応して後、韋提と等しく三忍を獲」（聖・207頁）と謳われます。これもやはり「信巻」の「真佛弟子釈」の引文に、光明寺・和尚善導さまの『序分義』の「心歓喜得忍」を解釈され、「「心歓喜得忍」と言うは、これは阿弥陀佛国の清浄の光明、たちまちに眼前に現ぜん。何ぞ踊躍に勝えん。この喜びに因るが故に、すなわち無生の忍を得。また「喜忍」と名づく、また「悟忍」と名づく、また「信忍」と名づく。これすなわち玄《はるか》に談ずるに、未だ得処を標《あらわさ》ず、夫人をして等しく心にこの益を悕《ねが》わしめんと欲う。勇猛専精にして心に見んと想う時に、方《まさ》に忍を悟るべし。これ多く十信の中の忍なり、解行已上の忍にはあらざるを明かすなり、と」（聖・248頁）を引かれ、凡愚のたまわりたる信心、「十信の中の忍なり」という分限の自覚として確かめておられます。促す働きは『大經』の三忍、受け止められた信は『観經』の「三忍」と明かされる訳です。そして「化身土巻」の「道場樹」の引文として「三忍」が引かれ、「清浄香潔にして、味わい甘露のごとし、と」（聖・328頁）、胎生の課題として親鸞さま自身は「優婆提舍」される訳です。

第十一章　国土の回復・主体の回復・使命の回帰

それでは「重誓偈」を読誦・諷誦してまいりましょう。

爾の時、作法芯芻、彼の佛前に向ひて是の如きの願を発し已りて、佛の威神を承けて即ち頌を説きて曰く。

我今佛前に対して　而誠実の願を発せり　佛の十力身を獲て　威徳等等なけん
復大国王と為りて
富豪にして而も自在に　広く諸の財宝を以て　普く於貧苦に施して　彼の諸の　群生をして
長夜に憂悩なく
衆の善根を出生し　菩提の果を成就せしめん　我若し正覚を成ぜば　名を無量壽と立てん
衆生此の号を聞かば
倶に我が刹中に来りて　佛の金色身の如く　妙相悉く円満し　亦大慈悲を以て
諸の群品を利益せん
願はくは我　智慧光　広く十方の刹を照らし　諸の有情の　貧瞋煩悩の闇を除滅し
地獄・鬼・畜生　悉く三途の苦を捨て　亦我が刹中に生じて　清浄の行を修習し
彼の光明身を獲て　佛の如く普ねく照曜して
日月・珠宝の光も　其の明比ぶべからざらん　願はくは我　身来世に
常に天人の師と作りて　百億の世界の中に
而も師子吼を作し　彼の過去の佛の　行ずる所の慈愍の行の如く　広く無量無邊
倶胝の諸の有情
昔の所願を円満し　一切みな成佛せん　是の大願を発す　三千大世界　震動して十方に遍く
天人空界の中　一切の花　栴檀及び沈水を散雨し　大芯芻を称讃す　願力甚だ

希有なり　決定して當に作佛して　広く衆生界を利す

（解読）その時、作法苾芻（法蔵比丘）、佛前に向かって三十六願文を発願され、佛の威神力をいただいて頌偈を表白す。

我、今、佛前に超世の願を発願した。佛の十力身を獲て、威徳等しきもなし。復、大国王となりて、富豪にして、自在に諸の財宝を以って、普く貧苦《ひんぐ》に施与し、諸の群生海の長き闇の憂悩を除滅せん。衆の善根を生ぜしめ道を求める心を成就せしめん。

我、若し正覚を成し、無量壽と称讃されん。所有の衆生、此の名号を聞かば、倶にわが浄土なる僧伽に来生せん。佛の金色身の如く、妙なる相は悉く円満し、亦、大慈悲を以って諸の群萌を拯わん。

願はくは我、智慧光が十方に僧伽なる社会を照らし出し、諸の有情の煩悩海の闇を照らし破り、地獄・餓鬼・畜生なる三塗の黒闇を厭い捨て、亦、我が浄土に生まれて、菩薩行なる清浄の行を修行し、浄土の光照を蒙り、佛の如く普ねく照曜し、日月や珠宝の光もおよばざるなり。

願はくは我、未来世に於いて、無上道を以て天人の師とならん。百億の世界に於いて説法獅子吼を作し、恒沙無量の過去佛の慈愍の行の如く、十方無量・無邊・倶胝那の有情の類の宿善の願が円満成就し、一切みな成佛せん。

この大願が発願される時、三千大千世界が震動して、十方に遍じて虚空の諸の天人があらゆる妙華・栴檀・清浄なる水を雨《ふ》らし、大苾芻（法蔵比丘）を称讃す。本願力、甚だ希有にして決定心を以て當に作佛して広く衆生海に利他す。

この「重誓偈」の内容を少しきお尋ねしてみましょう。『荘厳經』では、作法苾芻（法蔵比丘）がまず、三十六願文を「発願」され、「佛の威神を承けて即ち頌を説きて曰く」と始まっております。「無量壽佛の威神力のゆえに、本願力のゆえに、満足願のゆえに、明了願のゆえに、堅固願のゆえに、究竟願のゆえなり」（聖・36頁）との味合いで語りべされております。発願せしめられた事柄が、そこに宿善と云われる本願成就の歴史が大地として値遇われ、背景として見えられてきたのでしょうから、「頌偈」せざるを得ない、無量壽佛の礼拝・讃嘆・作願・観察・回向の五念門の働きが現来してくる訳でしょう。そこに南無・帰命という産声が奏でられる。阿弥陀佛・南無と礼拝・讃嘆されますから、帰命・讃嘆せざるを得ない、「ただこれ不可思議・不可説・不可称の信楽なり」（聖・236頁）という、落在です。讃嘆で顕されないような感動が称讃されてくる訳でございましょう。まあ、何時も申し上げますように、阿闍世という「五逆・誹謗正法・一闡提」という「難治の機」として、本願の正機として南無される訳です。私どもが「難治の機」として南無するのではないですよ。如来する働きが、「本願の機」として南無される訳です。その感動でしょう。親鸞さまは阿闍世の回心に自らの「罪悪深重」性をみいだされたのでございましょう。「行巻」でも、「信巻」

でも阿闍世の回心に自らを照らし出され、「世雄の悲、正しく逆謗闡提を恵まんと欲す」（聖・149頁）との常行大悲の回向を思い出されて往かれます。「頌偈」せざるを得なくなるのでしょう。忝いことである、勿体ないことであったとの慚愧でしょう。まあ、無慚無愧の懺悔、機の深信でございます。自分の深信がふかまるのではありません。促す願心の善巧方便の忝さに悲喜の涙です。それも目覚めの表現ですから、「悲喜の涙を抑えて由来の縁を註《しる》す」（聖・400頁）と、感情に流ることなく、言葉にならないことを言葉として「頌偈」されておられます。「行巻」では、ご存知のように異訳の『平等覚經』の「往覲偈」を以て「頌偈」されます。そこまで徹底されておられる訳です。まあ、何とも云えん感慨でございます。

まず『荘厳經』の「重誓偈」を見ていただきますと、「我」が二つ語られます。一つは、発願し、大国王となって貧苦に財宝を以て施与し、群生が菩提心を求めんと誓われ、亦、正覚を成じ、無量壽佛の名を以て救わんと誓われます。そしてその無量壽佛の名号、南無阿弥陀佛の「聞名」を通して「我が刹中に来たりて」と、浄土という聞法社会の一員となり、それぞれいのちが輝き、大慈悲を以て群生海に利益を施そうと。そして、この後に「願はくは我」という表白がなされます。「われ」と名告り、本願を建立される訳ですが、有情の現実を通して如来の願心を尋ねられる訳でしょう。そして改めて願心に生きる、わたしの願いに命終して願心に生きる始めをいただかれる訳です。そこに「願はくは我」という「後念即生」が始まります。我が名と光明を以て「誓願」の働きが誓われるのでございましょう。願心を尋ねる事を通して穢土の有情に見え、浄土を本籍とし穢土を現住所として生きる菩薩道として展開してまいります。具体的には「仮令の誓願」・「果遂の誓い」となった「誓願」でございましょう。

未来世に於いて主体の課題が「常に天人の師」という、語り伝えて往く言葉は大地にこだまし、佛々想念の慈愍の如く、十方・無量・無邊の有情が自らの志願を満足し、一切衆生がみな成佛するという無上正真道の成就が重ねて誓われる訳です。『魏訳』では、「この願、若し剋果《こっか》すべくは、大千感動すべし。虚空の諸の天人、当に珍妙の華を雨《ふ》らすべし」と、法蔵比丘の称讃が散華として語られます。

『正信偈』には「重誓偈」のか所は「重ねて誓うらくは、名声十方に聞こえんと」（聖・204頁）と讃われます。復、「行巻」の「諸佛称名の願」の内容として第十七願文の内容として「重誓偈」が「我佛道を成るに至りて名声十方に超えん。究竟して聞こえるところなくは、誓う、正覚を成らじと。衆のために宝蔵を開きて広く功徳の宝を施せん。常に大衆の中にして説法師子吼せん、と」と引文され、願成就の文は、穢土の只中で讃われる『東方偈』に、この「重誓」の内容が「その佛の本願力、名を聞きて往生せんと欲えば、ことごとくかの国に到りて自ずから不退転に致る、と」（聖・158頁）引文され、異訳の『如来会』・『大阿弥陀經』・『平等覚經』の「説法」と「称讃」と「我が名字を聞いて」との第十七願と第十八願の「称名」と「聞名」が一つの内容の行信の道として束ねられております。まあ、『重誓偈』は、浄土建立の願心成就が、穢土の只中で、「名声十方に聞こえんと」との南無阿弥陀佛として現行する、終わりなき歩みであろうかと思われます。

それでは続いて、「菩薩修行」との科文のところから読誦・諷誦してまいりましょう。

復次に阿難、時に作法苾芻、世自在王如来及び天人・魔・梵・沙門・阿修羅等に対して、是の願を発し、真実の慧に住し、勇猛精進に、無量の功徳を修習し、佛刹を荘厳し、三摩地に入り、大阿僧祇劫を歴て、菩薩の行を修し、慳貪心・瞋恚心・愚癡心を生ぜず、亦、欲想・瞋想・癡想、色・声・香・味・触想なし、心迷乱せず、口瘖瘂ならず、身懈怠せず、但、樂みて過去諸佛の所修の善根の行・寂静の行を憶念し、虚妄を遠離して、堅く律儀を守り、常に愛語を以て衆生を饒益し、佛・法・僧に於て信重し恭敬し、調順柔軟にして、眞諦門に依て衆の徳本を植え、空・無相・無願・無為・無生・無滅を了りて、善く口業を護り他の過を譏らず、善く身業を護りて律儀を失せず、善く意業を護りて清浄にして染なく、所有国城・聚落・男女・奴眷属・金・銀・珍宝、乃至色・声・香・味・触等に、都て所著なく、恒に布施・持戒・忍辱・精進・禅定・智慧の六度の行を以て衆生を利樂し、軌範具足して善根円満して、所生の処には、無量無数百千倶胝那由他の珍宝の蔵ありて、地より湧出し、無量無数百千倶胝那由他の衆生を摂受して、阿耨多羅三藐三菩提を発せしめん。是の如きの行、無量無邊にして、説けども盡くすことあたはず。

（解読）　復次に阿難よ。時いたって法蔵比丘が、世自在王如来及び天人・魔・梵天・沙門・阿羅漢等に対して、本願を発願して真実の智慧に住し、何事にも挫《くじ》けず、無量の功徳を修習して、佛会を飾り、三昧に入り、長い久しい歴史を経て、菩薩の行を修行す。貪愛・瞋恚・愚癡の心を生さず、亦、欲想・瞋想・癡想、色・声・香・味・触想なし。心は迷乱せず、口はつむぐこともなく、身は懈怠ならず、但、信樂の心をもって過去諸佛の修められた善根の行、寂滅の行を憶念し、虚妄の心を遠く離れ、堅く決められた掟を守り、常に佛からたまわる愛語を以て衆生に迸る情熱を勧め、佛・法・僧の三宝に於て信重し恭敬し、柔軟の心を以て真実の働きに依って諸の徳本を植えん。空・無相・無為・無生・無滅の法に住して、善く口業に於て他の過を譏らず、身業に於ては律儀を護り、意業に於ては清浄にて染まることがない。国や社会の身分、位、世俗の宝に執着せず、色・声・香・味・触等に執着せず、恒に六波羅蜜（布施・持戒・忍辱・精進・禅定・智慧）を自ら行じ衆生を利樂せしむ。その生処は、無量無数百千倶胝那由他なる宝蔵を以て、大地より涌き出で、無量の衆生を摂受し、無上正真の道に住せしむ。是の如きの行は、無量無邊にして説けども、説き盡くすことができないような悦びである。

続いて読誦・諷誦してまいりましょう。

復、次に阿難、作法苾芻、菩薩の行を行ぜし時、諸佛の所に於て、尊重し恭敬し承事し供養して未だ間断せず、四大天王と為りて、恒に佛所に詣り、恭敬し礼拝し承事し供養し、忉利天王と為りて、恒に佛所に詣り、恭敬し礼拝し承事し供養し、夜摩天王・兜卒天王・化樂天王・他化自在天王、乃至大梵天王等と為りて、恒に佛所に詣り、恭敬し礼拝し承事し供養せり。復次に阿難、閻浮提に処しては転輪王と為りて灌頂位を受け、及び大臣・官族等の恒に佛所に詣り、恭敬し礼拝し承事し供養し、刹帝利・婆羅門と為りて、恒に佛所に詣り、恭敬し礼拝し承事し供養せり。是の如く無量無数百千萬億劫を経て、諸佛に親近し、衆の徳本を植えて、集むる所阿耨多羅三藐三菩提なり。

（解読）復、次に阿難よ。法蔵比丘が因位の菩薩の行を行ぜし時、諸佛の所に於て、尊重し恭敬し承事し供養することが限りなく、四大天王と為り、忉利天王と為り、夜摩天王・兜卒天王・化樂天王・他化自在天王、乃至大梵天王等と為りて、恒に佛所に詣り、恭敬し礼拝し承事し供養せり。復、次に阿難よ。閻浮提に処しては転輪王と為りて灌頂位を受け、及び大臣・官族と恒に佛処に詣り、刹帝利・婆羅門等と為りて、恒に佛所に詣り、恭敬し礼拝し承事し供養せり。是の如く無量無数百千億劫を経て諸佛に親近し、諸の徳本を植えて、集う所は無上正真道である。

続いて読誦しましょう。

復次に阿難、作法苾芻、菩薩の行を行ぜし時、口中より常に栴檀の香を出し、身の諸の毛孔より優鉢羅華の香を出せり。其の香普く無量無邊不可思議那由他百千由旬を薫じ、有情の此の香を聞く者、みな阿耨多羅三藐三菩提を発せり。
復次に阿難、作法苾芻、菩薩の行を行ぜし時、色相端厳にして三十二相・八十種好悉くみな具足せり。復一切の珍宝を以て荘厳せり。両臂手中より恒に一切の衣服、一切の飲食、一切の幢幡、一切の傘蓋、一切の音楽、乃至一切の最上の所須の物を出して、一切衆生を利樂し、阿耨多羅三藐三菩提を発さしむ。

（解読）復、次に阿難よ。法蔵比丘が因位の菩薩の行を修行せし時、口中より好ましい香を出だし、身の毛孔より優鉢羅華の香りを出だした。その香りは普ねく無量無数不可思議那由他百千由旬に薫じ、有情がこの香を聞薫すれば、みな無上正真道を発起せしめられる。
復、次に阿難よ。法蔵比丘が因位の菩薩の行を修行せし時、色相が端厳にして三十二相・八十二種の相好がみな具足し、復、一切の珍宝を以て荘厳が飾られている。両臂・手中より恒に一切の衣服、一切の飲食、切の幢幡（旗印）、一切の覆い飾る荘厳、一切の音楽、一切の最上の衆生が求めるものに応じて出だし、一切の衆生を利他なる信楽に帰らしめ、無上正真道を発起せしめる。

『魏訳』の「科文」でございますと、「重誓偈」が誓われ、法蔵比丘の「嘆発願」と云われる（発願を嘆ずる）か所でございます（聖・978頁）。これより「菩薩修行」という（勝行段・勝果段・勝報段）として語りべされてまいります。今、読誦いたしましたのは「勝行段・勝果段」と「科文」されているところでございます。戻りまして、『荘厳經』を尋ねてまいりましょう。

「解読」でたどりましたので詳細の説明はしませんが、法蔵比丘の「不可思議の兆載永劫において、菩薩の無量の徳行を積植して」（聖・27頁）と『魏訳』では語られます。この『荘厳經』では、「大阿僧祇劫を歴て、菩薩の行を修し」と語りべされます。そして、この「菩薩の行を修し」という内容が「菩薩の行を行ぜし時」の三回ほど展開しております。先般の『如来会随聴記』にて、少しき考究してみましたが、この法蔵菩薩の兆載永劫の御修行が「欲覚・瞋覚・害覚を生ぜず、欲想・瞋想・害想を起さず」（聖・225頁）と語られます。吾人は、この語りべがよう理解できませんでした。勿論、知的認識として分からんのは当たり前でありますが、混乱する訳です。それは、永らく体制内真宗として眠り続ける「われら」教団人は、被差別部落の方々の念佛なる「糾弾」を、現在ただ今も、問われ続けられておるのでございます。「世の有情」の祈りとして「信心獲得」という「出世の大事」が問われている事です。まあ、念佛者・米田富さんの糾弾の声は、「国中菩薩」の呼び帰しでございましょう。「帰ってこいと」。念佛を「他方」としている「者」を「ひと」と呼び帰して下さる、呼び帰しの念佛でございましょう。称名念佛の歴史を「聞名」しない「われら」を呼び帰して下さってられます。「私は勿体ないけど「同行」と思わせてもらってます。したがって、弟子はおるけど、同行のおらん本願寺みたいなものには一遍も来たことはない、私は」と云いきっておられます。「「仁者《きみ》ただ決定してこの道を尋ねて行け、必ず死の難なけん。もし住《とど》まらばすなわち死せん」と。」（聖・220頁）との釈迦・諸佛の発遣の声でしょう。「同行」が一人もおらんという教団は、「外儀は佛教のすがたにて、内心外道に帰敬せり」（聖・509頁）という現実です。「五濁増のしるしには、この世の道俗ことごとく」という相でございましょう。その現実に発動してくるのが如来する誓願なのだと。具体的には「至心に回向したまえり」でございましょう。「彼の国に生まれんと願ずれば」と、彼の僧伽の精神、彼の僧伽の魂の聞法社会に生まれんという「願生彼国」という、国に生まれるという課題なのでございましょう。勿論、如来する「欲生我国」という招喚の声に呼び戻される、その発遣の声でございましょう。「即得往生、住不退転」という終わりなき旅路に出立ちさせられる訳です。まあ、屍骸の教団人の方が楽ですし、生活も何とかできますし、わざわざ出たくないのでしょう。その「この世の教団」を出でよ、「彼の僧伽に生まれよ」と、生涯促され続けて往く、歩みの始まりです。まあ、吾人は、勘弁してくれよとぼやきたいですが、許してはくれません。更に、追い討ちが懸かります。「唯五逆と誹謗正法とを除く」と。虚作の社会、虚作の教団に何処までも関わり続けて下さる加勧が、「一者誠心、二者深心、三者回向発願心」という、釈迦・諸佛の「三心《さんじん》」が「抑止」の声として逼ってまいります。釈迦・諸佛の恒沙無量の加勧の声は、具体的には「三者」の声です。「者」は「ひと」と呼び帰して下さる念佛の声、叱咤して下さる、決断を促して下さる声、智慧の念佛の働きです。「世々生々の父母兄弟・姉妹」の、眷属無量の人々の念佛の声です。「一者」・「二者」・「三者」と「ひと」と呼び帰して下さる訳です。ですから、自ずと「ひと」に帰らざるを得ない。「ただ今」と、親の元、世界の兄弟姉妹、当来する未来の兄弟姉妹に値遇うて往く出立ちでございましょう。光明寺の和尚・善導さまは「帰《き》・去《きょ》・来《らい》」（いざいなん）と仰います。

この「勝行段」と云われる法蔵菩薩さまの不可思議の兆載永劫の御修行ですが、なぜ「欲覚・瞋覚・害覚を生ぜず、欲想・瞋想・害想を起さず」と言われるのか、阿弥陀さま、如来さまなら当然の事を、なぜ態々仰られるのか、それが兆載永劫の御修行ですから、果てしがない訳です。終わりなき十方衆生・一切の有情に対する信頼、南無・帰命でしょう。如来の願心が歩みだし、関わり続けて下さる兆載永劫の歴史でしょう。阿弥陀佛南無の歴史です。終わりなき旅路でしょう。まあ、「遊諸佛国」という還相回向の味合いですが、地獄・餓鬼・畜生という三悪趣に落在される魂でしょう。

敢えて三悪趣に止まる、「いずれの行もおよびがたき身なれば、とても地獄は一定すみかぞかし」という親鸞さまをして宣言せしめた「三心一心問答」でございましょう。如来する「五念門」が押し寄せてくるのでしょう。その大地の願心が「至心・信楽・欲生心」の三心の働きであります。津波のように有無を云わさず逼ってくる。逃れようがない、あっという間に逼り、私どもを煩悩海・本願海に呑み込んでいくような出来事でございましょう。人間の立場の南無・帰命を足許から拯い攫《と》っていくような出来事でございます。

「信巻」の最後に、『涅槃經』を引かれて阿闍世の回心を語り聞かれます。親鸞さま自らが「難治の機」、本願成就の機としての「五逆・誹謗正法・一闡提」としての深信を物語るものでございましょう。所謂、佛智疑惑の罪と咎《とが》を知らしめられた。「凡愚・愚悪」を深信せしめられる出来事が語られます。世尊と阿闍世の呼応として「大王、善哉、善哉、我いま、汝必ずよく衆生の諸の悪心を破壊することを知れり」（聖・265頁）と、阿闍世に「大王」と呼びかけられ、「善哉・善哉」と時が時熟し、阿闍世に「深信」が始まったことを確かめられます。すると、阿闍世は「世尊よ」と応えられ、「若し」という「若不生者」という、「衆生」という国、社会に生まれせしめられる事柄として「我審《あきら》によく衆生の諸の悪心を破壊せば、我常に阿鼻地獄に在りて、無量劫の中に諸の衆生のために苦悩を受けしむとも、もって苦とせず」と表白されます。これ、阿闍世に法蔵菩薩が生まれられた出来事でしょう。ご存知のように、阿闍世は父親殺しの罪に慄き、自らの救済をお釈迦さまに求める訳です。「耆婆、吾、汝と同じく一象に載らんと欲う。たとい我当に阿鼻地獄に入るべくとも、冀《ねが》わくは汝捉持して、我を堕《おと》さしめざれと」（聖・261頁）、地獄を恐れ、逃れられれば逃れたいという「厭離極楽」の救済を求める訳ですが、「月愛三昧」を通して、大悲の現行を釈迦・諸佛の称名の歴史と、所有衆生の聞名なる目覚めの信心海に呼び帰され・翻され、出立ちを促され、主体を賜られる訳です。主観の死の恐れ、罪の恐れに前念命終せしめられ、「後念即生」され、法蔵菩薩の願海に生まれ生きんとの「願生彼国」が熱情されてくる訳です。自分だけが救済されんという宗教心から解放され、救済なき人々に値逢われて往く、見え往く「深信」が、「一者誠心・二者深心。三者回向発願心」と始まってまいります。その大地、背景は「従果向因」の菩薩の五念門、その本は「三心」の展開、特に「欲生心」成就の貌《かおばせ》・金剛心成就の貌でございましょう。

自らが地獄に堕ちることを厭わないというよりは、自己の救済心から解放され、救済なき人々、所有の衆生に開放されし魂に生まれ生きるということが始まってまいります。ここでも、「審らかによく衆生の諸の悪心を破壊せば」と、個人の罪業性ではないのでしょう。「罪悪深重煩悩熾盛の衆生をたすけんがための願にてまします」（聖・626頁）という、「五濁悪世」の煩悩海、「濁世の群萠、穢悪の含識」という無明海、の人々の「苦悩の有情」が大悲され、悲化されてくる訳でしょう。「我常に阿鼻地獄に在りて、無量劫の中に諸の衆生のために苦悩を受けしむとも、もって苦とせず」という「仮令の誓願」の発露でございますよ。正に「嘆佛偈」の「假令身止　諸苦毒中　我行精進　忍終不悔」（たとい、身をもろもろの苦毒の中《うち》に止《おわ》るとも、我が行、精進にして　忍《しの》びて終に悔いじ）（聖・13頁）との法蔵菩薩の誕生です。この「三悪趣」という「苦毒」の只中で始まってまいります。「三悪趣」から解放されて、「人天」の境遇に始まるのではありません。「苦毒」の只中で、三毒の海の中で始まってくる出来事でございましょう。ですから、『大經』の下巻、「三毒・五悪段」が「悲化」として見えられてくる。「五逆海」の現実が終わりなき大悲の現行として始まり、法蔵の兆載永劫の御修行として当来してくるのでございます。

この法蔵菩薩の不可思議兆載永劫の菩薩の行を、亡くなられた藤元先生は『佛《みほとけ》の名《みな》のもとに』との「同和学習テキスト」の解説に、少し長いですがご紹介しておきましょう。「部落差別にかかわる心は、わたしたちにとっては、法蔵の願心に発起するところである。しかし、その願心の現実は、ただ人間の愛慾による慈悲心ではない。そのとき、法蔵の願心とは、如来の怒りをあらわす心である。怒りを忘れた慈悲心、怒りなき信仰は、無性格であり、そこには何らの行証はない。今日、宗教を語り、信心を学ぶ人は多い。しかし、そこに怒りもてまことを求める人は少ない。法蔵の願心は、もと純粋な憤怒の言葉ではなかろうか。『大經』勝行段には、法蔵の徳行が「不生欲覚瞋覚害覚　不起欲想瞋想害想」とある。「欲・瞋・害」というのは、正しく法蔵の願心が、深い怒りから発起していることを物語っている。そして、本願の第一歩は、「国に地獄・餓鬼・畜生あらばわれ正覚ならじ」である。信心は凡夫の心に興起した法蔵の願心である。されば信心は、まことなき世にまことを求める心に始まり、まことなき世にまことに生きんとすることに帰すといってよい。浄土の慈悲とは、汚濁に憤怒する心の浄化せられたものにほかならない。部落差別を学ぶ心の根底に、そのような、願心を明らかにしてゆくことを求めて、この章が設けられているのである。」と呼びかけられております。

沖縄在住の金城さんは、沖縄の軍事基地問題を通して、差別社会の課題を提起しておられる方です。十余年も前であろうか、教区の「靖国研修」のスタッフ研修に誘われて、久しぶりに沖縄を訪問させていただきお逢いした。三条の研修や、長岡の研修会で度々お逢いしている方であり、その時も、『教行信証』の「後序」の「承元の法難」の記載を熱情をもって語られておられた。沖縄の人々が、悠久の歴史の中で、中国の明・清に支配され、隷属され、薩摩藩に支配・隷属され、日本に支配・隷属され、アメリカに支配・隷属されし歴史の中で培われた、人々の生活から蜂起している法蔵の願心を語っておられた。「主上臣下、法に背《そむ》き義に違し、忿《いかり》を成し怨を結ぶ。これに因って、真宗興隆の大祖源空法師、ならびに門徒数輩、罪科を考えず、猥《みだ》りがわしく死罪に坐《つみ》す。あるいは僧儀を改め姓名を賜うて、遠流に処す。予はその一なり。しかればすでに僧にあらず俗にあらず。このゆえに「禿」の字をもって姓とす」（聖・398頁）との言葉を引かれて、沖縄の人々の声なき叫び、声なき念佛の声である。お釈迦さまの時代でも、曇鸞大師の時代でも、法然・親鸞聖人の時代でも、この現代に於ても、「五濁悪世」という時代社会に翻弄される人々の祈り、「後世の祈り」として届けられている。そして、「無佛の時」という、単に佛さまがおられない時代に於てというだけでなく、「佛縁」から排除された「他方国土」の人々から届けられ、問われてくるような出来事が、「片洲」の片隅から届けられてくる。声なき念佛でしょう。私どもは、「真宗興隆」とお聞きすると、浄土真宗という宗派の問題、佛教徒の問題であると誤解する訳です。本当は、「在日」という、日本社会に国家主義によって組み込まれた人々の苦悩が取り上げられるのを「真宗」と申すのでございましょう。在日外国人の問題だけではなく、体制内宗教、体制内文化、体制内社会の政治・教育・経済社会をあげての臣民社会の内下の上下の差別社会の問題であり、臣民社会の外下の上下社会が靖国の問題なのです。所謂、城内の中の上下の差別、城外の世界の内外の差別社会が、「苦悩の有情」という主体の課題なのです。存在そのものの社会・世の問題です。それを主観の自己と他者の関係を社会という主体なる課題と主観なる問題がごっちゃになっている。その分限が課題とされる時、「他利・利他の深義」という分限が明らかになる。その分限が明かされ目覚めせしめられるという出来事が信心という主体の課題でございましょう。

とにかく、本願の第一歩は、「国に地獄・餓鬼・畜生あらばわれ正覚ならじ」という、信心は凡夫の心に興起した法蔵の願心であり、信心という主体の御用は、まことなき世にまことを求める心に始まるという事は、誰でも仰います。お名前を出して失礼かも知れませんが、沖縄の金城さん、知花さん等、世間の運動家はすべて「被害者」か「加害者」を是非する運動論になっております。大谷派の若い人々も、殆どが被害者が加害者を告発する運動になっております。まあ、聖道門の菩薩でございましょう。善人の運動論になっている。加害者を決して許さないという、自分は是に立って、他は間違っているとの「廃悪修善」の実践論ですから、本願成就のような派生はありません。全部、尻すぼみの運動になっていくか、新興宗教のように動員をかけて、とにかく人が集まればよいとの運動に陥って往きます。「まことなき世にまことを生きんとすることに帰す」という方向は、東を向いているのが、西の方がよいと反省し、実践する方向転換ではありません。自身の罪悪深重性の事実に頭が下がることです。頭を下げることではありません。どこにも頭があげようもない存在の事実に呼び帰される事です。自分が求めてきたものではなかったと、「他方国土」からいただいている祈り、願いに頭をあげようがないとの落在の出来事なのです。「前念命終・後念即生」という出来事が『愚禿鈔』に語られますが、「本願を信受するは前念命終なり」（聖・430頁）と、本願成就の信心の発起が主観の命終な訳です。主体が転ずるのです。私が如来を信ずるという、自らが自で、如来が他という対象ではないのです。南無阿弥陀佛という生まれ出でしめられたものが自なのです。私という想いが自ではない、それは我執・法執という自性唯心という識です。信を賜ったというのが、主体が回復する。阿弥陀佛に南無せしめられるのが本当の私でありました。それは、環境と主体と御用が思い出されてくる出来事なのです。「世尊我一心」という南無阿弥陀佛に始まると、二十九種荘厳という内容で国土と佛と菩薩という味合いが、誰にでも開放されてくる。それは主観を自分として、自と他という歴史と、社会観・世界観が転ぜられる訳です。そこに国土が想い出されてくる。浄土、いのちの故郷としての国土です。「彼の世界」として仰がれ、「世尊よ」という親の名に呼応することが始まってくる。同時に親なる働きに育てられた、過・来・現の無量の眷属として見えられてくる。「世々生々の父母兄弟・姉妹なり」という、眷属無量の世界を賜るのでございましょう。凡夫の身として落在（決定）することが「すなわち正定聚の数に入る」という浄土の民、彼の世界を故郷とする衆生の身を賜るのです。浄土の国民という発想は、人間社会の平等性（自由・平等・平和）との人天の救済を是とする訳ですが、浄土が国籍として回復してくることは、住民票は「正定聚の数に入る」という「十方衆生」の異邦のいのちと共に共生するという、

「衆生に成る」というよりは、「苦悩の有情」に帰る訳です。「即の時必定に入る」とも押さえられます。浄土を本籍として穢土を現住所として生まれ生きることが始まってくることでしょう。それは又、「必定の菩薩の名づくるなり」と、凡夫の身に託され往く菩薩の課題として味合われてまいります。主体が転じますから、凡夫の身に生まれた法蔵菩薩さまが、御用を思い出し、新たに他方の人々に値逢われていく始めです。いのち終わるまで人生が往来の道路として交わり呼応する訳です。まあ、新世界ですわ。新たなる創造の生活が始まってくる。愚鈍・愚悪の凡夫の身に賜る御用が、「本願に生まれ本願に生きる」という生活が回復する訳です。国土が回復され、主体が回復され、使命が回復されてくる。安田先生は、浄土の二十九種荘厳成就は「満天の星空」と云っておられたと宮城先生が回顧されていましたが、そのような熱情が本願成就の貌《かおばせ》でございます。

菩薩の「勝行段」が終わりますと、「勝果段」が説かれます。この『荘厳經』では「所生の処には」からです。「菩薩の行を行ぜし時」と、一切の諸佛を供養し恭敬したてまつる事柄が、「四大天王と為りて・忉利天と為りて・夜摩天・兜卒天天・化樂天王・他化自在天王・大梵天王と為りて」と、諸佛を恭敬し礼拝し承事して供養せりと説かれ、復、転輪王と為りて、刹帝王・婆羅門等と為りてと。佛所に詣りてと諸佛を供養する事柄が語られます。三界六道の神々が挙げて諸佛世尊を讃嘆され、護持養育される内容でございましょう。そして、次に菩薩の行を行ぜし内容が、口中よりと、身の毛孔よりの優鉢羅華《うはつはらけ》の香として、栴檀の香として働きとして語られます。その香を聞香する者は無上正真道が発起されてき、最後に「色相端厳」として三十二相・八十種好の具足が語られ、その手より無尽の宝として、衣服・飲食・幢幡・傘蓋・音楽等の荘厳の具が出だされてまいります。それらの生活なる荘厳の具は、やはり無上正真道の発起せしめられる内実として説かれております。

第十二章　未だ救われない人々に見えし法蔵

それでは続いて読誦・諷誦してまいります。

爾の時阿難、佛の彼の作法芯芻菩薩の行を説きたまふを聞きて、世尊に白し言さく。作心芯芻は、是過去の佛と為ん耶、未来の佛なり耶、現在の佛なり耶。世尊告げて言はく。彼の如来は、来るに来る所なく、去るに去る所なく、無生無滅にして過・現・未来にあらず、但、願に酬い生を度するを以て現に西方に在ます。閻浮提を去ること百千倶胝那由他の佛刹にして、世界あり、名けて極楽と曰ふ。無量壽と名く。成佛より已来、今に於て十劫なり。無量無数の菩薩摩訶薩及び無量無数の声聞の衆、恭敬し圍繞せり。而も為に説法したまふ。彼の佛の光明、於東方恒沙数百千倶胝那由他不可称量の佛刹を照らす。是の如く南西北方・四維・上下も亦復、是の如し。

（解読）時熟して阿難が、作法苾芻（法蔵比丘）の兆載永劫の御修行を世尊がお説きになることをお聞きして、やもたまらず世尊にお尋ねされた。作法苾芻さまは、過去の佛さまなのですか、当来する未来の佛さまなのですか、それとも、現在ただ今の佛さまなのですかと。

世尊は告げて言われた。彼の如来は、実体的におられるのではなく、無生無滅にして、過去・現在・未来という現象的な時間の時ではない。但し、本願に酬報される、大悲方便の働きとして現に西方に在ますと表現するのである。須弥山の四洲の一つであり、人間の住む閻浮提、此の地を去ること百千倶胝那由他の佛・法・僧の僧伽の世界であり、名づけて極楽と曰われている。亦、無量壽と名づけられてきた。佛に成られてから、今に至るまで、十劫という人々が目覚められた時が当流している。

無量無数の菩薩方、及び声聞衆がその会座を恭敬され、集うておられる。そして説法がなされる。佛座の光明は、東方恒沙数百千倶胝那由他不可称量の諸佛の歴史と世界を照らし出され、このように南・西・北・四維・上下と十方世界を照らし出されるのである。

「爾時阿難」と、「その時、阿難」と、時が成就したのでございましょう。阿難から問いが発せられます。菩薩の発願が嘆じられ、「勝行段」・「勝果段」という菩薩の歩みをお聞きする中に、阿難が問わざるを得ないような発起が始まったのでしょう。「勝報段」と『魏訳』の「科文」は展開してまいります。この『荘厳經』では、阿難は、過去・未来・現在という「去・来・現」という言葉で問われておりますが、声聞でありますから、実体的な知的な関心の問いですから、世尊は、現象的な時間の概念ではない、無生の生という覚醒が熟した時であると。私どもの認識の時に随順する大悲方便の歩みが時の成就として今、当来しているのだと仰られる訳です。「十劫」という単に長い遠い時でなく、目が覚めない流転の時が転ぜられる「信心という時」として語られる訳です。『魏訳』の問答を見ていただきますと、阿難の問いは「幾ばくの時を経《へ》たまえりとかせん」と、まあ、認識する縦糸の歴史として語られ、お応えになる世尊の言葉は「成佛より已来《このかた》、凡《おお》よそ十劫を歴《へ》たまえり」（聖・29頁）と、目覚めた人々の歴史、「帰命の伝統」の歴史、本願成就の歴史、大悲方便の流転の歴史を待ち続けて下さった、大悲心の成就の歴史として応えられておられます。

　そして、無量無数の菩薩方と、無量無数の声聞衆が恭敬し、圍繞《いにょう》すると。まあ、雲集されてこられると、僧伽でございましょう。佛の説法があり、南無阿弥陀佛のお謂われが人々に聴聞される。諸佛の方々の「称名念佛」と、衆生の「聞名信心」の集い、浄土聚会でございましょう。その佛・法・僧伽の成就が「光明」の働きとして穢土の人類の歴史の只中で、今、思い出され、味合われ、届けられてきた歴史が、佛の光明の働きとして、東西南北・四維・上下の十方世界の「恒沙数百千倶胝那由他不可称量の佛刹を照らす」働きとして現来・当来していると。その光明が人々に思い出され、いただかれた歴史を、この後、十三光明の働きとして語りべされております。

続きを読誦・諷誦いたします。

復次に阿難、彼の佛・無量壽、若し化するに円光、或は一由旬・二由旬・三由旬、或は百由旬・千由旬・百千由旬・或は倶胝那由他百千由旬、乃至、無量無邊無数の佛刹に偏満せり。復次に阿難、今、此の光明を無量光・無礙光・常照光・不空光・利益光・愛樂光・安隠光・解脱光・無等光・不思議光・過日月光・奪一切世間光・無垢清浄光と名づく。是の如きの光明、普く十方一切世界を照らす。天・龍・薬叉・乾闥婆・阿修羅・迦楼羅・緊那羅・摩睺羅伽・人・非人等、此の光明を見て菩提心を発し利樂を獲るが故なり。

（解読）復次に阿難よ。無量壽佛の衆生を普く教化する光明の働きは、一由旬・二由旬・三由旬を照らし出し、或は百由旬・千由旬・百千由旬、或は倶那由他百千由旬を照らしたまう。乃至、無量邊無数の佛刹を照らし出し偏満す。

復次に阿難よ。今に至るまで、無量壽佛の光明の働きは無量光・無礙光・常照光・不空光・利益光・愛樂光・安隠光・解脱光・無等光・不思議光・過日月光・奪一切世間光・無垢清浄光と名けられてきた。無量壽佛の光明は普く十方一切世界を照らし出し、天・龍・薬叉・乾闥婆・阿修羅・迦楼羅・緊那羅・摩睺羅伽・人・天・非人等、

無量壽佛の光明に見えて菩提心を発起せし利益を獲るが故であると。

無量壽佛の教化の具体的な内容は、遊諸佛国・供養諸佛・開化衆生でございましょう。所謂、還相回向の内容でございます。その働きが円光として語られ、無量無邊無数の佛刹に偏満すると。『魏訳』でございますと、「無量壽佛の威神光、最尊第一にして、諸佛の光明及ぶこと能わざるなり」との分限が語られ、そして「佛の光の百佛世界をてらすあり。あるいは千佛世界なり」と十方の佛刹を照らすという広がりが語りべされます。そして、『荘厳經』では十三光佛の歴史、『魏訳』では十二光佛、『如来会』では十五光佛の歴史でございます。無量壽佛の異名の数は『經』によって違いがあり、その事柄の内容よりも、親鸞さまの味合うておられる意を『教行信証』の「真佛土巻」にお尋ねいたしたいと欲います。

「真佛土巻」を披きますと、最初に、「佛は則ちこれ不可思議光如来なり、土は亦これ無量光明土なり」（聖・300頁）と「真佛土」を「謹按」されておられます。佛の働きは「光如来」だと。無量壽佛の光明の働きが幾つにも味合われるというのではないんです。まあ、極端に申しあげれば、南無阿弥陀佛が本当の主体であると。「光如来」という無量壽の働きそのものだと。照らし出す働きそのものだと。私どもの主観を建てて生きている在りざまを照らし出し、転ずる働きなんだと仰るのでございましょう。『一念多念文意』では「この如来を、南無不可思議光佛ともうすなり。この如来を方便法身とはもうすなり。方便ともうすは、かたちをあらわし、御《み》なをしめして衆生にしらしめたまうをもうすなり。すなわち、阿弥陀佛なり。この如来は、光明なり。光明は智慧なり。智慧はひかりのかたちなり。智慧またかたちなければ、不可思議光佛ともうすなり」（聖・543頁）と仰られます。「御なをしめして衆生にしらしめたまう」働きそのものだと味合うておられます。「佛は則ちこれ不可思議光如来なり」と、これ主体でしょう。そして、「土は亦これ無量光明土なり」と、これ国土、環境という大地でしょう。特に『平等覚經』の「無量光明土」という言葉を大事にされ引いておいでになります。そして、「然れば則ち大悲の誓願に酬報するが故に、真の報佛土と曰うなり」と「優婆提舍」されます。『論』の事業であると、天親菩薩・曇鸞大師の「無量壽經優婆提舍」の事業だと。佛教徒だけの会座ではなく、「十方衆生」の本願の会座の事業、「主体」と「国土」として「謹按」されてくるのだと。「使命」はこの後、「化身土巻」として「謹顕」されてくるのだと。そういう本願成就の会座、佛法の事業であると、親鸞さまは「宣布」される訳でございましょう。そして、「既にして願います、即ち光明・壽命の願これなり」と、これ大地の願でしょう。大地に伏流水の如く流れ往く本願の源泉でしょう。脈々と地下水として大地の徳が「優婆提舍」されておられます。

「化身土」を披いていただきますと、佛の大悲の働きが穢土の只中で、地上の「五濁悪世」の只中で発動してると。つまり「われらなり」との働きが「化身土」として浄土の働きが善巧方便として働き続けている現実が顕れている、それが「謹顕」されておる訳でありましょう。地下の本願の大地は「既に願います」ですが、地表に発起・発動している事実、大地の源泉が地表に噴出していますから、「既にして悲願います」（聖・326頁）という「優婆提舎」でございましょう。「化身土」という、具体的には釈迦・弥陀二尊の慈悲の父母の善巧方便として、誓願という働きは如来する菩薩道として往来するのでございます。憬興師《きょうごう》が双巻経なる『大無量壽經』を「如来の広説に二あり。初めは広く如来浄土の因果、乃至、後には広く衆生往生の因果」と解釈され、それを浄土と浄土に生まれし人々、国土と衆生というテーマでお聞きしてきましたけれど、厳密に申し上げれば、親鸞さまは、「総序の文」で「難思の弘誓は難度海を度する大船、無碍の光明は無明の闇を破する恵日なり」（聖・149頁）と「優婆提舎」されておられます。先輩に依れば、如来の因、誓願の働きは衆生の果、「難度海」に対応し、如来の果、無碍の光明は衆生の因、無明の闇に対応していると、浄土の物語、本願の物語が、本願成就の事実として浄土に生まれし人々の主体としての確立の課題、南無阿弥陀佛が主体であり、その主体の生活が菩薩道（御用）として始まってくる。そういう呼応関係が「竊かに以み」られているのでございましょう。更に、推察いたしますと、地下の願心の歩みが「誓願」として、恵日を待って地上に噴出してくる。まあ、若い学徒が「爆発する本願」と物騒な表現をしておりましたが、法蔵因位の「憤怒」なる魂でございましょう。「五濁悪世」という穢土の難度海・群生海・諸有海の只中で、漂浪する人々を「われらなり」とせしめる誓願海の具体性でございましょう。親鸞さまは「世雄の悲、正しく逆謗闡提を恵まんと欲《おぼ》す」（聖・149頁）と弘宣されます。「難治の機」という、救われざる人々の発見・遭遇が大悲実動の貌《かおばせ》、「欲生心」の発露でございましょう。

「真佛土巻」に戻りまして、本願の源泉、大地の底に伏流水の如く当流する本願が、この第十二願と第十三願の「光明・壽命の願」でございます。そして「願成就の文」が『魏訳』・『如来会』・『平等覚經』・『大阿弥陀經』・『不空羂索神変真言經』を「聞思」なされております、親鸞さまは。具体的には「浄土」という真実なる国土の働きが穢土に関わり続けられる訳です。所謂、「誓願」の働きが「阿弥陀佛の光明と名」、称名の歴史と聞名の世界として「謹按」されている訳でございましょう。いつもご紹介しますが、『尊号銘文』に十二光佛のお謂われを親鸞さまは語られます。「「有佛出世　名無量光」ともうすは、佛、世にいでさせたまいしともうす御ことばなり。世にいでさせたまいし佛は、阿弥陀如来なりともうすなり。十二光佛、十二度世にいでさせたまうを、「十二如来、相継一劫」ともうすなり。十二如来ともうすはすなわち阿弥陀如来の十二光の御名《みな》なり。相継一劫というは、十二光佛の、十二度世にいでさせたまうをあいつぐというなり。「其最後佛　名超日月光」ともうすは、十二光佛の、世にいでさせたまいしおわりの佛を、超日月光佛ともうすとなり。「彼佛教我　念佛三昧」ともうすは、かの最後の超日月光佛の念佛三昧を、勢至にはおしえたまうとなり」（聖・516頁）と、「大勢至菩薩御銘文」を文意されておられます。「五濁悪世」の穢土の只中に「われらなり」と出でて下さる。世に出でて下さる働きが、私どもに、世を出でしめる道として成就して下さる内容でございます。

　この『荘厳經』の十三光佛の最後は「無垢清浄光」と語られており、この光明を蒙る一切の存在は菩提心を発起し利樂を獲ると説かれます。ここは『如来会』に近い表現でございます。ご存知でしょうが、ここに八部衆という、佛法を守護する八種の善神が説かれます。天・龍・夜叉・乾闥婆・阿修羅・迦楼羅（金翅鳥）・緊那羅（人非人・角ある歌神）・摩睺羅迦（大腹行・蛇神）だそうです。続いて読誦・諷誦してまいります。

佛、阿難に告げたまはく。我、住すること一劫にして此の光明の功徳利益を説くも、亦盡くすことあたはず。

復次に阿難、無量壽如来には、是のごとき百・千・萬・十萬・百萬・一俱胝・百俱胝・千俱胝・緊迦囉数・頻婆囉数・那由他数・阿由他数・毘婆摩数・嚩婆那数・穰伽数・阿僧祇数・十阿僧祇数・百阿僧祇数・千阿僧祇数・百千阿僧祇数・阿摩儞野数・不可思議数、是の如きの無量無数の声聞の衆、譬喩、算数して数ふるも及ぶことあたはず。

阿難、彼の大目乾連の神通第一なる、三千大千世界の所有一切の童男・童女も、一昼夜に於て悉く其の数を知らん。仮使ひ百千俱胝の声聞の神通力をして、みな大目乾連の如くならしめ、又、一一の声聞の壽をして、百千俱胝那由他歳ならしめ、其の寿命を盡くして彼の声聞を数ふるも、百分の中の一分にも及ばず。復次に阿難、譬へば大海の如し、深きこと八萬四千由旬、広闊なること無邊なし。仮使《たと》ひ人あり身の一毛を出し、砕きて百俱胝と為し微塵の如くならしめ、一一の塵を以て海に投じて水を出さんに、水の塵の上に在る形量も亦爾なり。是の如くして投しめ毛塵を盡くさん、意に於て云何、毛塵の水多からんか海中の水多からんか。

阿難、佛に白して言さく。世尊、毛塵の出せる水は未だ半合に及ばず、海水は無量なり。佛言はく。阿難、彼の目乾連等の声聞の衆、其の形壽を盡くして数へて知れる数は毛塵の水の如し、数へて未だ盡くさずは海中の水の如し。是の如く彼の佛には是の如きの無量不可算数の声聞の弟子あり。又、彼の佛国土は大富無量なり、唯、快楽のみを受けて衆苦あることなし。地獄・餓鬼・畜生・焰魔羅界及び八難の報なく、唯、清浄の菩薩摩訶薩及び声聞の衆のみあり。

（解読）佛は阿難に告げられた。一劫という時をかけても、佛の光明の功徳利益を語り盡くすことは出来ない。（語り盡くされるものではない）

復次に阿難よ。無量壽如来の壽命は、計りえるどんな数値をもって数えられないのだよ。そしてその声聞衆も計り知る数値をもっても計り知りえないのだよ。

阿難よ。あの大目乾連（大目揵連）の神通第一も、三千大千世界における一切の人々をあげても一昼夜に於いては知ることはできない。たとえ大目乾連のごとく神通力をもっても数え知ることは不可能なのだ。又、一人一人の声聞の壽を無量にして、無量の壽を盡くさせても無量壽如来の声聞の数は計り知ることはできないのだよ。

復次に阿難よ。譬えれば大海に譬えられる。その無涯底の深さは迷いの衆生の煩悩に俱して広きこと計りなく無邊のようなものである。たとえば、人の一毛を砕いて百分となし、その一毛をもって海の水を一滴すくうようなものである。一毛をもって海水をすくい盡くそうと思うようなものである。一毛のすくう毛塵の水と海水の水はどちらが多いのかと。

阿難、佛に白しのべられた。世尊よ、一毛のすくう水は僅かであり、海水は無量に残されていると。

佛は言はれた。阿難よ。能く知りたるか。あの神通力第一の目乾連等の声聞の衆が数えて知れる数は、一毛のすくう毛塵のようなもので、未だすくわざる水は、無量の海水のようなものである。そのように無量壽佛の寿命と、その声聞衆の壽命は計り知れないのだ。無量壽国は大富無量であり、快楽の窮みであり、衆苦を受けることがない。又、三悪趣という境遇もなく、八難の報いもなく、唯、清浄なる菩薩方・声聞の衆のみである。

この『荘厳經』ですと、「科文」は「弥陀果徳」・「十劫成道」・「光明無量」・「聖衆無量」と展開しておりますが、『魏訳』では、「弥陀果徳」の「勝報段」として細かく「科文」されています。無量壽佛の光明無量、無量壽佛の寿命無量、声聞・菩薩・天・人の衆の寿命無量とその数も量り難しと語られ、最後に大目揵連の譬えが語りべされております。目連が「百千万億那由他劫において、かの初会の声聞・菩薩を計《かぞ》えんに。知るところの数は猶し一渧のごとし。その知らざるところは大海の水のごとし」と譬えられます。『經典』の譬えは、知っているところは一渧のごとしと、知らざるところは大海の水のごとしと、声聞の知るところと、佛の知らしめすところの分限がしめされますが、これが『論』という「優婆提舎」になりますと、厳密な意味で佛からの菩薩道として読み替えられております。「従因向果」の佛を目指す菩薩ではなく、救済なき衆生に見える菩薩道、「従果向因」の菩薩道として味合わい直されてまいります。

佛教の歴史の中では、成佛を目指す菩薩の道程を五十二位で顕します。十信位を外凡、十住・十行・十回向を内凡、十地・等覚・妙覚で「従因向果」の佛道でございましょう。ところが、親鸞さまが龍樹菩薩の『十住毘婆沙論』をお引きになるのですが、どうも『無量壽經』をとおして菩薩道を「従果向因」の本願菩薩道として聞思なさっておられるようです。これは吾人の推察でありますので間違っておるかも知れません。まず「十地」の「初地」の聞法の歓喜を問われます。答えられる内容は声聞行の初果、預流向・須陀洹道を得るがごとしと、分限は違うが、声聞の聞法の歓びと、菩薩の聞法の歓びが同じような歓びの内容だと仰られます。こういう視点はね「従果向因」なる菩薩の歩みは、「従因向果」の声聞も菩薩もみな・同じく・斉しく見え往く働きでございましょう。その歓喜の内容が大海の水の譬えで語られ「優婆提舎」されます。「一毛をもって百分となして、一分の毛をもって大海の水を分かち取るごときは、二三渧の苦すでに滅せんがごとし。大海の水は余の未だ滅せざる者のごとし。二三渧のごときの心、大きに歓喜せん」(聖・162頁)と。初果の究竟して涅槃に至る歓びでしょう。まあ、人に生まれてきた歓喜です。そして、「菩薩もかくのごとし」と仰られます。そして最後に「この菩薩所有の余の苦は、二三渧《てい》のごとし。百千億劫に阿耨多羅三藐三菩提を得といえども、無始生死の苦においては、二三の水渧のごとし。滅すべきところの苦は大海の水のごとし。このゆえにこの地を名づけて「歓喜」とす」と。普通は、生死の苦から解放されるのが歓びなのですが、滅すべきところの苦が大海の水のようであるから「歓喜」であるというのは、未だ救われざる人々に見えしことが歓びであると。「従果向因」の法蔵菩薩さまの因位の御修行、兆載永劫の御修行が菩薩道。歓びが「発菩提心」ではなく、「発心」という「歓喜」が確かめられておるのでございましょうや。

第十三章　七宝の樹林の共生・共和の歴史と世界

それでは続いて読誦・諷誦してまいりましょう。

復、次に阿難、彼の佛国土には種種の寶柱あり、みな百千の珍寶を以て而用て荘厳せり。所謂、金柱・銀柱・瑠璃柱・頗梨柱・真珠柱・硨磲柱・碼瑙柱なり。復、金・銀の二寶柱、金・銀・瑠璃の三寶柱、金・銀・瑠璃・頗梨の四寶柱、金・銀・瑠璨・頗梨・真珠の五寶柱、金・銀・瑠璃・頗梨・真珠・硨磲の六寶柱、金・銀・瑠璃・頗梨・真珠・硨磲・碼瑙の七寶柱あり。

（解読）また、阿難よ。浄土には種種の宝柱が建立されている。みな百千の珍しい宝の働きとして飾られている。いわゆる、金柱・銀柱・瑠璃柱・頗梨柱・真珠柱・硨磲柱・碼瑙柱の七宝である。また、金と銀の重なった宝柱があり、金・銀・瑠璃の三宝柱があり、金・銀・瑠璃・頗梨の四宝柱があり、金・銀・瑠璨・頗梨・真珠の五宝柱があり、金・銀・瑠璃・頗梨・真珠・硨磲の六宝柱があり、金・銀・瑠璃・頗梨・真珠・硨磲・碼瑙の七宝柱が浄土に建立されている。

まあ、『魏訳』でございますと、「極楽段」の内容の展開として「七宝諸樹」と「道場樹」と語りべされますが、この『荘厳經』では、まず「諸宝柱」でその後に「種種の宝樹」と語られます。まあね、「柱」は「樹」ということと同じと云ってしまえば、そうでしょうが、吾人は、「彼の佛国土には種種の宝柱あり」とございますのは、大地に建てられた如来の願心なる柱でないかと欲われます。つまり、如来の家として建てられた大黒柱でございましょう。まあこれも邪推でありますが、『教行信証』の「後序」の文に、菩薩功徳成就が最後に束ねられます。「後序」の文は、ご存知のように『浄土論』の二十九種荘厳が象徴的に束ねられます。「承元の法難」の記載は、「国土荘厳」でございましょうに、法然聖人との出会いは「主功徳荘厳」でございましょう。そして「不虚作住持功徳成就」を分水嶺として「菩薩功徳荘厳」が取りあげられます。この展開は、法然聖人との個人的な出会いが命終せしめられ、愚鈍の身、愚悪の身に賜る新たなる使命、課題が「即生」せしめられる出来事の展開であると思うております。

「慶ばしい哉」という慶讃は、恒沙無量の諸佛の方々の「諸佛護念の益・諸佛称讃の益・心光常護の益・心多歓喜の益」（聖・241頁）という「慶び」でございましょう。親鸞さまの個人的な救済感、主観的な歓喜ではないのでしょう。法然聖人との出会いの確かさが「よきひとのおおせをかぶりて、信ずるほかに別の子細なきなり」（聖・627頁）との本願成就の歴史との出遇いを意味するものでございます。個人的な救済感に命終せしめられ、如来の善巧方便の願心の歩みを「真なる公性」として回復せしめられた出来事なのです。「心を弘誓の佛地に樹《た》て、念を難思の法海に流す」というのは、願心が浄土として建立され、その具体的な働きが「念」、「五念門」として人間の宗教心の主観的な「難思の法海」という、念佛のご縁の人々に当流してくる。つまり、私どもは有縁の救済されし人々でしょう。その意識を呼び帰し、翻す働きが、無縁の人々に関わり続ける如来なる善巧方便の歩みなのです。つまり、如来の「五念門」が穢土に生きる人々に呼びかけ続ける還来の菩薩道の働きでございましょう。つまり、法然聖人も含めて、七高僧の方々、恒沙無量の諸佛の方々の菩薩たる相に値遇《もうあ》うて往くような出来事なのでございます。

続いて読誦・諷誦いたしましょう。

復、次に阿難、彼の佛国土には種種の寶樹あり、根茎《きょう》枝幹は黄金の所成、華葉菓は白銀の化

作なり。亦、寶樹あり、根茎枝幹は白銀の所成、花葉菓実は瑠璃の化作なり。亦、寶樹あり、根茎枝幹は瑠璃の所成、華葉菓実は頗梨の化作なり。亦、寶樹あり、根茎枝幹は頗梨の所成、華葉菓実は真珠の化作なり。亦、寶樹あり、根茎枝幹は真珠の所成、華葉菓実は硨磲の化作になり。亦、寶樹あり、根茎枝幹は硨磲の所成、花葉菓実は碼瑙の化作なり。亦、寶樹あり、根茎枝幹は硨磲の所成、花葉菓実は碼瑙の化作なり。亦、寶樹あり、根茎枝幹は碼瑙の所成、花葉菓実は黄金の化作なり。

亦、寶樹あり、黄金を根と為し、白銀を身と為し、瑠璩を枝と為し、頗梨梢と為し、真珠を葉と為し、硨磲を花と為し、碼瑙を菓と為し、亦、寶樹あり、白銀を根と為し、瑠璃を身と為し、頗梨を枝と為し、真珠を梢と為し、硨磲を葉と為し、碼瑙を花と為し、黄金を菓と為し、亦、寶樹あり、瑠璃を根と為し、頗梨を身と為し、真珠を枝と為し、硨磲を梢《こえだ》と為し、碼瑙を葉と為し、黄金を花と為し、白銀を菓と為す。亦、寶樹あり、頗梨を根と為し、真珠を身と為し、硨磲を枝と為し、碼瑙を梢と為し、黄金を葉と為し、白銀を花と為し、瑠璃を菓と為し、亦、寶樹あり、真珠を根と為し、硨磲を身と為し、碼瑙を枝と為し、黄金を梢と為し、白銀を葉と為し、瑠璃を花と為し、頗梨を花と為し、真珠を菓と為す。亦、寶樹あり、碼瑙を根と為し、黄金を身と為し、白銀を枝と為し、瑠璃を梢と為し、頗梨を葉と為し、真珠を花と為し、硨磲を菓と為す。是の如く極楽世界には七寶の行樹あり。

（解読）

また、次に阿難よ。彼の佛国土（阿弥陀の浄土）には、様々な宝の樹がある。根・茎・枝・幹は黄金から成り、華・葉・菓は白銀で表されている。また、宝の樹があり、根・茎・枝・幹は白銀から成り、花・葉・菓・実は瑠璃で表される。また、宝の樹があり、根・茎・枝・幹は瑠璃から成り、華・葉・菓・実は頗梨で表される。また宝の樹あり、根・茎・枝・幹は頗梨から成り、華・葉・菓・実は真珠で表される。また、宝の樹あり、根・茎・枝・幹は真珠から成り、華・葉・菓・実は硨磲で表される。また、宝の樹あり、根・茎・枝・幹は硨磲から成り、花・葉・菓・実は碼瑙で表される。また、宝の樹あり、根・茎・枝・幹は碼瑙から成り、花・葉・菓・実は黄金で表される。根・茎・枝・幹と華・葉・菓・実とは互いに異なった宝で象られ、それぞれが映芳され、照映され、共に合成されている。

また宝の樹あり、黄金を根とし、白銀が身とし、瑠璃が枝とし、頗梨が梢《こえだ》とし、真珠を葉とし、硨磲を花とし、碼瑙を菓とす。また、宝の樹あり、白銀を根とし、瑠璃を身とし、頗梨を枝とし、真珠を梢とし、硨磲を葉とし、碼瑙を花となし、黄金を菓となす。また、宝の樹あり、瑠璃を根とし、頗梨を身となし、真珠を枝となし、硨磲を梢となし、碼瑙を葉となし、黄金を花となし、白銀を菓となす。また、宝の樹あり、頗梨を根とし、真珠を身とし、硨磲を枝となし、碼瑙を梢となし、黄金を葉となし、白銀を花となし、瑠璃を菓となす。また、宝の樹あり、真珠を根とし、硨磲を身となし、碼瑙を枝となし、黄金を梢となし、白銀を葉となし、瑠璃を花となし、頗梨を菓となす。また、宝の樹あり、硨磲を根とし、碼瑙を身となし、黄金を枝となし、白銀を梢となし、瑠璃を葉となし、頗梨を花となし、真珠を菓となす。また、宝の樹あり、碼瑙を根となし、黄金を身となし、白銀を枝となし、瑠璃を梢となし、頗梨を葉となし、真珠を花となし、硨磲を菓となす。是の如く極楽世界には七宝の樹林があり、行じられている。

この『荘厳經』では、黄金・白銀・瑠璃・頗梨《はり》・真珠・硨磲・碼瑙の七宝樹ですが、『魏訳』でございますと、金樹・銀樹・瑠璃樹・玻梨樹・珊瑚樹・碼瑙樹・硨磲樹の七宝樹です。これはまあ、時代社会・民族・地域性がございますので七宝と申しあげても多少の違いはありますが、基本的には同じでございます。そして一つの宝樹が、また、七宝の根・身（茎）・枝・梢・葉・花・菓（実）と、それぞれ入れ変えて荘厳されています。『魏訳』では、本（根）・茎・枝・条《こえだ》・葉・華・実として語られ、七宝に水精・紫金《しこん》が列挙されております。

まあ、目にふれぬ働きが根でございましょうし、地下の働きです。地表の働きは茎・枝・幹・葉・華・実でございましょう。眼に見える現実を支えている大地が根という働き、世界です。『魏訳』では、本《もと》と表現されます。さすれば曇鸞大師の『論註』での「言うところの不虚作住持は、本《もと》法蔵菩薩の四十八願と、今日阿弥陀如来の自在神力とに依ってなり。願をもって力を成ず、力をもって願に就く。願徒然ならず、力虚設ならず、力・願あい府《かの》うて畢竟じて差《たが》わず。かるがゆえに成就と曰う、と」(聖・316頁)との「無量壽經優婆提舎」が聞きとられてくる必然でございましょう。本は根であり、見えない働きであり、茎・枝・幹・華・葉・菓は見える現象であり、その呼応が亦、「本」と「今日」という時の成就として当来してくるのでございましょう。そして、この異なる宝の合成は、一つの味合いだけでなく、それぞれの宝がそれぞれとして輝く、独自性の共生、共和の世界と歴史を顕すものでございましょう。所謂、「一佛主領」の世界の輝きではなく、「諸佛遍領」の世界でございます。更に申しあげれば、「妙宝」どうしの輝きではなく、「泥底」の輝きでございます。七高僧の歴史を、聖者・賢者の輝きとして語る方は滋くおられますが、本当は凡愚に呼び帰された輝きでございます。学者の中には、東大出とか、京大出とか、有名大学の卒業者、優秀の宗教家とか、思想家のみが対話していける世界のように紹介される方がおられます。何か、エリートだけが念佛の深義を明かしているように講義する人々がおられます。そんな者は文化サロンのたわごとでございまして、七高僧の歴史は、凡愚に呼び帰され、愚者になりてと、愚者に呼び帰される人々の歴史です。恒沙無量の諸佛の加勧をいただいて「愚者になりて」と育てて下さる、「釈迦・弥陀は慈悲の父母」の働きがあり、それに呼び帰され、翻された人々の歴史が恒沙無量なのでしょうし、自己の知恵・才覚で経典を読み破った人の輝きではないのです。『無量壽經』の歴史に自分を照らし出され、自己を照らし破られた無量の人々の歴史と世界です。何か大谷派の講師になったから念佛者になったのではありません。この七宝の樹林の共生・共和の歴史と世界は、そういうことを物語っておるのでございます。特に『魏訳』では「この諸の宝樹、行行相値《あ》い、茎茎《きょう》相望《のぞ》み、枝枝《し》相準《したが》い、葉葉《よう》相向かい、華華《け》相順《したが》い、実実《じつ》相当《あた》れり。栄色光耀《ようしきこうよう》、勝《あ》げて視《み》るべからず」（聖・34頁）と語りべされます。正に「値・望・準・向・順・当」という映芳し映照する呼応の世界が展開いたします。ですから、「清風時に発りて、五つの音声を出だす。微妙にして宮商自然に相和す」という「共和・共生」という「十方衆生」といういのちの輝きが本願成就の時を待って、大地から涌き出でてくるのでございましょう。世間では、その自然環境・社会環境のなかで「里山の知恵」として取りあげられる訳でございましょう。この『荘厳經』では「是の如く極楽世界には七宝の行樹あり」と、七宝の樹林の働き、人々が樹林に依って生活を回復する森林力として表現されております。

続いて読誦・諷誦してまいりましょう。

復、次に阿難、彼の佛国土は清浄厳飾に寛広平正にして、丘陵《きゅうりょう》・坑坎・荊棘《けいきょう》・沙礫《れき》・土石等の山、黒山・雪山・寶山・金山・須弥山・鉄圍山・大鉄圍山あることなく、唯黄金を以て地と為せり。

爾の時阿難、是の語を聞き已りて、世尊に白して言さく。四大王天・忉利天は須弥山王に依て住す、夜摩天等は當に何に依てか住すべし。

佛、阿難に告げたまはく。夜摩兜卒、乃至色・無色界の一切の諸天は、みな空界に依て而住す。

阿難白して言さく。空界は無礙なり、云何にして依住するや、業因・果報不可思議なり。佛、阿難に告げたまはく。汝が身の果報も亦不可思議なり、諸佛の聖力も不可思議なり。

（解読）

また、次に阿難よ。彼の佛国土は清浄厳飾にして寛広平正にして丘陵・洞窟・荒地・瓦礫等の山、黒山・雪山・宝山・須弥山・鉄圍山・大鉄圍山等がなく、唯、黄金で飾られる国土である。

爾の時、阿難はこの言葉を聞き終わりて、世尊に尋ねられた。四大王天（持国天・増長天・広目天・多聞天）とか、忉利天（欲界の三十三天）は須弥山の地居天に所属するが、夜摩天等は何処に立脚するのか。

佛は阿難に告げたまわれた。夜摩兜卒、乃至、無色界の一切の諸天はみな空居天に依って立脚す。

阿難は佛に白して言われた。空居天（空界）は無礙である。云何にして立脚するのか。業因・業報は不可思議である。

佛は阿難に告げられた。汝が身の果報もまた不可思議であり、衆生の業報もまた不可思議である。諸佛の聖力も言葉を超えて不可思議の事柄なのだ。

『魏訳』では宝樹の次には道場樹・宝池と語りべされますが、この『荘厳經』では『魏訳』の「科文」番号では34・35・36番（聖・29頁）に戻り語られております。彼の佛国土の清浄厳飾の荘厳が寛・広・平・正として説かれ、自然界の起伏のある荒野のような大地はないとされ、唯、黄金のようにそれぞれが輝いていると結ばれます。まあ、佛国土の風光が語られ、「その宝第六天の宝の如し」として『魏訳』では語られ、藤元先生の講義では、「また地獄・餓鬼・畜生、諸難の趣なし」との、第一願の本願と「また四時、春秋冬夏なし。寒からず熱からず。常に和《やわら》かにして調適《じょうちゃく》なり」との第二十七願と呼応していると指南されます。

その後に、突如として阿難の問いと佛の応答が語りべされます。問いを出した阿難の心持ちは分かりかねる訳ですが、『魏訳』の展開を窺いますと、佛国土の自然の七宝の合成せし清浄なる荘厳が「猶し第六天の宝の如し」という佛の説法に反応して問わずにおれなかった声聞・阿難がおるのでございましょう。その問いは、この『荘厳經』でみますと、欲界の四（大）王天と、三十三天の忉利天は須弥山の地居天に立脚するが、夜摩天等はどこに依るのかという疑問です。それに対して佛は、色界・無色界の夜摩兜天等の一切の諸天は須弥山上の空居天に根拠されると答えられます。すると阿難は更に問われます。空居天（空界）は無礙であり、どのようにして依住するのか、立脚するのかと。業因・業果も不可思議なりと。そしたら佛が、阿難よお前の身も存在することも不可思議であり、衆生の存在（業報）も不可思議であり、諸佛の聖力も不可思議なんだよと応えられます。まあ、阿難は頭の、知性の問いを立てられ、その事柄が不可思議だと、理性・認識に於ける不可思議さを問う訳ですが、佛は、存在そのものの不可思議さで応えられる訳です。まあ、前にも取りあげさせていただきましたが、阿難と佛の分限が違う訳です。知性の問いに存在の智慧で応じられる問答です。それが端的に『魏訳』では、その問答の最後が「「我この法を疑わず。但《ただ》将来の衆生の、その疑惑を除かんと欲うがためのゆえに、この義を問いたてまつる」と。」（聖・30頁）語られております。まあ、声聞の業報でございましょう。自分は疑いはないのだけれども、将来の衆生の疑惑を除かんために問うたのだと。つまり、「我この法を疑わず」ということが疑い、佛智疑惑の罪深しということを自覚できない、信知・深信できない訳です。将来の衆生の疑惑の為ではないのです。自らの存在の不可思議さが明らかになってない、そういう声聞の病の無涯底さが顕かになってくる問答でございましょう。とにかく、突如と、この阿難の問いが発せられております。『荘厳經』と『魏訳』では展開の場所が違いますが、大事な事柄が確かめられて伝承されておるのでございましょうや。

第十四章　本願の生活者の風光

それでは続いて読誦・諷誦いたしましょう。

彼の佛国土には、大海なしと雖も而も泉・河ありて処々に交流す、その水、或は闊《ひろ》きこと闊き

こと十由旬・二十由旬・三十由旬、乃至、百千由旬、深きこと十二由旬なり。其の水清浄にして八功徳を具し、微妙の声を出せり。譬へば、百千萬種の音楽の声の如し。諸の佛刹に遍し。一切衆生の聞かん者、適悦《てきえつ》して大快楽を得。又、水の両岸に、復、無数の栴檀香樹・吉祥菓樹の花卉《くさ》あり、恒に芳しくして光明照耀せり。若し衆生此の水を過ぐる時、足を至るを要《もと》むる者、膝に至るを要むる者、乃至、項《うなじ》に至るを要むる者あり。或は冷なる者、温なる者、急に流るる者、慢《おそ》く流れんことを要むる者あらん。其の水一一に衆生の意に随ひて快楽を受けしむ。又、水中に於て種々の声を出す。佛声・法声・僧声・止息声・無性声・波羅蜜声・力声・無畏声・通達声・無行声・無生声・無滅声・寂静声・大慈声・喜捨声・灌頂声、是の如きの種々微妙の音声を出す。衆生聞き已りて、清浄心を起して諸の分別なく、正直平等に善根を成熟して、永く於阿耨多羅三藐三菩提心を退かず。又、彼の佛刹の、其の中に生ずる者は、地獄声・餓鬼声・畜生声・夜叉声・闘争声・悪口声・両舌声・殺生声・偸盗声、一切の悪声を聞かず。而も彼の衆生、色相端厳にして福徳無量なり。智慧明了に神通自在なり。宮殿・楼閣・園林・池沼・衣服・臥具、他化自在天の最上快楽の具の如くにして一切豊足せり。

（解読）彼の浄土には、大海はなけれども泉や河が流れ交じている。その水の清浄なる働きは、十由旬（一由旬は約7～9マイル・約1・6キロ、110キロ）・二十由旬・三十由旬、そして百千由旬と広がりが派生し、深さは十二由旬におよぶ。その水の功徳は清浄にして八功徳（八功徳水――清浄潤沢・無臭・軽・冷・軟・美味・飲時に調適する・飲後無患）を具し微妙の音声となる。譬えば、百千萬種の音楽が奏でられるようなものである。諸の僧伽に普く響きわたる。一切の衆生がその音声を聞けば悦服し共々に快い楽を得る。

又、水辺の両岸に、無数の栴檀香樹・吉祥菓樹の草木があり、恒に芳しく照らし合い耀いている。若し衆生、意《こころ》に水をして没《ひた》さしめんと欲えば、膝に至らしめんと欲えば、項《うなじ》に至らしめんと欲えば、水すなわち至る。或は冷たい水、温かい水、流れの強い水、ゆるやかな水を欲める者がおる。水の働きは、一一の衆生の求めるままに応じて快い楽を受けさしむ。

又、水中から種々の音声が奏でられる。佛声・法声・僧声の三宝の声、止息の声・無性の声・波羅蜜（布施・持戒・忍辱・精進・禅定・智慧（般若）の菩薩の行）の声・力の声・無畏の声・通達の声・無行の声・無生の声・無滅の声・寂静の声・大慈の声・喜捨の声・灌頂の声らの種々の微妙の音声が奏でられる。その音声を聞く者は清浄の信心を発起せしめられ、諸の分別から解放され、正直平等に善根が成熟の時を獲、永く無上正真道に退転しない。

又、彼の浄土に生まれる者は、地獄の叫喚《きょうかん》の声・餓鬼の不足の声・畜生の自由の声・夜叉の声・闘諍の声・悪口の声・両舌の声・殺生の声・偸盗の声らの一切の悪き声を聞かず。而も、色相端厳にして福徳無量であり、智慧明了にして神通自在である。その環境、宮殿・楼閣・園林・池沼・衣服・臥具は、欲界の他化自在天の最上快楽の具のごとくにして一切豊足である。

『魏訳』でございますと、「科文」52番（聖・36頁）の「宝池」の処でございます。「諸の浴池」から始まりますが、この『荘厳經』は「泉・河ありて処々に交流す」と表現されます。まあ、梵本ではどのような言葉であるか分かりかねますが、水の働きの功徳が印度では「浴池」で表され、中夏では「泉・河」で表されております。気候・風土・生活慣習の違いが功徳の表現の違いになる訳です。本願と本願成就の物語でありますから、個々の民族の違いに随順してゆく物語です。水の功徳の働きが、縦広・深浅として説かれ、八功徳水の働きとして、清浄・無臭・軽・冷・軟・美味・調適・無患の味わいとして語りべされます。そしてその働きが百千種の音楽の声の如しと譬えられます。『魏訳』では、水の功徳が「浴池」として譬えられ、黄金・白銀・水精・瑠璃・珊瑚・虎珀・硨磲・白玉・紫金の諸宝（七宝）をもって、池と底の沙《いさご》との交流の合成をもって荘厳されますが、この『荘厳經』では略されております。その水の岸辺には無数の栴檀香樹・吉祥菓樹の花々が水の上に覆われていると。「恒に芳ばしく光明照耀せり」と、「華葉が水の上に垂れ布《し》きて香気《こうけ》普《あまね》く薫ず」と、まあ、『魏訳』の方はかなり文学的な表記でございます。

そして『荘厳經』・『魏訳』ともに、一一の衆生の意に随いて快楽を受けると、欲界の他化自在天の最上快楽の如しと譬えられます。まあ、ご存知のように、親鸞さまは「化身土巻」でこの課題を「疑城胎宮」の主体の課題として「味い甘露のごとし」という、「他化自在天の最上快楽の具の如くにして一切豊足せり」という言葉に着目される訳でございましょう。まあ、『無量壽經』の上巻の語りべでございますから、機の課題は下巻に譲り、ここでは法の働き、水の働きとして功徳が荘厳、表現される訳です。続いて、『魏訳』の「科文」でございますと「明水為佛事」（水の佛事たるを明かす）（聖・38頁）と展開してまいります。水の働きが浄土の荘厳として種々の音声に譬えられる訳です。

まず自然の妙声として佛・法・僧伽の三宝の音声、この『荘厳經』では「止息声・無性声・波羅蜜声・力声・無畏声・通達声・無行声・無生声・無滅声・寂静声・大慈声・喜捨声・灌頂声」等、種々微妙の音声でございます。『魏訳』では、「寂静の声・空無我の声・大慈悲の声・波羅蜜の声・十力・無畏・不共法の声・諸通慧の声・無所作の声・不起滅の声・無生忍の声、甘露灌頂の声・諸の妙法の声」として味合われております。これらの声としての法の働きを聞かしめられ、阿耨多羅三藐三菩提心を退かずと、無上正遍道を退転しないと、つまり、無上の信心発起の物語として語りべされております。『魏訳』の方では「その所聞に称《かな》いて、歓喜すること無量なり」（聖・38頁）と、「聞其音声信心歓喜」と、まあ、「聞其名号信心歓喜乃至一念」と。「聞声」に称うと。「所聞」に称うという働きとして語りべされております。そして『荘厳經』では「彼の佛刹の、其の中に生ずる者は」と、浄土という帰入せしめられる僧伽には十悪の、「一切の悪声を聞かず」と。特に「地獄声・餓鬼声・畜生声」という「三悪趣」の声を聞かずという、まあ、本願の第一願「三悪道の中の地獄・餓鬼・畜生、みな我が刹に生じて我が法化を受け、久しからずして悉く阿耨多羅三藐三菩提を成して、一切みな身眞金色なることを得ん」という、第一願の成就の世界がここで語られる訳です。『魏訳』でございますなら、「三塗苦難の名あることなし。但自然快楽《ただじねんけらく》の音《こえ》あり。この故にその国を名づけて安楽と曰う」との、第一願成就が語られる事は注目されるべきことでございましょう。『唯信鈔文意』の「りょうし・あき人《びと》、さまざまなものは、みな、いし・かわら・つぶてのごとくなるわれらなり。如来の御ちかいを、ふたごころなく信楽すれば、摂取のひかりのなかにおさめとられまいらせて、かならず大涅槃のさとりをひらかしめたまうは、すなわち、りょうし・あき人などは、いし・かわら・つぶてなんどを、よくこがねとなさしめんがごとしとたとえたまえるなり」（聖・553頁）と、正に、本願の第一願成就の味合いでございましょう。その事柄が思い出され、憶念せしめられるのでございます。

それでは続きを読誦・諷誦してまいります。

復次に阿難、彼の土の衆生、香花等を思いて諸佛に供へんと欲すれば、是の念を作す時、花香・瓔珞・塗香・末香・幢幡・傘蓋《さんがい》及び諸の伎楽、意に随ひて即ち佛刹の中に至り満つ。若し飲食・湯薬・衣服・臥具・頭冠・耳環・真珠・羅網等を思へば、念に随ひて即ち至りて亦、佛刹に遍し。又復、摩尼宝等の荘厳、宮殿・楼閣・堂宇・房閣を思念すれば、或は大、或は小、或

は高、或は下、是の如く念ずる時、意に随ひて現前して具足せずということなし。復次に阿難、譬へば人ありて少しく財宝あらんも、灌頂位を受くる刹帝王に対するに、所有威勢悉くみな現ぜず、又、刹帝利を天帝釈に対するに、前の所有威勢悉くみな現ぜず、又、天帝釈を他化自在天に対するに、所有の威勢悉くみな現ぜず、又、他化自在天等及び色・無色界の一切の威勢を無量壽如来の極楽国土に対するに、悉くみな現ぜず。是の如く彼の土の功徳荘厳は不可思議なり。

（解読）復次に阿難よ。浄土の衆生、香花等を以て諸佛を供養せんと欲わば、この念を作す時、花香・瓔珞・塗香・末香・幢幡・傘蓋、および諸の伎楽が意のままに佛会に満ち足りる。若し飲食・湯薬・衣服・臥具・頭冠・耳環・真珠・羅網等を思えば、意のままに随いて現われ、亦、佛会に遍ぜる。又、摩尼宝等の荘厳、宮殿・楼閣・堂宇・房閣を思念すれば、大は大、小は小、高は高、下は下と、念じ意のままに、それらが現前し具足する。

復次に阿難よ。譬えれば、人ありて財宝がある者も、灌頂を受ける刹帝王（インドの帝王）に比べればその威勢は悉く消え去るようなものである。又、刹帝利王を帝釈天と比べれば、刹帝利の威勢は悉く消え去るようなものである。又、帝釈天を他化自在天と比べれば、帝釈天の威勢は悉く消え去るようなものである。又、他化自在天等及び、色界・無色界の一切の威力も、無量壽如来の極楽国土に比べれば、悉く消え去り、浄土の功徳荘厳は不可思議のなにものでもない。

この処は、『魏訳』の「科文」の「明人荘厳」（人荘厳を明かす）（聖・39頁）というところでございましょう。浄土に往生する衆生が諸佛を供養する意欲が発起せしめられる語りべでございます。その供養の内容が荘厳の具、供養の生活、供養の場の荘厳と、意のままに念ずれば現前に具足すと説かれます。

次に、帝王の即位の立太子の時、四大海水を頂にそそぐ刹帝利王との、お金持ちとの比較が語られます。文字のない時代からの語りべでありますから、比較できない分限を比較することを通して語る訳です。お金持ちよりは刹帝利王。刹帝利王と帝釈天、帝釈天と他化自在天、他化自在天と無量壽如来の極楽国土と。そして最後は、浄土の功徳荘厳が不可思議なりと結ばれております。三界（欲界・色界・無色界）六道を超えて不可思議なる事実が当来してくる。「真佛土」の働き、浄土なる働きが「穢土」を照らし出し、その分限を信心の内容として信知せしめる。そういう譬えでございます。『魏訳』では、乞人の帝王の辺の譬えの最後（聖・41頁）にこの比較の譬えが説かれております。それでは続きを読誦・諷誦してまいります。

復次に阿難、彼の佛国土は、於食事毎に、香風自ら起りて宝樹を吹き動かすに、樹相振触して

微妙の音を出し、苦・空・無常・無我の諸波羅蜜を演説す。復、樹花を吹きて於地上に落し佛刹に周遍すること、高さ七人量にして、平正に荘厳し、柔軟光潔なり。行く人往来に、足其の地を蹈《ふ》めば深《くぼむ》こと四指量にして、迦隣那の身に触れて安楽なるが如し。食事を過ぎて後、是の諸の宝花地に隠れて現ぜず、須臾の間に経て、復、風ありて生じ、樹を吹き花を落して地面の上に布けば、前の如く異なることなし、初夜・後夜も、亦是の如し。

（解読）復次に阿難よ。浄土の生活は、四食（段食・触食・思食・識食）なる生活である。食し味合う毎に、香風が自ら起り宝樹を吹き動かし、樹相は揺れ動き、微妙の音を奏で、苦・空・無常・無我の四真の行が演説せられる。復、香風は樹花を吹き、地上にその花が落ち、僧伽なる集いを周遍し、七人量の高さで満面に飾り立てられ、柔軟光潔の風光である。往く人は往来し、足もとは快い踏みごこちであり、迦隣那の身に触れ安楽なるが如し。

四食の後、是の諸の宝花は隠れてしまい、須臾の間を経て、復、香風が吹き、樹々を吹き抜け花は落ち地面の上を覆い、前の如くの風光である。初夜も・後夜もまた是の如き風光である。

佛国土（浄土）の荘厳と、浄土に生まれた衆生の供養諸佛が語られ、今度は浄土に生まれた衆生、ひとびとの生活が四食（段食―色法を体とする飲食物・触食―外界との接触によりおこるこころ・思食―意思のはたらき・識食―智慧を養い保つところの出世間食）として語りべされます。『浄土論』では、「愛楽佛法味　禅三昧為食」（佛法の味を愛楽し、禅三味を食とす）と頌偈されます。まあ、『無量壽經』でございますから、佛・法・僧伽の味合いでございましょう。佛法を食しますと、香風が吹いて宝樹が触れ合い微妙の音でございますから、本願樹林が憶念・思い出される事でございましょう。この『荘厳經』では「苦・空・無常・無我」の諸波羅蜜・生活実践が説かれますが、本願の生活者の風光です。樹花が散り散って、花吹雪か、花粉が舞い散るように周遍する訳です。この『荘厳經』では端折って要約されて語られておりますが、『魏訳』では、「科文」で申しますれば、「明依報勝」（依報勝を明かす）（聖・41頁）が六項に分かれ、特に「明徳風吹動」（徳風吹き動くを明かす）処（聖・42・43頁）で語りべされております。

それでは「科文」の「往生因果、十一・十七・十八願成就」の処に移ります。まず、読誦・諷誦いたします。

復次に阿難、彼の佛国土は、其の黒闇なく、其の星曜なく、其の日月なく、其の昼夜なく、其の取捨なく、其の分別なし。純一無雑にして、唯、清浄最上の快楽のみを受け。若し善男子・善女人ありて、若しは已に生じ、若しは當に生ぜんもの、是の人決定して阿耨多羅三藐三菩提を証すべし。意に於て云何、彼の佛刹の中には三種の失なければなり。一には虚妄なく、二に

は位に退転なく、三には唐捐なし。

（解読）復次に阿難よ。浄土には、黒闇なく、星曜なく、日月なく、昼夜なく、取捨なく、主観的な分別はない。純一無雑の人間からの世界でなく、唯、清浄最上の悦服の世界である。若し道俗・男女を超えて、已に生まれた者も、當に生まれんとする者も、是らの人々は決定して無上正真道を歩む者となることを証される。どうしてかと云えば、彼の浄土には三つの失がないからである。その一つは虚妄なく真であり、二つには正定聚の位に退転がなく、三つには邪見語・自大語がないからである。

『魏訳』でございますならば、「下巻」の始め、「本願成就文」の処であり、まず十一願成就が説かれます。『魏訳』と随分違う表現・言葉なので面食らいますが、漸う読誦しますと、ああ、十一願成就文であると思い起こされてまいります。まず、浄土には無明海の底なき闇（闇黒）がなく、星曜なく、日のよしあしがないというのでしょう。まあ、六曜に惑わされることがないという意でありましょうか。日月なく、昼夜なくと云うんですから、何時でも、何処でも、誰の上にもという事でしょうか、良し悪しの排除がない、そして我執・法執という分別心がないという事でしょう。更に、純一無雑にしてと、人間の判断がまじわらない、唯、清浄最上の「無上の信心」が悦服・発起せしめられてくるということの内容が「彼の国に生ずれば、みな悉く正定の聚に住す」（聖・44

頁）という内容なのでございましょう。この『荘厳經』では、衆生の内容が、「已・當」の過去と未来世の人々の浄土往生の出来事として「阿耨多羅三藐三菩提を証すべし」との無上正遍道に生まれる、無上の信心が発起せしめられる出来事として語られております。そして「意に於て云何」と「故」が尋ねられ、「彼の佛刹の中には三種の失なければなり」と証しされた事実が述べられております。

ここで一つ問題提起をさせていただくと、従来、先ほど申しあげましたように、『魏訳』の下巻は、新羅の憬興師の、上巻は「浄土往生の因果」、下巻は「衆生往生の因果」という浄土文類の指南が「行巻」に引かれておりますから、下巻の始めは「十一願成就文・十七願成就文・十八願成就文」と説明されてまいりました。この『聖全』の「科文」もそう解釈されております。まあ、これはご縁がありましたら、この後、『魏訳』の読誦・諷誦を改めて尋源させていただこうと欲っておりますが、少しき考究させていただくと、『魏訳』の第十一願成就は「其れ、衆生ありて彼の国に生ずれば、みな悉く正定の聚に住す」と、ここまでなんでしょう。そして「所以《ゆえ》は何《いか》ん」と、実は如来の三心が尋源されてまいります。その内容が十一願成就、「彼の国の中には、諸の邪聚及び不定聚なければなり」と、そして十七願成就文、十八願成就文の三つが「所以は何ん」という内容なのでございましょうや。そう考究させていただきますのは、「其れ衆生」（其れ衆生ありて）という文言と、「諸有衆生」（あらゆる衆生よ）という文言でございます。「それ衆生ありて」という言葉は、衆生の発見の文言です。改めて・新たに衆生に見えて往く、如来の南無・帰命でございましょう。私どもの衆生の類という類の発見ではないのです。新たに見えて往く如来なる歩みが、「諸有衆生」という呼びかける讃嘆の言葉になった。まあ、その前に、十方恒沙の諸佛の讃嘆になり、そして「十方衆生よ」という呼びかけの御名になった名の展開です。ですから、単なる語りべの解釈・説明ではないのでございましょう。「十方衆生よ」という呼びかけが、「至心発願の願・至心回向の願」として、呼びかけ続けて往く如来の歩みです。それも「諸有衆生」と、「諸有」なる存在を南無・帰命せざるをえない大悲の実動な訳でございましょう。まあ、そういう「三心一心問答」として考究できないものかと欲っておりますが、まあ、邪見でございましょうし、自大語でございましょうが、この『荘厳經』の文言を読誦して、そんな思いがしてまいりました。証を未来世に請うことでございます。

続いて十七願成就文を読誦・諷誦いたしましょう。

復次に阿難、東方に恒河沙数の世界あり、諸佛如来広長の舌相を出し、無量光を放ち、誠実の言を説きて無量壽佛の不可思議の功徳を称讃したまふ。南方にも亦、恒河沙数の世界あり、諸佛如来の広長の舌相を出し、無量光を放ち、誠実の言を説きて、無量壽佛の不可思議の功徳を称讃したまふ。北方にも亦、恒河沙数の世界あり、諸佛如来広長の舌相を出し、無量光を放ち、誠実の言を説きて無量壽佛の不可思議の功徳を称讃したまふ。是の如くの四維・上下の恒河沙数の世界の諸佛如来も、広長の舌相を出し、無量光を放ち、誠実の言を説きて無量壽佛の不可

思議の功徳を称讃したまふ。

（解読）復次に阿難よ。東方世界に恒沙無量の世界があり、諸佛如来が広長の舌相を出だして、無量光を放ち、誠の言葉を以て無量壽佛の不可思議の功徳を称讃したまう。南方もしかの如く。西方もしかの如く、北方もしかの如く称讃したまう。四維・上下の世界、十方世界の恒沙無量の諸佛如来も、広長の舌相を出だし、無量光を放って、誠なる言葉を以て無量壽佛の不可思議の功徳を称讃したまう。

十一願成就文は、無上正真道を証すべしという加勧です。この十七願成就文は、十方恒沙の諸佛如来が、みな共に無量壽佛の威神功徳の不可思議なることを讃嘆したまうとの諸佛称念の世界の事実が述べられる。歴史として顕されてきた事柄が表現されます。無量壽佛の不可思議の功徳を称讃する訳ですから、本願に称う、如来の三心が讃嘆として五念門の行の大行の縦糸として届けられていると。そこに聞名なる生活が創まってくる。そういう展開として語りべされているのではないかと謹按されてまいります。

第十五章　世間心を佛法に差し戻す

それでは第十八願成就文を読誦・諷誦してまいりましょう。

阿難、意に於て云何、衆生をして彼の佛の名を聞き清浄の心を発し、憶念し受持し、帰依し供養して、彼の土に生ぜんことを求めしめんと欲せん。是の人命終せば、みな極楽世界に往生することを得て、於阿耨多羅三藐三菩提を退転せず。

（解読）阿難よ。どのようにこのことを思われますか。衆生が彼の佛の名号を聞名し、清浄の信心を発起せしめられ、憶念受持し、帰依供養して、彼の浄土に生まれんと欲するであろう。是の人が主観の信に命終されれば、即ちの時に、みな極楽世界に往生し、無上正真道を退転することがない。

この『荘厳經』の十八願成就文は、読誦していただきますと、随分、表現が変わっております。阿難よと呼びかけられ、「意に於て云何」と佛は問われます。貴方はどのように思われますかと問われます。まあ、どのように考えられますか、どのように頂かれておられますかと。普通、こんなことを佛から問われますと、ドキッとして頭の中が真っ白になってしまいます。まあ、これは邪推ですが、この「意に於て云何」という問いかけは、親鸞さまの「三心一心問答」の二番目の「云何が思念せんや」（聖・224頁）との「問答」が思い出されてまいります。親鸞さまが聞思され、自問自答されて、阿弥陀如来の三心の願を発されたことを問うておられるのかなと思っておりました。ひょっとするとこの「云何が思念せんや」という問いは、佛からの、諸佛からの問いかけであったと思う訳でございます。答えをお聞きしたいと問うたら、あなたはどう考えられるのかと、何でそんな事が聞きたいのかと、逆に問われますと、ギャフンでございます。これも亡くなった藤元先生がお若い頃、本山の特別伝道研修に参加されていた時、当時、教研の所長であった蓬茨祖運さんに質問され、逆に、あなたはどう思うておられるのかと問いかけられたとのお話しをお聞きしたことがございました。問う方は、主観的関心で答えを尋ねる訳です。ところが、先生の方はその問いを吟味せよと差し戻される訳です。世間心の問いを、世間心に差し戻すのでなく、世間心を佛法に差し戻される。こういう「前念命終・後念即生」の世界、主観の問いに、主体で応えられる訳です。主体が転ぜられる出来事なのでしょう。「云何が思念せんや」という問いに、「答う」というのは南無阿弥陀佛という主が応えられるのでございましょう。「佛意測り難し、然と雖も竊かに斯の信を推するに」（聖・225頁）と。所謂、法蔵菩薩さまの兆載永劫の御修行が竊かに以みればと。竊かに推するにと、「謹按」されてくる訳です。分限の自覚せしめられることを通して「三心」という如来の願心の歩みが「謹按」されてくるような出来事なのでしょう。こういう如来の願心を尋源せしめられるような展開が、この『荘厳經』に語りべされていることを改めて欲うことでございます。

そして「聞彼佛名」（彼の佛の名を聞き）と。『魏訳』の「諸有衆生、聞其名号、信心歓喜、乃至一念」でございましょう。清浄の信心が発起せしめられてくる、それが「信心歓喜乃至一念」でございます。聞名するのも、憶念受持するのも、帰依供養し浄土に願生せんと欲うのも自力のなせる業でございます。それが命終せしめられるのが「是の人命終せば」というお言葉です。ご存知のように法然聖人までの佛教徒は、この第十八願成就文を「あらゆる衆生、その名号を聞きて信心歓喜し乃至一念して、心を至し回向して彼の国に願生せん」と読んでまいりました。親鸞さまは、これ等の異訳經典を通して、「心を至し回向して」と、私どもの自力の立場での回向ではなく、如来回向として読み破られて読み替えをされる訳です。この事業は佛教徒だけの宗教改革に止まらず、全人類の歴史、群萌海に捧げられた一大事業でございます。南無阿弥陀佛という本願力回向の謹顕でございます。この『荘厳經』に少しき萌出でておると拝察するところでございます。そして「願生彼国」という、極楽世界に往生することが不退転に住すと語られております。

これは何時も引かせていただきますが、『一念多念文意』に、親鸞さまは、第十一願成就を味合われて「この二尊の御のりをみたてまつるに、すなわち往生すとのたまえるは、正定聚のくらいにさだまるを、不退転に住すとはのたまえるなり。このくらいにさだまりぬれば、必ず無上大涅槃にいたるべき身となるがゆえに、等正覚をなるともとき、阿毘抜致《あびばっち》にいたるとも、阿惟越致《あゆいおっち》にいたるとも、ときたまう。即時入必定とももうすなり」（聖・536頁）といただかれます。「二尊の御のりをみたてまつるに」と、二尊教、釈迦・弥陀二尊の招喚と発遣の御名（呼び声）に依って無上大涅槃の世界を賜る訳でございましょう。「諸の衆生と共に」という「従果向因」の菩薩道を凡愚の身に託されてくる訳です。わが身より大きくて・深くて・豊かな願心に照らし出されて、わが願いであるという主観が命終し、悦服されてくる。そこに足もとに「一切衆生」という大地が広がりとして見えせしめられる訳でございます。『魏訳』では、「唯除の文」が付されております。これは釈迦牟尼佛の「三心《さんじん》」の加勧であると、吾人は思うことでございます。弥陀・釈迦二尊の、教勅と発遣が、本願の機の成就として摂取不捨の文と唯除文として呼応している事と推察いたすところでございます。

続いて「三輩往生」の文を読誦・諷誦してまいります。

復次に阿難、若し善男子・善女人ありて、この経典を聞き、受持し読誦し書写供養して、昼夜相続し彼の刹に生まれんことを求めん。是の人臨終に、無量壽如来、諸の聖衆と現じて其の前に在まし須臾《しゅゆ》の間を経て、即ち極楽世界に往生することを得て、於阿耨多羅三藐三菩提を退転せざらん。

（解読）復次に阿難よ。宿善が時熟し、求道する男・女が、『無量壽經』を聞法し、受持し、書写し、供養して、行住坐臥に於て彼の僧伽の朋の世界に生まれんことを求めるならば、是の人が一生涯を終えんとする時（一生涯を通して）諸の聖衆と現来しその人の前に来迎し、すぐにも、極楽世界に往生せしめ、無上正遍道を退転させない。

この『荘厳經』の展開でございますと、衆生因果の内容として、十一・十七・十八願成就文が説かれ、続いて「三輩往生」が語られます。まあ、『魏訳』と同じ展開でございます。經典に添って読誦・お尋ねしてまいります。「若し善男子・善女人有りて」と物語り風に説かれます。漢文だけを見ますと「有善男子・善女人」でありますから、「有」をかかえた苦悩の衆生という意でございましょう。生死出ずべき路を抱えた存在性、実存の課題を根源的にかかえている者という意でございましょう。亦、「善男子・善女人」という言葉は、宿善されたものが宿縁として時を待つものという意でございましょうし、「男子・女人」という表記は人類の久しき男尊女卑という歴史、体制的な歴史観のままに、佛教徒も男・女を、社会的な差別社会と歴史と世界観を表すものでございます。根源的に申しあげれば、「男子」という個人的な課題と「女人」という、象徴的には母子、共生関係を表す問題でございましょう。現代のヒューマニズムの視点で語れば、不平等社会・差別社会の指摘でしょうから、五逆社会の意でありましょうが、古代・近世に於ては差別社会が日常性の儀ですから、「一闡提」社会、関心が起こらない時代社会の人間《じんかん》なる課題でございます。ですから、本来平等性を謳う、仏教徒・教団の歴史の中でも殆ど気づかれる事がないのでございましょう。つまり、体制内仏教徒そのものの課題が信知できない。信心が主体性の課題とならない歴史的業報でございます。この『荘厳經』では、三輩ともに「若し善男子・善女人ありて」と語られますが、『魏訳』では、「十方世界の諸天人民」と語りべされます。本願成就文の内容が「其有衆生」・「諸有衆生」と展開し、その内実が「十方世界の諸天人民」と開かれ、三輩が「其有至心」（それ心を至し）と、「至心に回向したまえり」との如来の至心の働きを信受する者としての願生心が「願生彼国」と「欲生彼国」と語られますから、人間の立場の「至心に回向し」という機縁が「如来回向」の「至心に回向したまえり」との内容として値遇われて往く訳でございます。人間からの行の実践という「修諸功徳の願」という自力回向が、如来と衆生の呼応の機縁として「臨終現前の願・現前導生の願・来迎引接の願」と味合われ、その全体が如来の至心の働きとして「至心発願の願」（聖・327頁）との誓願、「仮令の誓願」として第十八願が成就の具体的な衆生への関わりとして「三輩」が語りべされております。

『荘厳經』の上輩の文に戻りまして、『無量壽經典』を聞き、受持し、読誦し、書写し供養して、行住坐臥に浄土に生まれんことを願生すると。この語りべを拝読いたしました時、ふつと憶念せしめられましたのは、『教行信証』の「後序の文」との内容でございます。承元の法難の記載の後、法然聖人との出遇いが「然るに愚禿釈の鸞、建仁辛の酉の暦、雑行を棄てて本願に帰す」と宣言されます。まあ、浄土の民として帰化されたという産声でございましょう。釈迦弥陀は慈悲の父母とか、救世観音大菩薩が聖徳皇と示現して多々のごとく阿摩のごとくとか、光明名の父母とか、「十方衆生」の父母なる働きとの邂逅でございます。その内容が、『選択集』の書写、真筆の記載、真影の図画、真文の記載、御名字の改変等でございましょう。

それが、まあ、普通は法然聖人との出遇い、そのお別れ、託された使命の真宗の詮の鈔集『教行信証』の集成という順でございましょうが、ここでは『無量壽經優婆提』の伝統のままに、国土と主体と御用という展開になっております。日域に産まれた『浄土論』でございます。つまり、『無量壽經典』を聞法し、受持し、読誦し、書写し供養するという事柄は、如来する五念門の働きを通して私どもの一心帰命の生活が始まるということですから、親鸞さまの「世尊我一心　帰命尽十方無碍光如来　願生安楽国」という表白でございましょう。つまり、「三經一論」という課題の内容が「三心一心問答」という、五念門の大地、回向の背景が尋源されて往く「謹按」される事柄なのでございます。そういう内容がこの「上輩」の語りべに欲われることでございます。

そして、「是の人臨終に、無量壽如来、諸の聖衆と現じて其の前に在まして須臾の間を経て、即ち極楽世界に往生することを得て」と語られます。これ、法然聖人とのお別れ、入滅された悲しみを通して、越後・関東の大地、そして未来世一切衆生という「五濁悪世」の「無佛の時」の諸有衆生に見えて往く出立ちでございましょう。「於阿耨多羅三藐三菩提を退転せず」という、無佛の時代社会、末代の救済なき人々との出逢いであり、その根源的な背景は、「三心一心問答」を通して願心の歩みに立ち帰って往かれるその常行大悲の現行が仰がれてくるのでございましょう。

それでは続いて「中輩」の処を読誦いたします。

復次に阿難、若し善男子・善女人ありて、菩提心を発し、已に諸の禁戒を持し堅く守りて侵さず、有情を饒益して、所作の善根悉く之を施与して安楽を得しめ、西方の無量壽如来及び彼の国土を憶念せん。是の人命終せば、佛の如く色相種種に荘厳して寶刹の中に生じ、賢聖圍繞して、速に法を聞くことを得て、永く於阿耨多羅三藐三菩提を退転せず。

（解読）復次に阿難よ。宿善が時熟し、求道する男・女が、已に諸の禁戒を堅持し、生死いずべき路を抱えている人々に普く身に余まれる利益を施し、為せるところの善根を施し安楽得、西方の無量壽如来及び彼の国土（浄土）を憶念せるであろう。是の人が一生涯を終えんとする時（一生涯を通して）佛の如く色相が種種に荘厳され、僧伽に生まれ、周りには賢聖の人々が雲集される。そして速に聞法が始まり、永く無上正遍道を退転させない。

この『荘厳經』では、菩提心を発し、禁戒を堅持し、善根を施与して、無量壽如来と浄土を憶念するとの内実です。『魏訳』では、「上輩」は「家を捨て欲を棄てて沙門と作り」（聖・44頁）との出家の相で、「中輩」は「行じて沙門となりて大きに功徳を修すること能《あた》わずといえども」と。つまり出家せず在家生活のままという意でございます。まあ、「三輩」を通して、「菩提心を発し一向に専ら無量壽佛を念じ」・「無上菩提心を発し一向に専ら無量壽佛を念じ」・「当に無上菩提心を発して一向に意を専らにして、乃至十念、無量壽佛を念じて」と語られ、「願生彼国・願生其国」が呼びかけられます。そして、先にも申しあげましたが、「三輩」を通して「臨終に」・「命終せば」・「臨終に」と、一生涯の終焉の時という表現で、佛法との出遇い、主観の信の命終が説かれます。「修諸功徳」として積み上げたものが「時」を待って崩壊する、その問題が、課題化される訳でございます。

これは確か、宮城先生が御指摘されておられましたが、『無量壽經』異訳の二十四願經等では、胎生・化生の問題は、中・下輩の問題として語られ、上輩は解決ずみの問題であると。つまり、人間の宗教問題の一部、諸問題としての位置であり、『荘厳經』・三十六願經になるとそれが独立した問題、課題とされ、『如来会』・『魏訳』の四十八願經等になると全人の課題（信心獲得・主体確立）の課題として展開されてくるという趣旨の講義でございました。まあ、そんなことを憶念しながら、読誦してまいりましょう。「下輩」の処でございます。

復次に阿難、若し善男子・善女人ありて、十種の心を発さん。所謂、一には不偸盗、二には不殺生、三には不邪淫、四つには不妄言、五には不綺語、六には悪口、七には不両舌、八には不貪、九には不瞋、十には不癡なり。是の如く昼夜に極楽世界の無量壽佛の種種の功徳、種種の荘厳を思惟し、志心に帰依し頂禮し供養せん。是の人臨終に、驚かず怖れず、心顛倒せずして、

即ち彼の佛国土に往生することを得。無量無数の諸佛世尊ましまして、無量壽佛の功徳名号を称讃したまふ。是の法を聞き已りて、永く於阿耨多羅三藐三菩提を退せず。

（解読）復次に阿難よ。宿善が時熟し、求道する男女が、十種の心を発された。所謂、一つには盗みをしない。二つには殺さない。三つには邪な男女関係をむすばない。四つには嘘を言わない。五つには浮ついたことを云わない。六つには悪口を云わない。七つには両者に違ったことを云わない。八つには貪ぼらない。九つには瞋らない。十には愚癡らないという、身口意の三業を尽くして十善の心を発すことである。この様に極楽世界の無量壽佛の種種の功徳、種種の荘厳として思考し、志しのままに帰依し頂禮し供養することである。この人が一生涯を終えんとする時（一生涯を通して）、驚かず怖れず、心、顚倒せずして、即ちの時に浄土に往生することを得る。無量無数の諸佛世尊がおられ、無量壽佛の功徳なる名号を称讃される。その法を聞き（聞名）已りて、永く無上正遍道を退転させない。

この「下輩」では出家せず、様々な善行を積むことのできない人々の日常性が善行として語られております。まあ、廃悪修善の心、善人の立場で、十悪を「不」として否定するのでございましょう。善人の関係は許すが、悪人の関係は許さないという排他の社会でございましょう。善人の物差しだけの社会ですから、悪人は社会から許されず排斥される、そういう人間社会の問題を「下輩」の文に於て、特に提起してくる訳です。善人は居住権はあるが悪人は出ていけという「胎生」の社会が特に強調されております。

この『荘厳經』の「下輩」の最後に、「無量無数の諸佛世尊ましまして、無量壽佛の功徳名号を称讃したまふ」という言葉が語られます。これは諸佛称讃の十七願成就文でございましょう。そこに「是の法を聞き已りて、永く於阿耨多羅三藐三菩提を退せず」と結ばれている。「称名」の歴史が大地となり、われらに「聞法」を聞くという「聞名」が成り立ってくるのであろう。この「称名」と「聞名」の呼応が、善人主義の「胎生」の問題を浮き彫りにしてくるのでございましょう。まあ、『魏訳』では「若し深法を聞きて歓喜信楽せん。疑惑を生ぜず。乃至一念、かの佛を念じて至誠心をもってその国に生まれんと願ぜん」（聖・46頁）と語られます。聞法の歓喜が説かれ、「乃至一念」という憶念が始まってくる。人間からの「至誠心」ではなく、如来する、諸佛世尊の至誠心を通して、われらに「願生其国」（その国に生まれんと願ぜん）との「欲生心」成就として語られ、その事柄が「三輩」を一貫して「それ心を至してかの国に生まれんと願ずることあらん」・「それ心を至してかの国に生まれんと願ずることあらん」・「それ心を至してかの国に生まれんこと欲せんことあらん」との「至心に回向したまえり」との如来する回向が、「胎生」の問題を「十方世界の諸天人民」の国と社会の閉ざされし全人の課題として明らかにしてまいるのでございましょう。無量壽佛が人間社会の歴史と世界を照らし出して下さる、その法蔵菩薩の歩みが具体的に語りべされておるのでございましょうや。

佛説大乗無量壽荘厳經　巻中

巻下

第十六章　世尊と観自在菩薩との対話

それでは、今回は『巻下』の初めから読誦・諷誦してまいりましょう。

佛説大乘無量壽荘厳經　巻下

西天訳經三蔵朝散大夫試光禄卿明教大師臣法賢奉詔訳

復次に阿難、東方恒河沙数の佛刹の一一の刹の中に、無量無数の菩薩摩訶薩及び無量無数の声聞の衆ありて、諸の香花・幢幡・宝蓋を以て、持用して極楽世界の無量壽佛を供養せり。南方恒河沙数の佛刹の一一の刹の中にも、亦、無量無数の菩薩摩訶薩及び無量無数の声聞の衆ありて、諸の香花・幢幡・宝蓋を以て、持用して極楽世界の無量壽佛を供養せり。西方恒河沙数の世界の一一の佛刹にも、亦、無量無数の菩薩摩訶薩及び無量無数の声聞の衆ありて、諸の香花・幢幡・宝蓋を以て、持用して極楽世界の無量壽佛を供養せり。北方恒河沙数の佛刹の一一の佛刹にも、亦、無量無数の菩薩摩訶薩及び無量無数の声聞の衆ありて、諸の香花・幢幡・宝蓋を以て、持用して極楽世界の無量壽佛を供養せり。四維・上下も亦復、是の如し。各、佛足を禮し、佛土の功徳荘厳を称讃す。爾の時世尊、即ち頌を説きて曰はく。

東方世界恒河沙の　一一の刹の中の無数量の　菩薩・声聞勝心を発し　各、
香花・宝蓋等を以て
持して荘厳佛刹の中に　如来無量壽を供養したてまつる　供へ已りて礼足して
最上希有の大福田を称讃す
是の如く西南及び北方　四維・上下恒沙界の　声聞・菩薩の数も亦然なり
みな香花を以て供養を伸べ
禮足して旋遶して敬愛を懐く　復、如来の宿願深くして　功徳を積集して普
く無量無数の極楽国を荘厳したまふを讃ず
諸佛の国界厳飾なりと雖も　如来の宝刹の中には比べ難し　復、天花を以て
佛を供養すれば　花虚空に散じて傘蓋《さんがい》と為る
縦広量等しく百由旬なり　色相荘厳比あることなし　遍く如来刹の中に覆ひて
互に相慶慰しめ歓喜を生ず
曾て過去百千劫に　無量の衆の善根を積集し　彼の輪迴三有の身を捨て　今
解脱清の刹に至れり
爾の時彼の無量壽　他方の菩薩の心を化導して　密に神通を用て大光を化すれば
其の光、彼の面門により出で

三十六億那由他なり　普く倶胝千佛の刹を照らす　是の如きの人天を普く
照らし已りて即ち如来の頂髻《きち》の中に入る
時會の一切衆生　佛光の未曾有ならを敬歎し　各各に倶に菩提心を発す
願わくは　塵労を出でて彼の岸に登らん

（解読）

復次に阿難よ。東方恒沙の佛会の集いのそれぞれで、無量無数の菩薩と声聞の衆が香花と旗印と宝蓋を以て穢土の只中で働く無量壽佛を供養せられる。南方の恒沙の佛会の集いのそれぞれで、無量無数の菩薩と声聞の衆が香花と旗印と宝蓋を以て穢土の只中で働く無量壽佛を供養される。西方恒沙の佛会の集いのそれぞれで、無量無数の菩薩と声聞衆が香花と旗印と宝蓋を以て穢土の只中で働く無量壽佛を供養される。北方恒沙の佛会の集いのそれぞれで、無量無数の菩薩と声聞衆が香花と旗印と宝蓋を以て穢土の只中で働く無量壽佛を供養される。北東・南東・南西・北西、上・下も亦復、是のようである。各々、佛足を五体投地し、佛土たる浄土の功徳荘厳を称讃す。時、熟して世尊は、頌偈を謳われ、言された。

東方世界の恒沙の、それぞれの佛会の中に、無数無量の菩薩・声聞衆が無上の信心を発起せしめられ、各々、香花・宝蓋等を以て荘厳された佛会の中で無量壽如来を供養したてまつる。供養終わりて礼を作して去りにき。最上希有の大いなる僧伽を称讃す。

是の如く西・南・北、四維・上下恒沙界の声聞・菩薩衆も無量無数である。みな香花を以て供養讃嘆し、礼を作して行道して敬愛を表し、復、如来の誓願深劫にして、功徳が積集され、普く無量無数の極楽国として出会われ称讃す。

諸佛の世界は厳飾なる荘厳されども、如来の本願の会座は比べがたい。復、天界の花を以て佛を供養せば、その花は空に散じて如来の会座を覆い、縦と横の広さは百由旬にもおよぶ。色相の荘厳は比べものにならぬほどである。

遍く如来の会座を覆いて、互いに相い安らぎしめ、歓喜が生じることである。

曾て、過去百千劫の時に、無量の衆生の善根を積み集め、久しき輪迴三有の流転の身を捨てて、今、解放されし清浄なる僧伽に集う。

爾の時、彼の世界の無量壽佛は他方の菩薩の心を教化教導して、本願力を以て大光明を所照せば、其の光明は浄土の門より世に出でる。

その働きは、三十六億那由他の縁となり、普く無量無数の佛会を照らし出す。

是の如きの人天の世界を普く照らし已りて、即ち如来のたぶさ（もとどり）に入る。時の会する一切衆生、佛の光明の未曾有を敬歎し、各々、倶に菩提心を発起す。願はくは、塵労なる三界六道を出でて彼岸に到達せん。

東・南・西・北・四維・上下と十方世界の佛会にて、無量無数の菩薩・声聞衆が、香花・幢幡・宝蓋を以て無量壽佛を讃嘆供養される訳です。その供養の具体的な功徳の内容が、「香花」と「幢幡」と「宝蓋」です。大地の薫りと、旗印ですから建物の象徴でしょう。そして虚空の景色と。無量壽佛への讃嘆供養が荘厳《かたどり》をもって荘厳される訳です。佛土たる浄土の功徳として荘厳され称讃される訳です。佛会に会された無量無数の菩薩・声聞衆によって、浄土の生まれた人々によって「佛刹の一一の刹」と語られますように、国土が称讃される訳です。無量壽佛が供養されるという内容が、佛土の功徳荘厳として称讃され、味合われてくるという事でしょう。

ここに読みすぎかも知れませんが、諸佛・世尊、曽我先生のお言葉ですと、「釈迦以前の佛教」の世界と歴史が称讃されますから、「世尊」は頌偈せざるを得なくなるのでしょう。「爾の時、世尊、即ち頌を説きて曰く」ですから、諸佛・世尊の供養の大地が釈迦（世尊）・諸佛の称讃の歴史を生み出してくる出来事なのでございましょう。本願の会座に世尊も帰られ、十方世界の菩薩・声聞衆も阿弥陀の、無量壽佛の本願の会座に帰るのでございます。そして「東方偈」（往覲偈《おうごんげ》）が謳われてまいります。穢土に始まる歴史ですから、釈迦以後の仏教の歴史でございましょう。釈迦以前の地下の大地があり、地表に釈迦・諸佛の歴史として萌え出でてくるような歴史です。ですから、世尊は、自ら頌偈し解義せざるを得ないような「優婆提舎」が始まる訳です。それを『無量壽經優婆提舎願生偈』と申し上げる訳です。東・西・南・北、四維・上下の十方世界に、未来世一切衆生に始まってくるような出来事として「頌偈」されてくる。まあ、感極まって、釈迦（世尊）が自ら釈迦・諸佛の歴史と世界を懺悔・讃嘆・供養される訳でございます。何時も申し上げますが、この『荘厳經』は要点だけ翻訳されているようで、なかなか読みきれません。まあ、読みきれると思う方が間違いですけれども、要領を得ませんので、『魏訳』の「東方偈」（往覲偈）を読誦しておきたいと欲います。

東方諸佛の国、その数恒沙のごとし。かの土の菩薩衆、往《ゆ》いて無量覚を覲《み》たてまつる。南西北・四維・上下、またまた然なり。かの土の菩薩衆、往いて無量覚を覲たてまつる。一切のもろもろの菩薩、おのおの天の妙華・宝香・無価《むげ》の衣をもって、無量覚を供養したてまつる。咸然《げんねん》として天の楽を奏し、和雅《わげ》の音を暢発《ちょうほつ》して、最勝の尊を歌歎し、無量覚を供養したてまつる。神通と慧とを究達《きゅうだつ》して、深法門を遊入《ゆにゅう》し、功徳蔵を具足し、妙智等倫なし。慧日、世間を照らして、生死の雲を消除す。恭敬して繞ること三帀《さんそう》して、無上尊を稽首《けいしゅ》したてまつる。

かの厳浄の土の、微妙《みみょう》にして思議し難きを見て、因《よ》りて無上心を発して、我が国もまた然《しか》らんと願ず。時に応じて無量尊、容《みかお》を動かして欣笑《ごんしょう》を発し、口《みくち》より無数の光を出だして、遍く十方国を照らす。回《めぐ》る光、身を囲繞《いにょう》すること、三帀して頂《いただき》より入る。一切の天人衆、踊躍してみな歓喜せん。大士観世音、服《きもの》を整え稽首して問うて、佛に白さく、

「何に縁《よ》りてか笑《え》みたまえる。唯然《ただしか》なり。願わくは意《こころ》を説きたまえ。」

梵の声《みこえ》、雷を震《ふる》うがごとし。八音妙響《みょうこう》を暢《の》べて、

「当に菩薩に記を授《さず》くべし。今説かん、なんじ、諦《あきら》かに聴け。十方より来たれる正士、吾、ことごとくかの願を知る。厳浄の土を志求し、受決して当に作佛すべし。

一切の法は、猶し夢《む》・幻・響《こう》のごとしと覚了すれども、もろもろの妙願を満足して、必ずかくのごときの刹を成ぜん。

法は電影《でんよう》なりと知れども、菩薩の道究竟し、もろもろの功徳の本を具して、受決して当に作佛すべし。諸法の性《しょう》は、一切空無我なりと通達すれども、専ら浄佛土を求めて、必ずかくのごときの刹を成ぜん。」

諸佛、菩薩に告げて、安養を覲《み》せしむ。法を聞き楽しみて受行して、疾《と》く清浄の処を得よ。かの厳浄の国に至りなば、すなわち速やかに神通を得、必ず無量尊において、記を受けて等覚を成らん。

その佛の本願の力、名《みな》を聞きて往生せんと欲《ねが》えば、みな悉くかのかの国に到りて、自ずから不退転に致る。菩薩、至願を興《おこ》して、己が国も異なることなからんと願ず。普く一切を度せんと念いて、名、顕らかに十方に達せん。億の如来に奉事し、飛化して諸刹に遍じ、恭敬して歓喜して去《ゆ》いて、還りて安楽国に到らん。

それでは続きを読誦・諷誦してまいります。

爾の時世尊、此の偈の説き已りたまふに、会中に観自在菩薩あり、即ち座より起ちて合掌して佛に向ひて而是の言を作せり。

世尊、何の因縁を以てか無量壽佛、其の面門於り無量光を放ちて諸佛の刹を照らしたまふや。唯願はくは世尊、方便して解脱したまへ。諸の衆生及び他方の菩薩をして、是の語を聞き已りて希有の心を生じ、佛、菩提に於て志樂趣求して不退の位に入らしめん。

爾の時世尊、観自在菩薩に告げて言はく。汝、今諦《あきら》かに聴け、吾、汝が為に説かん。彼の佛如来、過去無量無邊阿僧祇劫の前に於て菩薩詑為りし時、大誓言を発したまへり。我、未来に於て正覚を成ぜん時、若し十方世界の無量の衆生ありて、我が名号を聞きて、或は頂礼し憶念し、或は称讃し帰依し、或は香花・供養等をせん。是の如きの衆生は、速に我が刹に生しめ、此の光明を見て即ち解脱を得ん。若し諸の菩薩、此の光明を見ば、即ち受記を得て不退の位を証し、手づから香花及び諸の供具を持しめ、十方世界無邊の浄刹に往いて諸佛を供養し、而佛事を作して功徳を増益し、須臾の間を経て復、本土に還り諸の快楽を受く。是の故に光明も而佛頂に入るなり。

（解読）

その時、世尊、「東方偈」を説き終わられた。その阿弥陀の会座に観自在菩薩がおられ、座より起ちて合掌され、世尊に是のごとき問われた。世尊よ。何の因縁を以てか、無量壽がその面門によりて無量光を放たれて諸佛の僧伽なる集いを照らされるのか。唯願わくは世尊よ。善行方便を以て解脱の道を示し給え。諸の衆生、及び他方の菩薩衆は、その教えを聞き已られて無上の信心を発起され、佛なる菩提心をもとに志樂趣求して不退の位に住せられんと。

時、成就して、世尊は観自在菩薩に告げて説かれた。汝、今、諦《あきら》かに聴け、今、時なり。彼の無量壽佛、過去無量無邊阿僧祇劫なる昔、菩薩たりし時、大誓願を発したまえり。「我、未来に於て正覚を成ぜん時」若し十方世界の無量の衆生が、我が名号を聞かれて、或は頂礼し憶念し、或は称讃し帰依し、或は香花・供養等をせられる。是の如きの衆生は、速やかに我が阿弥陀の会座なる僧伽に生ぜしめ、我が光明を蒙りて解脱の道を得られん。若し諸の菩薩が、我が光明を蒙れば、即ち佛の称讃を得て不退の位に住し、自ら香花・及び諸の供養の具を持用され、十方無邊の浄土聚会に往かれ、諸佛を供養され、佛事を集われ功徳を増上され、須臾の間を経て、復、本国に還来し諸の快楽を受けられる。是の故に光明も佛頂に入出される。

この『荘厳經』では、「東方偈」が「頌偈」されるとその会座に集われる観自在菩薩さまが世尊に、何の因縁を以てか無量壽佛が無量光を放って諸佛の集い（僧伽）を照らされるのかと問われます。『魏訳』では、「頌偈」の後、第二十二願の還相回向の趣旨が語られ、阿難の問いとして「かの二《ふたり》の菩薩、その号云何《ないかん》」と問われておられます。まあ、経典訳者の視点の違いなのか、原典の違いなのかわかりませんが、『荘厳經』では、世尊と観自在菩薩との対話として語りべされます。

「唯願わくは世尊、方便して解脱したまえ」との要請に応えて、時、熟して世尊は「汝、今、諦らかに聴け、吾、汝が為に説かん」と語り始められます。無量壽佛が「過去無量無邊阿僧祇劫の前に菩薩なりし時、大誓言を発したまへり」と、まあ、「不可思議兆載永劫において、菩薩の行を行じたまいし時」（聖・225頁）という法蔵菩薩の因位の物語です。「吾」と「我」と訳者は使い分けて表現されます。果得としての現在の「吾」でしょうし、「我」は、因位の願心の歩みに裏づけられた「われらなり」という主体なる課題でございます。ですから、未来世一切衆生の主体なる課題に見《まみ》えられてまいります。「未来に於て正覚を成ぜん時」という当来せし「五濁悪世」の時代の只中という事でしょう。その時の人が「若し十方世界に衆生ありて」と、「若し諸の菩薩」という対機でございます。衆生の方は「我が名号を聞きて」と、菩薩の方は「諸の菩薩、この光明を見れば」と。無量の衆生の方は「是の如き衆生は、速に我が刹に生しめ、此の光明を見て即ち解脱を得ん」と、浄土なる僧伽の世界に生まれ、光明を蒙ることを通して、生死いずべき一生涯を賜ると。菩薩の方は、「此の光明を見ば、即ち受記を得て、不退の位を証し」と、やはり光明を蒙る事を通して、受記ですから、佛からの証成でしょう。佛の印可でしょう。そして不退の位に住すと。自ずから香花・諸の供養の具を持受し、十方世界無邊の刹に往生し、諸佛を供養し、佛事のお手伝いをし、須《しゅ》臾《ゆ》の間に本土に還り諸の快楽を受けると。最後に「是の故に光明も、佛頂に入るなり」と、浄土なる働きが自らの往相なる課題と、穢土の只中での十方世界無邊の浄刹を現住所として共なる生活が始まるという往還の働きが「光明も佛頂に入る」との入出の二門の働きとして語りべされているようでございます。ここの箇所を読誦させていただくと、「信巻」の「真佛弟子」釈の引文を思い起こされることとでございます。

本願の第三十三願の「触光柔軟」願と、第三十四願の「聞名得忍」の願でございます。「十方無量・不可思議の諸佛世界の衆生の類」と。「我が光明を蒙《こうぶ》りて、その身に触れる者、身心柔軟にして人天に超過せん」との願文です。人間のみの尊厳ではなく、あらゆる衆生が本来の平等性として出会い直されてくることが始まってくる。「人天に超過せん」とのお言葉ですから、三界六道に超過する、六道に出でてるという事柄の内容が「身心柔軟」という内容として押さえられます。「人天を超過せん」ではなく、「人天に超過」という働きは還相回向の働きを指す訳でございましょう。そして第三十四願は、「十方無量・不可思議の諸佛世界の衆生の類」と。「我が名字」を聞きて、と、我が名字ですから、因位の働きです。その「我が名字を聞きて、菩薩の無生法忍・諸の深総持を得ずは」と。法蔵菩薩さまの因位の精神に触れて無生の生という、どんな境遇も生活する場所として、現住所として生きて往くという還相回向を物語る訳です。「深総持」というのは相続される歴史となって関わり続けて往く道となる、公道となる事でしょう。公道として今日ただ今、届けられてきた、相続・相応されてきた歴史の呼応です。まあ、『荘厳經』は、「我が名号を聞きてと」。『魏訳』は、「我が名字を聞いて」という、如来の願心の歩みが衆生の課題に見えて往く働きが智慧の働きとして値遇われておられますのでしょう。

第十七章　佛なる智慧と人間の知恵の分限

それでは「正宗分」・「往生因果」の「道樹・樂音荘厳」の処を読誦・諷誦してまいりましょう。

復、次に阿難、無量壽佛・応・正等覚の所有菩提の樹は、高さ一千六百由旬、四に布ける枝葉は八百由旬、根、土際に入ること五百由旬にして、花菓敷栄して無量百千の珍宝の色を作せり。其の樹上に於て、復、月光摩尼宝・帝釈摩尼宝・如意摩尼宝・持海摩尼宝・大緑宝・莎悉帝迦宝・愛宝瓔珞・大緑宝瓔珞・紅真珠瓔珞・青真珠瓔珞・及び金銀宝網等を以て種種に荘厳せり。

復、次に阿難、於辰時毎に香風自起りて此の宝樹を吹く。樹相敦触して微妙の音を出し、其の声普く無量の世界に聞ゆ。衆生聞く者は、其の耳病なく、乃至、阿耨多羅三藐三菩提を成就す。

若し衆生ありて此の樹を見る者は、乃至、成佛まで、其の中間に於て眼病を生ぜず。若し衆生ありて、樹の香を聞く者は、乃至成佛まで、其の中間に於て鼻病を生ぜず。若し衆生ありて此の樹菓を食する者は、乃至成佛まで、其の中間に於て舌病なし。若し衆生ありて樹の光に照らさるるには、乃至成佛まで、其の中間に於て亦病なし。若し衆生ありて樹を観想するは、乃至成佛まで、其の中間に於て心清浄なることを得て貪等の煩悩の病を遠離す。佛、阿難に告げたまはく。是の如く佛刹の花菓樹木、諸の衆生の而佛事を作すこと、みな是彼の佛の過去の大願を攝受したまふ所なり。

（解読）復次に阿難よ。無量壽佛・応・正等覚の象徴である菩提樹は、高さ千六百由旬であり、四方の広がりの枝葉は八百由旬である。その根は土壌の中に五百由旬張っている。花菓は一面に盛りにて無量百千の珍宝の色を花っている。その樹木の上には、復、月光摩尼宝・帝釈摩尼宝・如意摩尼宝・持海摩尼宝・大緑宝・莎悉帝迦宝・愛宝瓔珞・大緑瓔珞・紅真珠瓔珞・青真珠瓔珞、および金銀宝網等を以て種種に飾られている。

復、次に阿難よ。毎朝、香風が自然に舞い上がりこれらの宝樹吹く。樹々は触れ合い微妙の音を奏で、その妙声は普ねく無量の世界に響く。衆生のその音を聞く者は聞きあやまることなく、乃至、無上正真道を成就する。若し衆生ありて此の樹を見る者は、佛道を歩むに於て見あやまれることはない。若し衆生ありて樹の香を薫ずる者は、佛道を歩むに於て嗅ぎあやまることがない。若し衆生ありて此の樹菓を食する者は、佛道を歩むに於て味合いあやまることがない。若し衆生ありて樹の光に照らされれば、佛道を歩むに於て退転がない。若し衆生ありて樹を観想する者は、佛道を歩むに於て心清浄であり、貪り等の煩悩の病に侵されることはない。

佛、阿難に告げたまはく。是の如く佛会を荘厳する花・菓・樹木は、諸の衆生が、佛事に集うことは、みな彼の過去佛方の大願が攝受したまうところである。

この『荘厳經』の「科文」では「正宗分」・「往生因果」・「道樹・樂音荘厳」の処でございます。『魏訳』では浄土(極楽)荘厳が国土の功徳として「宝樹・伎楽・講堂・宝池」等、丁寧に語りべされますが、『荘厳經』ではまとめて「樹・音」で顕しております。訳者の趣意なのか分かりかねますが諷誦してまいりましょう。まず、無量壽佛・応・正覚との佛の十号の名で菩提の樹が説かれます。菩提樹という樹木を通して「菩提」という意が象徴されます。梵語を、インドの言葉を漢民族が翻訳される時の味合いです。色んな時代・宗教・文化の地上の思想・宗教文化の制約がある中で、「普く諸の衆生と共に」という、誰でも思い出し味合われてきたという大地がある訳です。そこが翻訳の困難さでございましょう。単に原語通りでもなく、知識・概念でもありません。まあ、本願成就の機(人)を通して思い出され頷かれてきた御約束事ですから、味合いが、主観的な思いは無量雑多です。主観を立てた思考に、主体の変革を呼び帰し・翻す出来事であります。言葉を超えた働きを限定された言葉で仮に表す訳ですから、存在そのものの課題が顕れているなどとは誰も思わん訳ですから、やっかいな作業でございましょう。「無量壽經優婆提舍」と曇鸞大師はいただかれ、法然聖人は「三經一論」の事業、それも浄土からの、如来する事業であると仰る訳です。佛さまの御用を人間が御用と考えるのですから、そこに自ずと如来と衆生の分限が明かされませんと、人間の考えた宗教心なのか。人間そのものが問われてくるような出来事なのかが混乱し、愈々、不透明になる訳でございます。まあ、余談ですが。

『經典』に戻りまして、その菩提の樹の高さが一千六百由旬、枝葉の広がりが八百由旬、根が五百由旬と語られます。まあ、13・4キロかける1600ですから、高さが二万キロ以上、枝葉の広がりは一万キロ以上、根の深さは七千キロですから、想像の数値です。まあ、背高のっぽのとてつもない大きさということでしょう。実数の認識でなく、とてつもない大菩提心に譬えられる訳です。その菩提心が想い出されてくる味合いが、「花・菓」等に譬えられ、無量百千の珍宝の色合いだと言われる訳です。その樹の上には、月光摩尼宝・帝釈摩尼宝・如意摩尼宝・持海摩尼宝・大緑宝・莎悉帝迦宝・愛宝瓔珞・大緑宝瓔珞・紅真珠瓔珞・青真珠瓔珞、及び金・銀宝網らの宝で飾られているると語られます。まあ、クリスマスツリーのような実体的な光景ではなく、菩提心の内容として憶念されてくる人々の輝きの派生が譬えられております。

次に復、阿難よと呼びかけられます。毎朝早朝、香風が自然に起こりて、宝樹に吹き上げると、樹々が触れ合い微妙の音色が奏でられ、その声は普ねく無量の世界に聞こえてくる。届けられるという事です。そしてその音を聞く者は、誰にでもその音は聞きとられ、無上正真道を歩ましめられると。音色を聞く者、樹を見る者、樹の香を聞く者、樹菓を食する者、樹の光に照らされる者、樹を観想する者は心が清浄になり、貪欲等の煩悩の深い病から解放されると。五根の耳・眼・鼻・舌・身の働き、そして六識の働きが語られ、煩悩の病からの解放が説かれます。そして佛は復、阿難に告げられます。佛刹ですから、佛会の花・菓・樹木、そして諸の衆生が佛会に集う事柄が、過去の佛の大願を接受したまうという宿善として語られております。宿されたる時が、今を待って成就しているのだという宿縁観、御遠忌として現来してくるというのでございます。

それでは続いて読誦・諷誦いたします。

復、次に阿難、彼の佛刹の中の所有現在及び未来に生ずる一切の菩薩摩訶薩をして、一生に阿耨多羅三藐三菩提を得しむ。若し菩薩ありて、宿願を以ての故に、生死海に入りて、師子吼を作し有情を利益せんには、我意に随ひて而も佛事を作す。

復、次に阿難、彼の佛刹の中の一切の菩薩及び諸の声聞は、身相端厳に円光熾盛にして、周迴照耀すること百千由旬なり。二の菩薩あり、身光遠く三千大千世界を照らす。

阿難白して言さく。此の二菩薩、大身光あり、其の名云何。

佛、阿難に告げたまはく。二菩薩とは、一をば観自在と名け、二をば大精進と名く。現に此の

界に居して大利樂を作し、命終の後、當に彼の国に生ずべし。

（解読）復、次に阿難よ。彼の佛会の中の所有なる存在、現在と未来に生まれる一切の菩薩方をして一生補処を究竟することを得る。若し菩薩がおられて、宿されたる宿善の故に生死海に還来せられ、説法獅子吼され、有情と共に生活される。それは誓願に随われ佛事をなされる個とある。

復、次に阿難よ。彼の佛会に集う一切の菩薩及び声聞衆は、身相端厳にして円光熾盛に、周く百千由旬の広がりを照らし輝けさせる。二人の菩薩がおられる。その身光は遠く三千大千世界を照らされる。

阿難、佛に白して言される。此の二菩薩は大身光を放っておられる。其の名は何と申されるのかと。

佛、阿難に告げられた。二菩薩さまとは、一人は観自在と名づけられ、もう一方は大精進と名づけられている。現にこの穢土の只中で大利樂を味合われ、命終された後は、当に彼の世界・浄土にお帰りになられる。

ここは第二十二願の還相回向の願が語られております内容です。『魏訳』でございますなら、「科文」75番（聖・51頁）の「かの菩薩は、みな当に一生補処を究竟すべし。その本願、衆生のためのゆえに、弘誓の功徳をもって自ら荘厳し、普く一切衆生を度脱せんと欲わんをば除く」との処です。まあ、この二十二願の内容は佛道が菩薩道に展開する分水嶺でございましょう。成佛の道を求めていた者が、時熟して菩薩道に生まれ往く出立ちを賜る訳です。呼応する信心の内容です。親鸞さま一人の事業でない。法然聖人一人の事業でない。法然・親鸞という呼応が醸し出す事業、佛事でございます。法然聖人は衆生に向かっておられた。つまり、世に出でて下さっておられるご生涯であったと思い出します時、親鸞さまの一生涯が成佛道として定まる訳です。親鸞さまが成佛道を卒業して、今度は、未来世一切衆生の救済の菩薩道に転換なさるのではないのです。まあ、だいたい、法然聖人との出遇い、そして越後・関東の人々の出逢いとし、そう語られています。そうじゃないんでしょう。五濁悪世に出でて下さる還相回向の働きは、法然聖人のご一生涯と思いだした時、親鸞さまの一生涯が浄土への帰国として成就する訳です。そういう相応であり、呼応です。例えば、安田先生（展開する本願）の命終を受けて、藤元先生（呼応の本願）が始まります。まあ、安田先生・藤元先生に限定する必要もありませんが、「良《まこと》に勧めすでに恒沙の勧めならば、信も、亦、恒沙の信なり。故《かるがゆえ》に「甚難」と言えるなり」（聖・345頁）という佛事でしょう。「我意に随ひて而も佛事を作す」という事はそういう意でないかと欲われます。特にこの『荘厳經』では、「彼の佛刹の中の所有現在及び未来に生ずる一切の菩薩摩訶薩をして」と、佛会に集う現在・未来の菩提心に呼応する願心が語られております。

次に、復、阿難よと呼びかけられます。彼の佛会の中の一切の菩薩・諸声聞は、身相端厳にして、円光熾盛にして、周廻照耀すること百千由旬と説かれます。身の相の端厳さが光輝いていると。まあ、「熾盛」という表現ですから、光炎王なる働きを顕しますのでしょう。『魏訳』では、声聞衆の身光は一尋であり、菩薩の光明は百由旬を照らすと語りべされます。そして、二《ふたり》の菩薩がおられ、その身光は遠く三千大千世界を照らすと語られます。

そして、阿難が佛に問われます。此の菩薩は、大身光を放っておられるが、その名は何と云われるのかと。

佛は告げられます。一《ひとり》をば「観自在」と名づけ、二《ふたり》をば「大精進」と名づくと。まあ、「観世音」と「大勢至」でございます。吾人は、この「観世音」は地下の誓願なる願心が彰され、「大勢至」は地上に萌芽した念佛のご縁としていただきますが、「観自在」という働きは衆生の「自由」という観察に随順する働きが「観自在」と味合われてくる。衆生が主語ではなく、無量壽佛が主体として語られているのではないかと思われます。さすれば「大精進」との意は、衆生の実践行に呼びかける、念佛の智慧の働きでございましょう。「仮令の誓願」・「果遂の誓い」が地上と地下で呼応する。大地を失い、主体と使命を忘却する衆生に関わる浄土の門番であると邪推するものであります。

そして「現に此の界に居して大利樂を作し、命終の後、當に彼の国に生ずべし」と語られます。娑婆の此の界に居すというのですから、「五濁悪世」の現実に向き合い、現住所として御用を勤められる、先の「宿願を以ての故に、生死界に入りて、師子吼を作し有情を利益」するという同じ意が重ねて説かれる訳です。ですから、この「命終」は、果てし遂げて浄土に還来されるという意と、もう一つは菩薩の回心を顕すのでないかとも推察されます。所謂、「従因向果」の菩薩さまが、本願の会座を通して「従果向因」の菩薩として浄土への旅路を果たし遂げて往かれる。まあ、云えば、火摘の譬えにも述べられますが、「その身を後にして、身を先にするをもってのゆえに、方便と名づく」（聖・293頁）と。先に申し上げましたように、還相回向の徳を果たし遂げて自らの「願生彼国」が浄土に還来なさる訳でございましょう。誓願に死して自己を成就なさる、われら凡愚は「信に死して願に生きよ」と促されるのでございます。

続いて読誦・諷誦いたしましょう。

復、次に阿難、彼の佛刹の中の一切の菩薩は、容貌柔和にして相好具足せり。禅定・智慧、通達無礙にして、神通・威徳、円満せずということなし。深く法門に入りて無生忍を得。諸佛の秘蔵に究竟して明了に諸根を調伏し、身心柔軟にして寂静大乗涅槃に安住し、深く正慧に入りて復余習なし。佛の所行の七覚聖道に依て修行して、五眼眞を照らし俗に達す。辯才總持して自在無礙なり。善く世間無邊の方便を解し、言ふ所誠諦にして深く義味に入り、諸の有情を度して正法を演説し、三界平等にして諸の分別を離れ、無相・無為・無因・無果・無取・無捨・無縛・無脱にして顛倒《てんとう》を遠離《おんり》す。堅固にして動ぜざることは須弥山の如く、智慧明了なることは日月の朗かなるが如し、広大な

ることは海の如くにして功徳の宝を出す。熾盛なることは火の如くにして煩悩の薪を焼き、忍辱なることは地の如くにして一切平等なり。清浄なることは水の如く諸の塵垢を洗ふ。虚空の無邊なるが如し、一切に障られざるが故に。蓮花の水を出づるが如し、一切の染を離るるが故に。雷震の響くが如し、法音を出すが故に。雲の靉靆《あいたい》するが如し、法雨を降らすが故に。風の樹を動かすが如し、菩提の芽を発くが故に。牛王の声の如し、衆牛に異なるが故に。龍象の威の如し、測るべきこと難きが故に。良馬の行くが如し、乗るに失なきが故に。師子の坐するが如し、怖畏を離るるが故に。尼拘樹の如し、覆蔭大なるが故に。須弥山の如し、八風に動ぜざるが故に。金剛の杵《つち》の如し、邪山に破るが故に。梵王の身の如し、梵衆を生ずるが故に。金翅鳥の如し、毒龍を食するが故に。空中の禽《とり》の如し、住処なきが故に。慈氏の如し、法界を観ずること等しきが故に。是の如きの菩薩、佛刹に遍満して、法螺を吹き法幢を豎て、法鼓を撃ち、法灯を然し、過を離れて清浄にして迷なく失なし。手中より花鬘《かんざし》・瓔珞・塗香・末香、一切の供具を出生して、持して百千倶胝那由他の佛刹に往いて諸佛を供養し、復、手中於り別に宝花を出して、虚空の中に散ずれば、化として宝蓋と成りて、広さ十由旬、或は二十由旬、乃至百千由旬にして、諸の佛刹に遍ず。須臾の間を経て本国に還来して、無愛・無著・無取・無捨にして、身心寂静なり。

佛、阿難に告げたまはく。此の諸の菩薩は、我が土五濁の所にあること百千倶胝那を経て説くとも盡くすことあたはず。

（解読）

復、次に阿難よ。浄土の集いの中の一切の菩薩は、容貌は柔和にして相好は具足しておられる。禅定・智慧は無礙なるにして神通・威徳は円満であり、深く法門に入りて無生法忍を得。諸佛の法蔵に究竟して諸根を調伏し、身心柔軟にして、大涅槃に住し、深く智慧に入りて拘《こだわ》ることがない。佛の七覚分（憶念・択法・精進・楽喜・軽安・定心・捨心）を修行して五眼、真俗に照達す。弁才、自在無礙なり。善く世間の方便を解し、言語は深く義味に入り、諸の有情を度して正法を演説する。諸の分別を離れ、無相・無為・無因・無果・無取・無捨・無縛・無脱にして顛倒から繋縛されない。

堅固にして動ぜざるは須弥山の如く、智慧明了なることは日月の光の如し、広大なること海の如く功徳の宝を出だしてくる。熾盛なること火の如くして、煩悩を焼き尽くし、忍辱なること地の如く、一切平等なり。清浄なること水の如く、塵労もろもろの垢染を洗除するが故に。虚空の無邊なるが如し、一切に障られざるが故に。蓮花の水を出づるが如し、一切の染まることより解放され往くが故である。雷震の響くが如し、法音を出だすが故に。雲が覆いて、法雨を降らすが故である。風が樹木を吹くが如し、菩提の芽を息吹かせるが故に。牛王の声の如し、能く勝つものなきが故に。龍象の威力の如し、測るべきことが難の故に。良馬が走るが如し、乗馬しても何の不足もない故に。獅子が居るが如し、畏るるところなきが故に。尼拘樹の如し、普ねく一切を覆うが故に。須弥山の如し、八風（利・衰・毀・誉・称・譏・苦・楽の人の心を動かす風）動ぜざるが故に。金剛杵の如し、邪山に破るが故に。梵王の身の如し、諸の善法において最上首なるが故に。金翅鳥の如し、外道を威伏するが故に。空中の禽《とり》の如し、蔵積するところなきが故に。慈氏の如し、法界を観ずること等しきが故に。是の如き菩薩は、佛会に遍満され、法螺を吹き法幢（旗）を建て、法鼓を撃《たた》き、法灯を然し、過苦を離れて清浄にして迷いなく失もない。手中より花鬘《かんざし》・瓔珞・塗香・末香、一切の供養の具を出だし、それらを具して百千倶胝那由他なる広大な佛会に往いて諸佛を供養す。

復、手中より宝花を出だし空中に散華すれば、変化して宝蓋となり、広さ十由旬、乃至百千由旬にして諸の佛会に遍ず。須臾の間に本国に還来し、無愛・無著・無取・無捨にして、身心寂静である。

佛、阿難に告げたまはく。此の諸の菩薩は、我が国土、五濁悪世に住持すること百千倶胝劫をもって説くとも説き尽くすことができないような事柄なのである。

浄土なる佛会の菩薩方の相好が語られ、さとりの智慧をたすける七種の行法が述べられ、五眼（肉眼・天眼・法眼・慧眼・佛眼）が真・俗を照らし出します。自在無礙なる弁才を以て衆生の煩悩の患《うれ》えを除滅し、善く世間無邊の方便を理解し、如より来生する法の義味を味わい、諸の有情を度し、正法を演説す。一切の法はみな悉く寂滅なりと知りて、顛倒の迷失を遠離すと。まあ、『魏訳』の「科文」85〜86番の処です（聖・54頁）。照応すると少し意味が通ずるようですがお手上げでございます。

「智慧」と「三昧」と「慧光」の働きが「何々の如し」と譬えられます。『魏訳』でございますと、「科文」86番が「自利徳」、87番からは「利他徳」（聖・55頁）として分けられておりますが、分かりかねます。この『荘厳經』では、堅固の働きが「須弥山の如く」に始まり、法界を観ずることが「慈氏の如し」と譬えられます。『魏訳』では、智慧が「大海の如し」から、大慈が等しきことが「虚空の如し」と展開しております。まあ、読誦していただければ良いかと思われます。

この「如し」で思い出しますのは、亡くなられた宮城先生が、AとBとイコール、AとBと同じという意ではなく、佛の世界と衆生の世界の分限が顕されることなどだと。例えられますから、同じように思うけれども、決してそうではなく「己が能が思量されてくる」そのことが確かめられないと、単に知性の事柄になると。智慧なる働きに出会うた時は、人間の知恵でしかない分限が明かされてくる。そういう「機と法」との出遇い、「機と教」との分限の自覚せしめられることだと趣旨を語られていたことを思い出します。「称名」と「聞名」も、諸佛の御用と、人間の立場の御用が所照されてくる自覚の信であると云われる訳です。佛会に集う菩薩方が法螺・法幢・法鼓・法灯を以て清浄なる働きが顕され、一切の供具をもって諸佛を供養され、散華を以て宝蓋となり、佛会の荘厳が遍ぜられる。

時を待たず、浄土に還られ無愛・無著・無取・無捨との三昧門を通して身心寂静の世界に帰られる。声聞・縁覚の地を遠離されると。そして最後に、菩薩の無量の功徳を説くことは、百千倶胝劫に窮尽《ぐじん》すること能《あた》わじと語られております。

第十八章　諸佛の御用・凡夫の御用

それでは続いて読誦・諷誦してまいりましょう。

佛、阿難に告げたまはく。吾が今の此土の所有菩薩摩訶薩は、已に曾《かっ》て無量の諸佛を供養し、衆の徳本を植えたり。命終の後、みな於極楽世界に生ずることを得ん。阿難、汝、起ちて合掌して西に面して頂礼《ちょうらい》せよ。爾の時、阿難、即ち座より起ちて合掌し、西に面して頂礼する間に、忽然《こつねん》として極楽世界の無量壽佛を見たてまつるを得たり。容顏広大にして色相端厳なること黄金山の如し。又、十方世界の諸佛如来の無量壽佛の種種の功徳を称揚し讃歎したまふを聞けり。

阿難白して言さく。彼の佛の浄刹、未曾有《みぞう》を得たり、我亦彼の土に生ぜんと願樂す。

世尊、告げて言はく。其の中に生ずるには、菩薩摩訶薩も、已に曾て無量の諸佛に親近して衆

の徳本を植えたり。汝、彼に生ぜんと欲せば、當に一心に帰依し瞻仰《せんごう》すべしと。是の語を作す時、無量壽佛、手掌の中に於り無量の光を放ちて、于東方百千倶胝那由旬の佛刹を照らしたまふ。此に於て世界の所有黒山・雪山・金山・宝山・目眞隣陁山・摩訶目眞隣陁山・須弥山・鉄圍山・大鉄圍山・大海・江河・叢林・樹木、及び天人の宮殿、一切の境界、照見せずといふことなし。

譬へば、日の出でて、明かに世間を照らすが、亦復、是の如し。爾の時、会中に、苾芻《しんしゅ》・苾芻尼・優婆塞・優婆夷・天・龍・薬叉・乾闥婆・阿修羅・迦楼羅・緊那羅・摩睺羅伽・人・非人等、みな極楽世界の種種の荘厳を見、及び無量壽佛を見あげたてまつるに、声聞・菩薩、圍繞し恭敬して、譬へば、須弥山王の于《う》大海に出づるが如し。爾の時、極楽世界は、於西方百千倶胝那由他の国を過ぎたれども、佛の威力を以て目前に対するが如し。又、彼の土を見るに、清浄平正なること、譬へば、海面の如し、丘陵・山嶮・草木・雑穢あることなし。唯、是衆宝をもて荘厳し、聖賢共に住せり。

復、次に阿難、又、彼の無量壽佛、諸の菩薩・声聞と、亦、みな我が身及び娑婆世界の菩薩・声聞・人・天の衆を見ることを得たり。

（解読）佛、阿難に告げたまはく。浄土を出でて穢土に生きる菩薩方は、過去世より已に無量の諸佛を供養し、菩薩の果たし遂げる御用を終えられ、みな浄土に帰って往かれる。

阿難よ。汝、起ちて合掌し西を尋ねて頂礼せよ。

爾の時、阿難、座より起ちて合掌し西を頂礼すると、極楽世界の無量壽佛に見《まみ》えることを得る。容顔広大にして色相は端厳なること黄金の山のようである。又、十方世界の諸佛如来方が、無量壽佛の種種の功徳を称揚し讃嘆する称名を聞名す。

阿難が佛に白して言された。彼の浄土の集いは未曾有な出来事であり、我れも亦、彼の土に生まれんと願楽す。

世尊は告げて言はれた。その浄土に生まれるには、菩薩摩訶薩方も、過去に已に無量の諸佛に親近して諸の徳本を植えられた。汝、彼の国に生ぜんと欲せば、當に一心に帰依し瞻仰すべし。是の語を作す時、無量壽佛、手中の中に無量の光を放ちて、東方百千倶胝那由他の佛会を照らさざるということなし。

譬へば、日が出でて、明らかに世間を照らすように、亦復、この様である。佛会に集う苾芻（比丘）・比丘尼・優婆塞・優婆夷・天・龍・薬叉（人を害する鬼神）・乾闥婆（帝釈天の音楽を司る神）・阿修羅（インドラ神（帝釈天）など天上の神々に戦いを挑む悪神）・迦楼羅・緊那羅（疑人、疑神、人非人と訳す。歌舞音楽の神）・摩睺羅伽（大腹行、大蟒神と訳する。うわばみ。佛法を守護する鬼神の一種）・人・非人等、みな極楽世界の種種の飾りを見、無量壽如来を見たてまつるに、声聞・菩薩、圍繞し恭敬せる。譬へば、須弥山王の大海に出ずるようなものである。爾の時、極楽世界は、西方百千倶胝那由他の国を過ぎれども、佛の威神力で目の前におられるようである。又、浄土を見るに、清浄であり、平正なること、譬へば、海面のようであり、丘陵・山嶮・草木・雑穢あることがない。唯、衆宝を以て飾りとし、聖賢共に住民である。復、次に阿難よ。又、無量壽佛、諸の菩薩・声聞の衆は、みな無量壽佛の身及び娑婆世界の菩薩・声聞・人・天の衆を見ることを得るのである。

ここの箇所は、『魏訳』の「智慧段」の内容、「科文」で申し上げれば、114・115・116・117番（聖・79・80頁）でございます。最初に、「已曾て」と、此の土（五濁の世）に住される前に無量の諸佛を供養し、衆の徳本ですから「我が名字を聞きて」という「聞我名字」でございましょう。菩薩の御用を果たし遂げられ浄土に還帰されたと語られます。その点が『魏訳』の語りべと違います。そして、阿難に佛は呼びかけられます。「阿難よ。汝、起ちて合掌して西に面して頂礼せよ」と。ここでは如来の「汝、一心に正念にして直ちに来たれ」という招喚の呼び声でしょう。喚び帰され呼応する。呼びかけられ、応答するものでしょう。「阿難、汝、起ちて合掌して西に面して頂礼せよ」と喚び帰され、「爾の時」と時が成就する訳です。まあ、ご存知のように、『無量壽經』には、二回、阿難は起ちあがらざるを得ない時が語られます。『大經和讃』に「尊者阿難座よりたち、世尊の威光を瞻仰し、生希有心《しょうけうしん》とおどろかし、未曾見《みぞけん》とぞあやしみし」（聖・483頁）と詠われます。聞法のご縁が時熟して、聞法の意欲が発芽したのでしょう。そういう語りべが、「下巻」の往生なる課題の物語では、時熟として、亦復、「汝、起ちて」と喚びかけられます。『和讃』に戻りますと、誓願が「不果遂者と願じける」・「果遂の願によりてこそ」・「果遂のちかいに帰してこそ」と、「果遂の誓願」なる歩みが面々と届けられております。まあ、この具体的な事柄が、この二回目の「阿難、汝、起ちて合掌して西に面し頂礼せよ」との招喚の声でしょう。一回目の呼び声は「諸佛釈迦」としての「発遣の声」でしょう。ここに、「釈迦・弥陀は慈悲の父母、種種に善巧方便し、われら無上の信心を発起せしめたまえけり」という、招喚・発遣の声が、真実教として、真実そのものが成就している内容なのでございましょう。「爾の時」というのは「即得」という、「「即」の言は、願力を聞くに由って、報土の真因決定する時剋の極促を光闡《せん》せるなり」（聖・178頁）でございましょう。「阿難、即ち座より起ちて合掌し、西に面して頂礼する間に、忽然として極楽世界の無量壽佛を見たてまつるを得たり」との「見佛」が成就するのでございます。そこに「容顔広大にして色相端厳なること黄金山の如し」と、如来の「光顔巍巍」たる讃嘆と、「又、十方世界の諸佛如来の無量壽佛の種種の功徳を称揚し讃歎したまふを聞けり」という「聞其名号」が「聞名」されて語られております。

そして、阿難が佛に白されて言上されます。「彼の佛の浄刹、未曾有を得たり、我亦彼の土に生ぜんと願樂す」と。無量壽佛の佛会が、浄土聚会として、今、開放されていることが、未曾有の事柄であり、阿難の中に無上の信心として「願樂生彼土」が往生なる意欲として発起せしめたまえてくるのでございます。

この後の語りべは、「世尊、告げて言はく」と、無量壽佛の佛会に集う、「今みなまた会して、これ共にあい値《あ》えるなり」（聖・159頁）との意義でございましょう。それが先ほど申し上げました「已に曾て」という辞でございます。菩薩摩訶薩が無量の諸佛の加勧を通して、衆の徳本、本願名号を植樹された訳です。そこに「汝、彼に生ぜんと欲せば」という「願樂欲聞」が始まり、「當に一心に帰依し瞻仰すべしと」という諸佛世尊の加勧でございましょう、真実教なる発遣の勧めです。そこに「是の語を作す時」という時熟に呼応して「無量壽佛、手掌の中に於り無量の光を放ちて、于東方百千倶胝那由他の佛刹を照らしたまふ」との、無量壽如来の集いとして照らし出されてまいります。まあ、二尊教の骨頂でございましょうや。親鸞さまは、「十方無量不可思議の諸佛世界の衆生の類」に、諸有衆生の「教育基本法」を宣布されます。「夫れ、真実教を顕《あらわ》さば、則ち大無量壽經これなり。斯の經の大意は、弥陀、誓いを超発して、広く法蔵を開きて、凡小を哀れみて、選て功徳の宝を施することをいたす。釈迦、世に出興して、道教を光闡して、群萠を拯い、恵むに真実の利をもってせんと欲《おぼ》してなり」（聖・152頁）と、「教巻」に二尊教として弘宣される訳でございましょう。『魏訳』を抜きましても、「汝」と喚び帰され、諸佛の讃嘆を通して、無量壽佛を礼したてまつりて「世尊、願わくは、彼の佛・安楽国土及び諸の菩薩・声聞大衆を見たてまつらん」（聖・79頁）との阿難の請いに呼応され、応答されて「即時」（すなわちの時に）「無量壽佛、大光明を放ちて普ねく一切諸佛の世界を照らしたまう」と本願成就会座が開放されております。所照の会座でありますから、自ずと所照の自覚がもたらされます。

そこに照らし出された一切の諸佛の世界として、所有黒山・雪山・金山・宝山・目眞隣陁山・摩訶目眞隣陁山・須弥山・鉄圍山・大鉄圍山・大海・江河・叢林・樹木、及び天人の宮殿との一切の境界が照らし出されてまいります。その事柄が三つの譬えとして語られております。一つは、太陽が世間を照らす如しと。阿弥陀の会座の比丘・比丘尼・天・龍・薬叉・乾闥婆・阿修羅・迦楼羅・緊那羅・摩睺羅伽・人・非人等らがみな極楽世界の種種の荘厳を見、及び無量壽佛を見たてまつれば声聞・菩薩は圍繞して恭敬すると。二つめは、須弥山王の大海に出づるが如しと。爾の時、極楽世界は西方百千倶胝那由他の国を過ぎるような遠い遠い処であるが佛の威神力で目の前に当来するが如しと。三つめは、彼の浄土を見るに清浄・平正なる海面の如しと。丘陵・山嶮・草木・雑穢がなく、唯、衆宝を以て荘厳され、聖賢共々に住民として暮らしておられると。そして、復、阿難に呼びかけられ、彼の無量壽佛と諸の菩薩・声聞衆、亦、みなが我が身を深信せしめられ、佛縁のない娑婆世界の人・天の衆に見えて往くと。

それでは続いて読誦・諷誦してまいります。

爾の時、世尊、慈氏菩薩に告げて言はく。汝、極楽世界の功徳荘厳、宮殿・楼閣・台観・流泉・浴池を見しやいなや。慈氏、汝、欲界諸天の上より色究竟天に至るまで、種種の香花を雨らし、佛刹に遍満して荘厳を作すを見しやいなや。菩薩・声聞浄行の衆、而、佛声を作し妙法を演説して、一切の佛刹みな声を聞くことを得て、利樂を獲るを見しやいなや。汝、百千倶胝の衆生、

虚空に游処して宮殿身に随ふを見しやいなや。

慈氏菩薩、佛に白して言さく。世尊、佛の所説の如く一一にみな見たり。

慈氏白して言さく。云何ぞ、此の界の一類の衆生、亦、善を修すと雖も而生ずることを求めざるや。

佛、慈氏に告げたまはく。此等の衆生は、智慧微浅にして、西方は天界に及ばずと分別せり。是を以て非樂として彼に生ぜんことを求めざるなり。

慈氏白して言さく。此等の衆生、虚妄分別して佛刹を求めず、何ぞ輪廻を免れん。

佛、慈氏に言はく。極楽国中に胎生ありやいなや。

慈氏白して言さく。いな也。世尊、其の中に生ずるは、譬へば、欲界の諸天の五百由旬の宮殿に居して、自在に遊戯するが如し、何ぞ胎生あらん。世尊、此の界の衆生は、何の因、何の縁によりてか而胎生に処する。

佛、慈氏に言はく。此等の衆生の種うる処の善根は、相を離るることあたはず、佛慧を求めず、分別を生じて、深く世樂人間の福報に著す。是の故に胎生なり。若し衆生ありて、無相の智慧を以て衆の徳本を植え、身心清浄にして分別を遠離し、浄刹に生ぜんことを求めて、佛菩提に趣かば、是の人命終刹那の間に、佛の浄土に於て宝蓮花に坐し身相具足せん。何ぞ胎生あらん。

慈氏、汝、愚癡の人を見よ、善根を種えず、但、世智聰弁を以て妄に分別を生じ、邪心を増益す。云何ぞ、生死の大難を出離せん。復、衆生ありて、善根を種え三宝を供養し大福田と作ると雖も、取相分別し、情執深重にして、輪廻を出でんことを求むるも、終に得ることあたはず。


（解読）爾の時、世尊、慈氏菩薩に告げて言はく。汝、極楽世界の功徳荘厳、宮殿・楼閣・園林・台観・流泉・浴池等を見たかどうか。

慈氏、汝、欲界諸天の上より色究竟天に至るまで、種種の香花を雨らし、佛会に遍満して荘厳されしことを見たかどうか。

菩薩・声聞浄行の衆、佛声を作し妙法を演説して、一切の佛会、みな声を聞くこと得て、利樂を獲るを見たかどうかと。汝、百千倶胝の衆生、虚空に游処して宮殿身に随うを見たかどうか。

慈氏菩薩、佛に白して言さく。世尊よ。佛の所説の如く、一一にみな見たり。

慈氏、白して言さく。云何ぞ、此の界の一衆生が善を修すれども浄土に生まれることを求めないのですか。

佛は、慈氏に告げられた。此等の衆生は、智慧微浅にして、彼の西方は天界に及ばずと分別するから、それが故に、極楽に非ずと思って浄土に生まれんと求めないのである。

慈氏、白して言さく。此等の衆生、虚妄分別して佛会に集うことを求めません。どうしたら輪廻転生を免れるでしょうか。

佛、慈氏に言われた。極楽国中に胎生の世界があるのか、ないのか。

慈氏、白して言さく。ありません。世尊よ。浄土の中に生まるるは、譬えば、欲界の諸天の五百由旬の宮殿に居して、自在に遊戯するが如し、どうして胎生の世界と云えましょう。世尊よ。此の界の衆生は、何の因、何の縁によりて胎生に生まれるのでしょうか。

佛、慈氏に言された。此等の衆生の種えるところの善根は、相を離るることができない。佛慧を求めず、分別を生じて、深く世間の人間社会の福なる報に執着する。是の故に胎生なのである。若し衆生ありて、無相の智慧を以て衆の徳本を植え、身心清浄にして分別から解放され、浄刹に生まれんことを求めて、佛菩提に趣せば、是の人、命終刹那の間に、佛の浄土に於て宝蓮花に坐し身相具足する。何ぞ胎生であろう。

慈氏よ、汝。愚癡の人を見よ、善根を種えず、但、世知弁才を以て妄に分別を生じ、邪心を増益す。云何ぞ、生死大海の難を出離せん。復、衆生ありて、善根を種え三宝を供養し大福田を作ると雖も、取相分別し、情執深重にして、生死輪廻を出でんことを求めるも、終に得ることはできない。

ここから「智慧段」による「胎生」の課題が語りべされますが、読誦されますように、世尊と慈氏菩薩の対話として暫く展開いたします。まあ、注意されますのは慈氏の問いから始められるのでなく、佛の問いかけから始まっております。この『荘厳經』も『魏訳』も、阿難が「汝」と喚び帰され、続いて「慈氏」も「汝」と呼び帰される訳です。つまり、凡夫の「阿難」も、菩薩の「慈氏」も「喚び帰される・呼び帰される」存在の課題が、国土と主体と御用という課題を賜る出来事として対話される訳でございます。そして、ここの『荘厳經』では、「慈氏」との対話で、『魏訳』では、佛と阿難と慈氏菩薩の対話でありますが、答えるのは専ら阿難が答え、「胎生」の課題には「慈氏」だけが対告衆として語られます。この後『荘厳經』は、「慈氏」だけ呼び出されております。

まあ、亡くなられた宮城先生のご指摘でありますが、「二十四願」經から、「三十六願」經、そして「四十八願」と展開する中で、この「胎生」の課題は、二十四願經では三輩の「中輩・下輩」の諸問題として取りあげられ、この三十六願の『荘厳經』で存在そのものの課題として独立し、「四十八願經」になって三輩を通して存在の課題として束ねられてきたとお聞きする訳です。そして、この『荘厳經』では、対告衆は「慈氏菩薩」のみの展開でございますが、すでにご存知のように『魏訳・如来会』では、教団内、仏教徒の菩薩道の課題では「慈氏菩薩」、そこに託されし「十方世界の衆生の類」・「他方国土の諸の菩薩衆」の課題として開放されます時は、『魏訳』では「弥勒菩薩」、『如来会』では「阿逸多菩薩」の名で語られております。吾人は、「従因向果」の往相回向をいただく「慈氏菩薩」が命終せしめられ、「従果向因」の還相回向に生まれ生きる「弥勒菩薩」の即生、菩薩の回心と云うよりは、菩薩の往覲《おうごん》の出来事として拝察するところであります。

然れば、「真佛弟子釈」の最後に、「真《まこと》に知りぬ」と真実が人々の本願成就、実態が「弘宣」されます。「等覚金剛心を窮むるがゆえに、龍華三会の暁《あかつき》、当に無上覚位を極むべし」との弥勒大士と、「横超の金剛心を窮むるがゆえに、臨終一念の夕《ゆうべ》、大般涅槃を超証す。かるが故に「便同《べんどう》」と曰なり」（聖・250頁）との念佛衆生の浄土往生が同一の、本願成就の会座として開放されし事柄が「優婆提舎」され、「加之《しかのみならず》」と、「金剛心を獲る者は、則ち韋提と等しく、即ち喜・悟・信の忍を獲得すべし。是れ則ち往相回向の真心徹到するが故に、不可思議の本誓に藉《よ》るが故なり」と結ばれておられます。

つまり、弥勒菩薩の回心と阿難の回心とは同じ本願成就の課題なのだという意でございましょう。弥勒菩薩の付属された課題は「行」の課題、「行の一念」でございますし、阿難がいただき思い出した課題は「信の一念」の課題でございましょう。そこに分限はあります。「行の一念」の課題は「諸佛称名」の称名念佛の歴史に対する讃嘆であり、咨嗟《ししゃ》です。まあ、讃嘆と懺悔です。阿難に開かれる「信の一念」の課題は「聞名」の課題でございます。諸佛・菩薩の御用は「諸佛称名の歴史」であり、阿難の御用は「信心獲得」という「聞名」の御用でございましょう。まあ、『正像末和讃』にも「すなわち弥勒におなじくて」・「補処の弥勒におなじくて」（聖・502・503頁）、『一念多念文意』には「このゆえに、弥勒のごとしと、のたまえり」（聖・536頁）といただかれております。

「便同弥勒《べんどう》」と仰います。本願成就の会座では、諸佛が讃嘆・懺悔せられ、凡夫の身、声聞の阿難も懺悔・讃嘆せしめられる訳でございましょう。ですから、「金剛心を獲る者は、則ち韋提と等しく、即ち喜・悟・信の忍を獲得すべし」という恒沙無量の諸佛の加勧を受ける訳でございますし、凡夫の身にいただく恒沙無量の信も本願成就の会座に開かれ往く世界と歴史でございます。是れ則ち「往相回向の真心徹到するが故に」と、如来回向の「至心に回向したまえり」という自然の働き、「仮令《たとい》、身を諸の苦毒の中《うち》に止《おわ》るとも、我が行、精進にして、忍《しの》びて終《つい》に悔いじ」（聖・13頁）の法蔵の魂でございましょう。そして「不可思議の本誓に藉るが故なり」と、「仮令の誓願」が、あらゆる人々の差し出された祈りの坐（草座）として、浄土の本願が穢土に出でる誓願の働きとして象徴される訳です。国籍が浄土であり、その具体性は穢土の人々の「後世の祈り」を「われら」とせし、浄土の国籍を以て穢土に生まれ生きる一生涯が今、始まってまいります。佛と慈氏の対話は読誦していただければよいのでないかと思われます。

第十九章　厭苦の問題を「欣浄」の深題と転ず

続いて読誦・諷誦してまいりましょう。佛と慈氏の対話が続いております。

佛、慈氏に告げたまはく、譬へば、灌頂位を受ける刹帝利王、一の大獄を置きて、其の獄内に於て、殿堂・楼閣を安置し、鉤《く》欄・窓牖《ゆ》・床榻・座具、みな珍宝を以て厳飾し、須《もち》ふる所の衣服・飲食豊足せずということなからん、爾の時、灌頂王、太子を駆逐して獄中に禁閉し、復、金財・珍宝・羅紈・四帛《びゃく》を意に恣にして受用せしめんが如し。

（解読）佛は慈氏菩薩に告げられた。譬えば、王位を継ぐ太子に、一大地獄を与えられる。その獄内に御殿・楼閣を安置され、欄干・壁に開けられた窓・寝台・座具等、みな珍宝を以て装飾され、衣服・食事等、足りないものはないとの生活であったが、灌頂王は王子を追い払い、獄中に禁じて、復、金財・珍宝・白絹・にしきを求めるがままに与えんが如し。


佛、慈氏に告げたまはく。意に於て云何、彼の太子快楽を得んやいなや。

慈氏、白して言さく。いな也。世尊、彼の中に堂殿・楼閣・飲食・衣服・銭帛・金宝ありて、意に随ひて受用すと雖も、身牢獄に閉じられ心自在ならずんば、唯、出離せんことを求めん。

佛、慈氏に告げたまはく。若し灌頂王、其の過を捨さずば、彼の諸の大臣・長者・居士等、太子をして禁獄を免れしむべけんやいなや。

慈氏白して言さく。王既に捨さずば云何ぞ出づることを得ん。

（解読）

佛は慈氏菩薩に告げられた。この譬えをどういただきますか。彼の王子は生きている喜びがあると思いますか。

慈氏菩薩は答えられた。恐らく生きている意欲はないでしょう。世尊よ。如何に財宝で飾られた生活環境であろうとも、思いのままに恵まれておっても、身は牢獄に閉じ込められているので、心のままにとはいかないから、唯、束縛から解放されたいと欲うでしょう。

佛、慈氏菩薩に告げられた。若し灌頂王は、王子がその過を認めて慙愧すれば、大臣・長者・居士等の国の主だった人びとは、王子を獄中より解放させるでしょうか。

慈氏菩薩は答えられた。灌頂王が王子が過を認めなければ、どうして獄中より解放せしめることがあるでしょうか。

『魏訳』でございますれば、「智慧段」に於て「智慧が顕開」されてくる内容として佛と弥勒との対話でございますが、既に申し上げましたように、この『荘厳經』では「釈迦指勧」として「胎化得失」として「科文」され、その胎生の課題が、佛と慈氏との対話（問答）として語りべされます。經文に添ってお尋ねいたしましょう。

佛が譬えとして、灌頂王が珍宝に飾られた牢獄に、太子を幽閉する訳です。まあ、六道の人天、

「欲界」の最上天なる環境でしょう。そういう牢獄に閉じ込める訳です。そして、佛は慈氏に問いかけます。お前、どう思うと。太子は快楽と感じているであろうかと。そうしたら、慈氏は、王子は虚しいでしょう。いくら意のままに金宝の牢獄で飾られていても、身は牢獄に幽閉され、心は自在とならないから、ただ唯、解放されんことを欲うでしょうと。そして、又問う訳です。太子がその過に気づいたならば、国の主だった方々は太子を許すであろうかと。慈氏は太子が目覚めなければ決して牢獄から出ることはないだろうと。まあ、『魏訳』では、「転輪聖王」と「小王子」として説かれ、「七宝の宮室」に幽閉せられ、「繋ぐに金鎖をもってせん」と語られます。まあ、譬えでございますので、この灌頂王（転輪聖王）と太子（小王子）の問題を慈氏菩薩に語られているのが大事なことなのでしょう。慈氏菩薩（弥勒菩薩）は未来永劫に自他の共生関係、共生社会を目指す理想主義という象徴でございます。

ですから、人類が家庭・地域社会・民族・国家というテーゼを、科学・文化を上げて人天の世界、他化自在天の世界を求め続けてきた「濁世の群萌・穢悪の含識」（聖・326頁）の業報の歴史でございましょう。火の発見に止まらず、原子の火をも発見して、様々な幸福社会を求めて流転、放浪してきた業果の歴史・共業の世界を象徴するものが、この人間中心、人類のエゴの牢獄でございましょう。より豊かに、より便利に、より合理的にと、人類はこの地球村の「十方衆生」の環境を破壊してきました。原発も、核兵器も、私ども人間社会の落とし児でございましょう。つまり、体制社会の臣民であり、経済社会の臣民であり、主義主張の宗教・思想の臣民の関係が、十方衆生を犯し続け、人間同士も侵略・強奪・覇征してきた現実でございましょう。まあ、人類は呑気でございますから、人類だけの生き残りを国際環境フォーラムとして、利害交渉をしております。何時でも、冗談で申し上げますが、地球村の十方衆生円卓会議が開かれますと、まず99パーセントは、人間中心主義の人類がやり玉にあげられますでしょう。そういう過《とが》でございましょう。まあ、単なる譬えでございませんで、「罪悪深重・煩悩熾盛の衆生」という存在そのものの課題が取りあげられ、それが「虚妄分別」の罪・咎、『魏訳』では、「佛智を疑惑するをもってのゆえに」（聖・83頁）の胎生の課題が、全存在の課題として聞き開かれてくる。歴史が顕開され、世界が「十方衆生」として開国されてくるような課題への目覚め（信心の智慧）と、それを促し続ける「智慧の念佛」の歴史の交響曲なのでございます。

まあ、ここに「身は牢獄に閉じられ心自在ならずは」という三界六道の繋縛が語られます。身と心の束縛という事で「自在」が説かれますが、厭苦の反対は欣楽でありますから、端的に云えば、「三悪趣」からの解放は「人天」への解放であります。三界六道の「欲界・色界・無色界」から流転輪廻の中の状況的解放でありますから、個人的な主観の持ち方の問題でございます。その「欣楽」という解放が転じせしめられる展開が、「厭苦」の問題が「欣浄」の課題として転ぜられる内容が、次の「虚妄分別して人天の果を求めば、乃至、未だ三界の獄中を出づることあたわず」という、存在の課題として開放されてまいります。読誦・諷誦してまいりましょう。

佛、言はく。是の如し是の如し。彼の諸の衆生、復、福を修し三宝を供養すと雖も、虚妄分別して人天の果を求めば、報を得るの時、所居の器界、宮殿・楼閣・衣服・臥具・飲食・湯薬、一切須《もち》ふる所みな豊足すれども、而も未だ三界の獄中を出づることあたはず、常に輪廻の処して而自在ならず。仮使《たと》ひ父母・妻子・男女・眷属、相救ひ免れしめんと欲すとも、終に出づることあたはず。邪見の業王、能く捨離することなけん。若し諸の衆生、妄分別を断じて、諸の善本を植え、無相無著ならば、當に佛刹に生ぜしめ永く解脱を得べし。

慈氏菩薩、佛に白して言さく。世尊、今此の娑婆世界及び諸の佛刹に、幾多の菩薩摩訶薩ありてか、極楽世界に生ずることを得、無量壽佛を見たてまつり、阿耨多羅三藐三菩提を成就する。

佛、慈氏に言はく。我が此の娑婆世界に、七十二倶胝那由他の菩薩摩訶薩あり、已に曾《かつ》て無量の諸佛を供養し、衆の徳本を植え、當に彼の国に生じて無量壽佛に親近し供養したてまつり、阿耨多羅三藐三菩提を成就すべし。

（解読）佛は言《もう》された。そのようだ、そのようだ。諸の衆生が、復、三福の行を修し佛・法・僧伽の三宝を供養しても、虚妄分別を以て人天の果を求めるは、その結果は他化自在天の喜びのように、生活の道具・住まい・日常の生活の快適さがすべて恵まれても、未だ三界という流転の獄から、出離することは不可能であると。常に輪迴転生の放浪を重ね、自在なることはない。仮使《たとえ》父母・妻子・男女・眷属が救い免れさせようとしても、終に出離の縁はない。邪見の業火を抱える王なる生きざまは、決してその問題が自己の課題とはならない。若し諸の衆生が、虚妄分別を深信し、諸の善なる本の佛の名号によって開鑿され、無相無著なる智慧をいただけば、佛会に集い永く解脱を得証するのである。

慈氏菩薩は、佛に白《もう》されてた。世尊よ。今、此の娑婆世界及び諸の佛会に集う幾多の菩薩方がおられ、極楽世界に生まれられ、無量壽佛を見たてまつり、無上正真道を成就されるのですか。

佛は、慈氏菩薩に言《のたま》われる。我が此の娑婆世界に七十二倶胝那由他といわれる恒沙無量の菩薩方がおられ、已に曾て、宿善として無量の諸佛を供養され、衆の徳の本を植られ、当に彼の浄土に生まれられ、無量壽佛に親近し供養され、無上正真道を生活とされている。

この『荘厳經』では、「諸の衆生」が「三宝を供養」すとの佛縁に会いながらも、虚妄分別を以てが故に、三界の獄中を出離することが出来ない。そして虚妄分別を断じれば佛会に集い永く解脱を得ることが出来ると。そして、慈氏菩薩の此の娑婆界に幾多の不退の菩薩がおられるかの問いに、佛は、七十二倶胝那由他の菩薩がおられ、已に曾《かっ》て宿善を積まれ、菩薩方は無上正真道を生活しておられると語られております。まあ、「虚妄分別」という存在の課題が、衆生にのみあり、菩薩はその課題を卒業されていると語りべされております。

『魏訳』の語りべを披きますと、佛は弥勒に「此の諸の衆生も亦復是の如し。佛智を疑惑するをもってのゆえに、彼の宮殿に生まれて、乃至、但し五百歳の中において三宝を見たてまつらず」（聖・83頁）と語られ、「若し此の衆生」と。「その本の罪を識《し》りて深く自ら悔責《けしゃく》してかの処を離れんと求めば、即ち意のごとくなることを得て、無量壽佛の所《みもと》に往詣《おうげい》して恭敬供養せん。亦、遍ねく無量無数の諸余の佛の所に至ることを得て、諸の功徳を修せん」と、衆生の救済が説かれます。

そして、今度は、「弥勒、当に知るべし。其れ菩薩ありて疑惑を生ずる者は大利を失すとす」と、菩薩の課題としても「佛智疑惑」が説かれます。「佛智疑惑」の問題は、衆生の問題であって、菩薩はその課題を克服した者が菩薩というのではないのです。「衆生」も「菩薩」も「佛智疑惑」の罪を逃れ得ない課題として語りべされている訳です。そして、今、読誦しました『荘厳經』の佛会に「幾多の菩薩摩訶薩ありて」という問いが佛に問われる訳です。『魏訳』では「佛、弥勒に告げたまわく、「この世界において六十七億の不退の菩薩ありて彼の国に往生せん。一一の菩薩、已に曾て無数の諸佛を供養せるなり。次いで弥勒のごとき者なり」」との語句でございます。やはりここにも、「已に曾て」との、宿善開発の語句が謳われ、過去の宿縁の成就として語られております。そして、「諸の小行の菩薩、及び少功徳を修習せん者、称計すべからざる、みな当に往生すべし」

（聖・84頁）と述べられております。

まあ、親鸞さまというお方は、極めて厳密なのでございますねえ。「化身土巻」に「胎生」の課題として引文されておられます（聖・329頁）。『大經』と『如来会』の言葉を浄土なる便りとして聞思されている訳です。もう何回も披いていただいてきましたが、「化身土巻」の「胎生」なる課題の処をお尋ねします。（聖・327頁）の終わりから3行目からでございます。「懈慢界」・「疑城胎宮」の課題が「化身土巻」として展開しております。

まず、『大經』の無量壽佛の道場樹の經文（聖・35頁）が「又、無量壽佛のその道場樹は、高さ四百万里なり。その本、周囲五十由旬なり。枝葉四《よも》に布きて二十万里なり。一切の衆宝自然に合成せり。月光摩尼・持海輪宝の衆宝の王たるをもって、これを荘厳せり」と引文されています。そして次に「阿難、若し国の人天、この樹を見るものは三法忍を得ん。一つには音響忍、二つには、柔順忍、三つには無生法忍なり。これみな無量壽佛の威神力のゆえに、本願力のゆえに、満足願のゆえに、明了願のゆえに、堅固願のゆえに、究竟願のゆえなり、と」。そして次に「又、講堂・精舎・宮殿・楼観みな七宝をもって荘厳し、自然に化成せり。復、真珠・明月摩尼・衆宝をもって交露とす。その上に覆蓋せり。内外左右にもろもろの浴地あり。十由旬あるいは二十・三十乃至百千由旬なり。縦広深浅おのおのみな一等なり。八功徳水湛然として盈満《ようまん》せり。清浄香潔にして、味わい甘露のごとし、と」ここまで「乃至」を入れて引文されます。今までどうして、この「道場樹」の文が引いてあるのか訝しく思われていました。なんでこの文を引かれておられるのであろうかと。まあ、異訳を読誦しているうちに、ああ、そういうことなのかと気づかせていただきました。

それは『教行信証』の「後序の文」と云われております処にヒントがありました。親鸞さまにとって法然聖人との出遇い、それは吉水の草庵に集う人々との出会いでもある訳です。亦、念佛もうされる処に阿弥陀の会座が公開されている事実でもある訳でありましょう。所謂、僧伽の世界が当来してくる。同行の集い、同朋社会が現前してくる「謹顕」してくる。まあ、「謹顕真実証者」という「証の巻」の謹顕です。謹んで顕れている僧伽なる集いを経験する出来事でございます。「是をもって龍樹大士は「即時入必定」と曰えり。曇鸞大師は「入正定聚之数」と云えり」（聖・190頁）との阿弥陀佛の会座でございましょう。「五濁悪世」の穢土の只中・「無佛の時」に成就していた本願の会座、本願成就の会座と云ってもよいでしょう。「真宗興隆の大祖源空法師、ならびに門徒数輩」（聖・398頁）と象徴される本願成就の会座でございます。まあ、親鸞聖人にとっては、何事にも替えられない体験・経験でございましょう。それが「本願の嘉号をもって己が善根とするがゆえに」（聖・356頁）という二十願の課題です。己の善根を果徳として手放せない訳です。我執・法執の際なき無涯底さです。まあ、親鸞さまにとっては手放せない宝物、想い出です。ここに「已に曽て」という『經文』の言葉がございますのでしょう。「宿善」との義です。「宿業」の身を通して「宿善」としてとどけられる法蔵菩薩さまの「我が名字を聞いて」という兆載永劫の御修行が当来する訳でございます。

　ですから、親鸞さまにとって、「『選択本願念佛集』の内題の字、並びに「南無阿弥陀佛　往生之業　念佛為本」と、「釈の綽空」の字と、「空の真筆をもってこれを書かしめたまいき」と。亦、「空の真影申し預かりて、図画し奉る」と。真影の銘に、真筆をもって「南無阿弥陀佛」と「若我成佛十方衆生　称我名号下至十声　若不生者　不取正覚　彼佛今現在成佛　当知本誓重願不虚　衆生称念必得往生」の真文とを書かしめたまう。又、「夢の告げに依って、綽空の字を改めて、同じき日、御筆をもって名の字を書かしめたまい畢《おわ》りぬ」」と、交露した七宝の衆宝が「味わい甘露のごとし、と」言説される訳でしょう。道場樹として開放された浄土聚会の味合いが「懈慢界」であり、「疑城胎宮」の課題であったとの覚醒でございましょう。放しがたい驚喜、忘れがたき「聞其名号信心歓喜」の信の一念でありましょう。その信心の体験・経験、慶びの中の歓びであり、その慶・歓・喜・悦に如《し》くはなしという大事な大事なものですよ。それを「雑行」と深信せしめられ、「雑行を棄てて本願に帰す」と仰られる訳ですよ。まあ、唸るしかありませんわ。ああ、「何《い》かに況や、十方群生海、この行信に帰命すれば摂取して捨てたまわず。故《かるがゆえ》に阿弥陀佛と名づけたてまつると」(聖・190頁)。『經』に語られ、「是を他力と曰う」と、「優婆提舎」されておったことを親鸞さまは味合い、伝えておられたのかという「憶念の信」が始まる訳でございましょう。

　ここに、恍惚の信ではなく、深信が始まってくる。「良《まこと》に知りぬ」と、表白されます。「釈迦・弥陀は慈悲の父母」という、親なる働きを想い出さしめられた「産声」でありましょう。主観の信に命終せしめ、願心に生きよという、発遣・招喚の父母の智慧なる働き、念佛の智慧と、それを想い出した信心の智慧が交露するような出来事なのです。まあ、忝いという恩徳でございましょう。「徳号の慈父ましまさずは能生の因闕《か》けなん。光明の悲母ましまさずは所生の縁乖《そむ》きなん。能所の因縁、和合すべしといえども、信心の業識にあらずは光明土に到ることなし」と。父なる名号なる働きと母なる光明の働きによって、呼び覚まされ、目覚めせしめられる。それも、信心という業識の因と、光明名の父母の外縁の働きです。まあ、曽我先生じゃないけれどね、「信に死し、願に生きよ」という智慧の念佛の促しの声でございましょう。「聞其名号信心歓喜乃至一念せん」との「称名」と「聞名」の呼応の出来事でございます。「内外の因縁和合して、報土の真身を得証す」との出来事が、「然るに愚禿釈の鸞、建仁辛《かのと》の酉《とり》の暦、雑行を棄てて本願に帰す」という「前念命終・後念即生」としての「報土の真身を得証す」との、「真佛土巻・化身土巻」が開かれてまいる訳でございましょうや。

つまり、「後序の文」の真筆・真影・真文、そして「綽空」という法然聖人から賜った歴史への集いの名までも棄てさしめるような出遇いであり、願心の縁に帰って往くような、「十方群生海」に見えて往くような事業への参集なのでございましょう。兼実という当時の首相が『選択集』を教命された。「釈・梵、祈勧して転法輪を請じたてまつる」（聖・3頁）のような意義でございましょう。未来世一切衆生に相応し呼応するような託された使命が始まってくるような値遇な訳でございます。自分が佛法に遇い得た慶びではないのでしょう。「五濁悪世」・「無佛の時」という還来せし菩薩道が「我名字を聞きて」という、法蔵菩薩の兆載永劫という終わりなき菩薩道への確信でございます。「慶ばしい哉、心を弘誓の佛地に樹《た》て、念を難思の法海に流す」との「日域」に生まれた『浄土論』なる「無量壽經優婆提舍」の弘宣でございましょうや。

第二十章　全人的な課題

それでは、続きを読誦・諷誦してまいりましょう。

復、次に阿難、難忍佛刹に、十八倶胝那由他の菩薩摩訶薩ありて、彼の国土に生ぜん。宝蔵佛刹に、九十倶胝那由他の菩薩摩訶薩ありて、彼の国土に生ぜん。火光佛刹に、二十二倶胝那由他の菩薩摩訶薩ありて、彼の国土に生ぜん。無量光佛刹に、二十五倶胝那由他の菩薩摩訶薩ありて、彼の国土に生ぜん。世灯佛刹に、六十倶胝那由他の菩薩摩訶薩ありて、彼の国土に生ぜん。龍樹佛刹に、一千四百の菩薩摩訶薩ありて、彼の国土に生ぜん。無垢光佛刹に、二十五倶胝那由他の菩薩摩訶薩ありて、彼の国土に生ぜん。師子佛刹に、一千八百の菩薩摩訶薩ありて、彼の国土に生ぜん。吉祥峯佛刹に、二千一百倶胝那由他の菩薩摩訶薩ありて、彼の国土に生ぜん。花幢佛刹に、一倶胝の菩薩摩訶薩ありて、彼の国土に生ぜん。光明王佛刹に、十二倶胝の菩薩摩訶薩ありて、彼の国土に生ぜん。得無畏佛刹に、六十九倶胝那由他の菩薩摩訶薩ありて、彼の国土に生じて、悉くみな無量壽佛に親近し供養したてまつり、久しからずして當に阿耨多羅三藐三菩提を成ずべし。

佛、慈氏に言はく。是の如きの功徳荘厳の極楽国土は、彼の算数無量の劫を満てて説くども盡くすことあたはず。若し善男子。善女人ありて、無量壽佛の名号を聞くことを得て、一念の信心を発して帰依し瞻禮せん。當に知るべし、此の人は是小乗にあらず、我が法の中に於て第一の弟子と名くることを得。

（解読）復、次に阿難よ。難忍なる佛の集いに、十八倶胝那由他（無量）の菩薩方がおられ、彼の国土に生まれられる。宝蔵なる佛会に、九十倶胝那由他の菩薩方がおられ、彼の国土に生まれられる。火光なる佛会に、二十二倶胝那由他の菩薩方がおられ、彼の国土に生まれられる。無量なる佛会に、二十五倶胝那由他の菩薩方がおられ、彼の国土に生まれられる。世灯なる佛会に、六十倶胝那由他の菩薩方がおられ、彼の国土に生まれられる。龍樹なる佛会に、一千四百の菩薩方がおられ、彼の国土に生まれられる。無垢光なる佛会に、二十五倶胝那由他の菩薩方がおられ、彼の国土に生まれられる。師子なる佛会に、一千八百の菩薩方がおられ、彼の国土に生まれられる。吉祥峯なる佛会に、二千一百倶胝那由他の菩薩方がおられ、彼の国土に生まれられる。仁王なる佛会に、一千倶胝那由他の菩薩方がおられ、彼の国土に生まれられる。花幢なる佛会に、一倶胝の菩薩方がおられて、彼の国土に生まれられる。光明王なる佛会に、十二倶胝の菩薩方がおられて、彼の国土に生まれられる。得無畏なる佛会に、六十九倶胝那由他の菩薩方がおられて、彼の国土に生まれられ、悉くみな無量壽佛に親近し供養され、時を待つことなく無上正真道を成ぜられる。

佛、慈氏菩薩に告げられた。是の如き功徳荘厳の極楽国土は、数えることの出来ぬほどの無量の劫をかけても説き明かすことはできない。若し、宿善のある男・女がおられて、無量壽佛の名号を聞かれて、一念の無上の信心を発起され、帰依され、あおぎ礼拝される。當に、此の人は小乗教のご縁でなく、無量壽佛の法蔵なる会座の第一の弟子と名づけられる。

『魏訳』の語りべですと、この世界に於ては六十七億の不退の菩薩が浄土に往生せられ、他方の佛土の菩薩方も浄土に往生されると。十四佛国の菩薩方の往生だけでなく、十方無量の佛国より往生され、その数は無数・無量で、佛会に集う佛と人々の僧伽を説くことは説き尽くすことが出来ないと語られております。この『荘厳經』では、今、読誦しましたように、此の娑婆界には幾多の菩薩方が極楽世界に往生され、復、此の娑婆世界に七十二倶胝那由他の菩薩方がおられ、宿善を以て無量壽佛を供養され、無上正真道を成就すべしと加勧を受けられる訳です。そして「他方佛土」という言葉はございませんが、十三なる佛会の菩薩方の極楽世界への往生が加勧されます。その極楽国土の荘厳功徳は、算数無量の劫を尽くして説けども、説き尽くすことは出来ないとの称名讃嘆を通して、「流通分」が始まってまいります。善男子・善女人が無量壽佛の名号を聞いて、一念の信心を発起して、「帰依・瞻禮」が始まり、「大利」の内容が、小乗教の声聞の歓びにあらず、「無上の功徳」の内容が、佛弟子なる僧伽の一人との功徳（大乗）として語りべされております。

この「流通分」の最初の「其れ、彼の佛の名号を聞くことを得て、歓喜踊躍して乃至することあらん。当に知るべし、この人は大利を得とす。則ちこれ無上の功徳を具足するなり」（聖・86頁）の文を、親鸞さまは往相回向の行信についての「行の一念」の文として「行巻」（聖・191頁）に引いておられます。ご存知のように、阿難に付属された「行の一念」ではなく、弥勒に付属された「行の一念」でございます。これは、第十八願の本願成就文を、親鸞さまは「信巻」に、二つに分けられて味合われる訳です。一つは、「本願信心の願成就の文」として「諸有の衆生、その名号を聞きて信心歓喜せんこと、乃至一念せん、と」（聖・228頁）、二つは、「本願欲生心成就の文」として「至心に回向したまえり。彼の国に生まれんと願ずれば、即ち往生を得、不退転に住せんと。唯五逆と誹謗正法とを除く、と」（聖・233頁）に分けられます。まあ、「行巻」の「聞其名号信心歓喜、乃至一念」は、諸佛の称念佛の歴史の「行の一念」の諸佛称讃の歓喜なんでございましょうし、「信巻」の「聞其名号信心歓喜一念」は「如来の三心」を通して確かめられてくる信心の大地が尋源されておる訳であります。そして、更にその願心そのものの根本が「本願の欲生心成就」として「覈求其《かくうご》本《ほん》」されている訳でありましょう。まあ、如来の三心を通して味合われてくる「五逆・誹謗正法」

の機として懺悔せしめられる歓び、「甚難」の慶びでございましょう。正に「往相回向の行信」として、弥勒に託された諸佛称名の慶びと、自らが「聞名」せしめられる、「願生彼国」の歩みに促し続けられて往く、自身の「深信」として「五逆・誹謗正法」の機としての「己証」の生活が始まってくる「甚難」の課題が値遇われてくる訳でございましょう。まあ、この『荘厳經』では、小乗から大乗へ、真佛弟子との確かめとされています。『魏訳』の展開は、佛教徒の確かめというよりは、全人類、「濁世の群萌、穢悪の含識」という、「一切衆生」の存在そのものの課題として「流通」されて往く訳でございます。続いて「流通分」を読誦してまいります。

佛、慈氏に告げたまはく。苾芻《しんしゅ》・苾芻尼・優婆塞・優婆夷・天・龍・薬叉・乾闥婆・阿修羅・迦楼羅・緊那羅・摩睺羅伽・人・非人等ありて、此の経典に於て書写し供養し、受持し読誦して、他の為に演説し、乃至、一昼夜に於て、彼の刹及び佛身の功徳を思惟せん。此の人命終して速に彼に生ずることを得て、阿耨多羅三藐三菩提を成就せん。

復、次に慈氏、今、此れの経典は、甚深微妙にして、広く衆生を利す。若し衆生ありて、此の正法に於て、受持し読誦し、書写し供養せん。彼の人臨終に、仮使《たと》ひ三千大世界の中に満てらん大火も、亦、能く超過して彼の国土に生ぜん。是の人已に曾て過去の佛に値ひて菩提の記を受け、一切の如来に同じく称讃せ所《ら》る。無上菩提意に随ひて成就せん。応に随ひて行ずべし、此の経典に於て大守護を作し、諸の有情の為に長夜に利益して、衆生をして五趣荘厳の獄中に

堕在せしむることなかれ。諸の有情をして福善を種修せしめ浄刹に生ぜんことを求めしめよ。爾の時世尊、而も頌を説きて曰はく。

（解読）佛は、慈氏菩薩に告げられた。一切衆生（苾芻・苾芻尼・優婆塞・優婆夷・天・龍・薬叉・乾闥婆・阿修羅・迦楼羅・緊那羅・摩睺羅伽・人・非人）がおりて、この『荘厳經』を書写し供養し、受持し読誦して、他の為に演説して、一昼夜、彼の佛会と佛身の功徳を思惟し、此の人々が命終わらんとする時、速やかに極楽世界に生まれて、無上正真道に生まれ生きるであろう。

復、慈氏菩薩よ。今、この『荘厳經』は、甚深く微妙にして普ねく衆生を利する經典である。若し衆生ありて阿弥陀の本願の教えを受持し読誦して、書写し供養しなさい。その人々が、命終えん時、たとい三千大千世界なる火中に於ても、能く三界六道を超過して極楽世界に生まれられるであろう。なに故なれば、是の人は、已に曾て過去の世に佛に逢われ菩提心を発起せられ、一切の如来と同じく称讃せられた。そして無上菩提心に促され成就せられた。応に佛の勧めに随順し行じられ、この『荘厳經』に随われて、諸の苦悩の有情の為に長き夜に利益を説かれ、衆生をして三界六道の閉ざされた獄中に怠惰されることがない。諸の有情をして福善を限り修められ、佛会に集うことを求め続けよ。爾の時、世尊は「頌偈」を謳われ語られた。

先ほど少し申し上げましたが、佛が弥勒（慈氏菩薩）に、「行の一念」なる「其有得聞　彼佛名号」（それ、彼の佛の名号を聞くことを得て）との歓喜踊躍して乃至一念との諸佛称名の念佛申せとの歴史が語られ、往相回向の行信との出遇いとして、「称名」念佛と「聞名」念佛の呼応が「大利」と「無上の功徳」として『魏訳』では説かれる訳です。そしてその大地が「本願の欲生心成就の文」、「至心に回向したまえり」との親鸞さまの、人間の回向を宗教心としている人間の至誠心が呼び帰され、その無明性が翻される出来事が、読み替えられて往く訳です。一人の「願生者」の誕生が、促す願心に随いて、存在の罪悪深重性なる自らの「五逆・誹謗正法の徒」としての課題に値遇い続けて往く歩みが不退転であると。自分の勝ち取った歩みではないのです。私どもを促す働きが不退転であったとの歓喜踊躍でございましょう。まあ、「信巻」では『如来会』を引いて「願に随いてみな生ぜしめ、不退転乃至無上正等菩提を得んと」（聖・233頁）おっしゃられ、この『荘厳經』では、「是の人已に曾て過去の佛に値ひて菩提の記を受け、一切の如来に同じく称讃せらる。無上菩提意に随いて成就せん」と宿善の機として語られております。その三界六道の火宅の只中で、超過し、これを過ぎて、「經法」を聞く時が恵日となる。その内容が「この經法を聞きて、歓喜信楽し、受持し読誦し、説のごとく修行すべし」と勧められる訳です。同時に「所以は何ん」と玄義が尋ねられる訳です。「多く菩薩ありてこの經を聞かんと欲えども得ること能わず」という、獄中の堕在の課題、「五逆・誹謗正法」なる課題が値遇われてくる訳です。声聞・縁覚・菩薩はぼーっとして、何の問題なのか理解できない訳です。雑行を捨てて正行に帰るという、人間の立場での廃立思想では、宗教では及びもつかない訳です。如来の願心のあくなき歩みが明らかにしてくるような課題なのでしょう。ですから、この『荘厳經』でも、『如来会』の如く、「釈迦指勧」の「正法難聞偈」が、世尊によって、詠われてまいります。諸佛世尊も本願成就の会座に集われ、感極まって詠歌を詠わざるを得ないのでございましょう。まあ、慈氏菩薩は、弥勒菩薩は感動したか知りませんが、声聞の阿難も、われら凡愚も、何のことかと思う所存でございます。

それでは、「慈氏付属」・「正法難聞偈」を読誦しておきましょう。

若し往昔に福慧を修せざれば　此の正法に於て聞くことあたはず　已に曾て諸の如来を供養せり　是の故に汝等　斯の義を聞けり
聞已りて受持し及び書写し　読誦し講演して並びに供養せよ　是の如く一心に浄方を求むれば　決定して極楽国に往生せん
仮使《たと》ひ大火三千に満てらんも　及び彼の荘厳せる諸の牢獄も　是の如きの諸難悉く能く超えん　みな是　如来の威徳力なり
彼の佛の利樂の諸の功徳は　唯、佛と佛のみ乃し能く知りたまふ　声聞・縁覚世間に満ちて　其の神力を盡くすとも能く測ることなけん
仮使ひ長壽の諸の有情　命、無数倶胝那劫に住して　如来の功徳身を称讃せん

に　其の形壽を盡くして讃ずるも盡くすことなけん
大聖法王の説法したまふ所　一切の諸の群生を利益したまふ　若し受持し恭敬
する者あらば　佛、此の人を眞の善友なりと説きたまふ

（解読）　遠い昔、昔に、善本を積まなければ、この法（南無阿弥陀佛）を聞くことを得ること
はできない。過去世に諸の諸佛を宿善として供養することがあったからこの宿縁に値
遇うことができたのである。
聞法せしめられ、それを受持し、書写し、読誦し、讃嘆し伝えよ。是の如くの信の一
念に浄土を尋源すば、安心が定まり極楽世界に往生せんとする。
たとい、火宅の三千大千世界の海も、及び、閉ざされた牢獄のような宗教心であって
も、諸の法難を悉く超過せしめられる。それは如来する威徳力に由る。
如来の智慧海の功徳は、唯、佛佛想念の世界であり、二乗（声聞・縁覚）の測るとこ
ろにあらず。
たとい、長壽を得た有情が、無数倶胝那劫（無量）なる時を尽くして、如来の方便法
身を称讃しても、その応化身を讃嘆し尽くすことはできない。
釈迦牟尼佛の説法は、一切の群生海を利益したまい、若し佛会を受持し、恭敬する者
を、佛は此の人を真の善友（御同朋・御同行）とお説きになった。

この「正法難聞偈」は、『如来会』と『荘厳經』の「流通分」の前の処に語られますが、『魏訳』では「東方偈・往覲偈」の後半に付されております。梵本にあたって見ておりませんので分かりかねますが、安田先生が二十願の課題として講話されておられます。『正信偈』の「依經分」の最後に、ご存知のように「弥陀佛の本願念佛は、邪見憍慢の悪衆生、信樂受持することは甚だもって難し。難の中の難、これに過ぎたるはなし」（聖・205頁）と頌偈されております。「化身土巻」の二十願の引文を披いていただきますと、最初に二十願の願文（聖・347頁）、そして「胎化得失の文」二十願の成就文、「往覲偈」の果遂の文、『如来会』の第二十願、『平等覚經』の「往覲偈」等を引文されて、念佛を申すご縁が「善本の修習」、「若し善本なければ」、「已が善根として」、「宿世の時に佛を見たてまつる」と束ねられております。まあ、整理して申し上げれば、經を聞くこと、正法を聞くことの宿縁の縁が味合われます。昨日今日の聞法のご縁ではなかった。宿されたる宿縁が宿善として思い出される。そのことが「果徳」の「得」と「因位」の「獲」との呼応として、今、思い出され味合われると。亦、昔、更に世尊を見たてまつるご縁で信心の成就があると。その体験・経験の習薫があるが故に、法執という「難信」の課題が課せられてくる訳です。「憍慢・蔽・懈怠」等、存在そのものが抱える無明性が露わにされてくる訳です。まあ、二乗・三乗の体験・経験が薫習の課題として顕されてきます。こういう問題が、一人の主観的な問題なのでなく、「群萌海・群生海」と言われる全人的な課題である訳でございましょう。何か私どもは、佛教のご縁の有る者だけの問題のように勘違いしておる訳です。「濁世の群萌、穢悪の含識」というのは、「十方群生海」という課題なのでございます。釈迦牟尼佛・阿弥陀如来の二尊の親の働きが「群生海を誘引し」・「普ねく諸有海を化したまう」（聖・326頁）、「十方濁世を勧化し」・「諸有の群生海を悲引したまえり」（聖・347頁）との大悲の現行でございましょう。さすれば、「如来の興世、値い難く見たてまつり難し。諸佛の經道、得難く聞き難し。菩薩の勝法、諸波羅蜜、聞くことを得ることまた難し。善知識に遇い、法を聞きて能く行ずること、これまた難しとす」（聖・87頁）とは、諸佛称名の難、菩薩のご苦労としての「法難」であり、凡夫の身にいただく「若しこの經を聞きて信樂受持すること、難きが中に難し、これに過ぎて難きことなし」との、愈々、「甚難」の「一心帰命」として恵日の時として待たれ続けるのでございましょう。

第二十一章　人間の改名でなく主体の確立

それでは、最後の「流通分」の処を読誦してまいりましょう。

爾の時、世尊、此の法を説きたまふ時、十二倶胝那由他の人ありて、塵を遠ざかり垢を離れて法眼浄を得、八百の苾芻、漏盡意を心に解して解脱を得、天人衆の中に二十二倶胝那由他の人

ありて、阿那含果を証し、復、二十五倶胝の人ありて、法忍不退を得、復、四十倶胝百千那由他の羅人阿耨多羅三藐三菩提心を発し、諸の善根を種えみな極楽世界に往生して無量壽佛を見たてまつらんと願ず。

復、十方佛刹の、若しは現在に生じ及び未来に無量壽佛を見たてまつらん者あり。各各、八萬倶胝那由他の人、然灯佛の記を得て、妙音如来と名けて當に阿耨多羅三藐三菩提を得るべし。彼の諸の有情は、みな是、無量壽佛の宿願の因縁もて、倶に極楽世界に往生することを得。佛、是の語を説きたまふ時、三千大千世界、六種に震動して、諸の香花を雨らし、積りて于膝に至る。復、諸天ありて虚空の中に妙音樂を作し、随喜の声を出だす。乃至、色界の諸天も悉くみな聞くことを得て、未曾有なりと歎ず。爾の時、尊者阿難及び慈氏菩薩等、並に天・龍・八部一切大衆、佛の所説を聞きてみな大に歓喜し、信受奉行せり。

佛説大乗無量壽荘厳經　巻下

（解読）その時に世尊、この經法を説きたまう時が時熟して、十二倶胝那由他の無量の人びとは煩悩の塵から解放され、清浄法眼を得、八百の比丘は漏尽意を解《さと》り、天人衆の二十二倶胝那由他の人びとは阿那含果（阿羅漢果の前位・声聞の第三位、不還果）を得、復、二十五倶胝の人びとは法忍不退を得、復、四十倶胝百千那由他の羅漢は無上正真道意を発起し、諸の善根を種えてみな極楽世界に生まれて無量壽佛を見たてまつる。

復、十方佛土の、現在・未来とに無量壽佛を見たてまつらん者ありて、各々八萬倶胝那由他の人びとが、最後の然燈佛のご縁を通して妙音如来と名づけられ、当に無上正真道を得られる。彼の土に生まれる有情は、みな悉く無量壽佛の宿願の因縁を以て、倶に極楽世界に往生することを得。佛が是の語を説きたまう時、三千大千世界は六種に震動して、諸の香花を雨らし、積もりて膝に至る。復、諸天ありて、虚空の中に妙音樂を作し、随喜の声を出だす。乃至、色界の諸天も悉くみな聞くことを得て、未曾有なりと歎ず。爾の時、尊者阿難及び慈氏菩薩等、並びに天・龍・八部一切大衆は、佛の所説を聞きてみな大に歓喜し、信受奉行せり。

佛説大乗無量壽荘厳經　巻下

『魏訳』でございますと、この經法の説法にお遇いする「無量の衆生」が「万二千那由他の人々。二十二億の諸天人民、八十万の比丘、四十億の菩薩」と紹介されております。みな無上正覚の心を発したと語られます。そのあらゆる人々が胎蔵している御約束事が「弘誓の功徳をもって自ら荘厳す。将来世において当に正覚を成るべし」との、誓願にまで具体化した法蔵なる「本願」でございます。

この『荘厳經』でございますと、十二倶胝那由他の人、八百の比丘（苾芻）、二十二倶胝那由他の人、二十五倶胝の人、四十倶胝那由他の羅利等として語りべされます。復、十方佛刹の現在・未来の人々が見佛、無量壽佛を見たてまつらんと願うと言われる訳です。各々、八萬倶胝那由他の人々が、三十八佛の歴史、新しい「然燈佛」のご縁を通して、古い「妙音如来」の諸佛の歴史が「彼の佛の前に」と値遇われていきます。既に何回となくご紹介しましたが、『無量壽經』の五存群のうち、旧訳と云われる『平等覚經・大阿弥陀經・魏訳』は「次に」と、然燈佛（錠光如来）は古佛とされ、世自在王如来が一番新しい佛でございまして、新訳とされる『如来会・荘厳經』は「前に」と訳され、一番新しい佛が世自在王佛であり、古佛の然燈佛に遡源する歴史として語りべされております。いずれも法蔵菩薩さまの発願の歴史的な出遇いとしてその久遠性が語られる訳です。近くて遠い、遠くて近い久遠の歴史が現生として呼応する訳ですが、特に『魏訳』では「かくのごときの諸佛、皆ことごとく過ぎたまえり」と、われらが久遠劫以来の無量の出世の縁に逢いながら、時熟せず、今日もなお三界六道の火宅を出でることのない徒労の流転生死の旅路が、阿弥陀佛の因位、法蔵菩薩さまの兆載永劫の御修行の出立ちとして、無上の信心の発起が語られる訳です。同時に、『新訳』のように、然燈佛から遡って世自在王佛のみもとに法処比丘として発願修行される久遠の古佛として、阿弥陀如来が世々に出でられた大地、佛々想念の伝統、釈迦以前の佛法なる背景が「真佛土」観として値遇われてくるのでございましょう。根源の世界、大地が三十八佛（四十一佛）を経て釈迦世尊へと応現する、釈迦世尊の本生譚としての因縁が顕されているようでございます。この『荘厳經』では「みな是、無量壽佛の宿願の因縁もて、倶に極楽世界に往生することを得」と語られております。

是らのことが語られて、次に三千大千世界が六種に震動して、諸の香花を雨らし、その香花が積りて膝に至ると。そして諸天が虚空の中に妙音楽を作し、随喜の懺悔と讃嘆の声が奏でられ、色界の諸天も悉く聞法の会座に集い、未曾有の出来事を味合い歎ずと語られます。『魏訳』では「その時に三千大千世界、六種に震動す。大光普く十方国土を照らす。百千の音楽、自然にして作し、無量の妙華、紛紛として降る」と説かれます。世界が六種に震動して、諸の香花を雨らしというので すから、灌頂会なんでしょう。香花と妙音楽、随喜の懺悔と讃嘆、聞法の会座の荘厳が功徳される訳です。まあ、音楽法要という御遠忌という集いでございましょう。五十年に一度どころではない。この世が始まって已来の、未曾有の宗教改革なる出来事です。あらゆる民族・宗教から解放されて、平等覚というそれぞれの業報が映現し輝くというような希有なる時の開演です。おとなりの中国で、文化大革命という名のもとの大虐殺、大粛清がありましたが、そんな三界六道の流転の変革ではありません。一切の人間的、人為的な平等性が、佛法顕現の前に色あせて意味を失うような、そういう歴史的な出来事。まあ、五十三佛の歴史、四十一佛の歴史等、久遠劫以来の無量の諸佛のご縁であり、今日もなお火宅を出でない久遠劫来出離の期なき流転生死の旅路の歴史でございましょう。

最後に「爾の時」と本願の会座が改めて公開されます。「尊者世尊及び慈氏菩薩等、並びに天・龍・八部一切大衆、佛の所説を聞きてみな大に歓喜し、信受奉行せり」と、声聞・菩薩、そして一切の衆生が本願の会座に集われます。浄土聚会です。まあ、『魏訳』の下巻の本願成就文でございますれば、「諸有衆生」です。「あらゆる衆生」と書き下されていますが、「諸有衆生」の方が意味が通ります。「諸有」ですから、存在の色々な問題を抱える衆生でしょうが、存在の有り方一部の問題ではなく、「本有」、根源的な存在そのものの課題、「諸有」を抱えている意でございましょう。つまり「胎生・化生」という課題を宿されし命題です。「諸有衆生、その名号を聞きて、信心歓喜せんこと、乃至一念せん」という、まず「諸有衆生」と呼び帰される存在という事です。二尊教、如来の招喚と釈迦諸佛の発遣を思い知る存在という事でしょう。「聞其名号、信心歓喜、乃至一念」、南無阿弥陀佛のお謂われとして聞き開き、信心歓喜せんこと、乃至一念せんという存在ということです。親鸞さまは、この本願成就の文を「信巻」で、二つに分けて味合われます。今、申し上げましたのは「本願信心の願成就文」と仰います。我が名を呼び帰され、我が名のお謂われを聞き開き信心歓喜する者、信の一念に命終する者でございましょう。つまり、私の主観的な思いの信仰、信心ではないということです。呼び帰され、翻され、聞法国の一人として生まれ、信の一念と命終せしめられる者《ひと》という意義が歩み出されるというのです。そして、二つめの「至心に回向したまえり。彼の国に生まれんと願ずれば、即ち往生を得、不退転に住せんと。唯五逆と誹謗正法とをば除く、と」。如来の願心なる回向を通して「願生彼国」する者《ひと》と成る存在だと。その内容が浄土往生でしょう。浄土に願生する者は、浄土の願心（魂）に生まれ生きる者となる。如来する「欲生心」に促され、生まれ続ける。つまり「本願の生活者」としての出立ちが「不退転に住せんと」という言葉でございましょう。私どもの歩みが退転しないというのではないでしょう。促す願心の方が「誓願」として展開してくる訳です。「仮令の誓願・果遂の誓い」となって促し続ける訳です。別の言葉で申し上げれば、「還来の魂」が穢土を現住所として働き続ける訳です。ですから「唯除の文」が付随されます。「五逆海」・「誹謗正法海」の穢土の只中で「発願」されてくる本願であり、誓願でございます。

従来は、聖人のつねのおおせには、「弥陀の五劫思惟の願をよくよく案ずれば、ひとえに親鸞一人がためなりけり。されば、そくばくの業をもちける身にてありけるを、たすけんとおぼしめしたちける本願のかたじけなさよ」（聖・640頁）とか、「そのゆえは、罪悪深重煩悩熾盛の衆生をたすけんがための願にてまします」（聖・626頁）など『歎異抄』の言葉を引いて、説明されるようですが、厳密に申し上げれば、『教行信証』「信巻」の「一切の群生海、無始よりこのかた乃至今日今時に至るまで、穢悪汚染《えあくわぜん》にして清浄の心なし。虚仮諂偽《てんぎ》にして真実の心なし。ここをもって如来、一切苦悩の衆生海を悲憫《ひれん》して、不可思議兆載永劫において、菩薩の行を行じたまいし時、三業の所修、一念・一刹那も清浄ならぬことなし、真心ならざることなし。如来、清浄の真心をもって、円融無碍・不可思議・不可称・不可説の至徳を成就したまえり。如来の至心をもって、諸有の一切煩悩・悪業・邪智の群生海に回施したまえり」（聖・225頁）との「佛意測り難し」との機の自覚に於て「然りと雖も竊かに斯の心を推するに」との「竊推」せしめられる出来事なのでございます。如来する法蔵菩薩さまの兆載永劫の御修行を通して、「真佛土」の世界、浄土という国土の回復を以て救済される「五劫思惟の願」が「謹按」されてくるのでございます。

「八部衆」というのは、佛法を守護する八種の善神のことで、「天・龍・夜叉・乾闥婆・阿修羅・迦楼羅（金翅鳥）・緊那羅（角のある歌神）・摩睺羅迦（蛇神）」。「冥衆護持」の善鬼神等でございます。「諸有衆生」という一切の群生海に弘宣せられた「流通」でございます。浄土からの呼びかけの便りが、一切衆生・十方衆生に届けられる訳です。そういう誓願の歩みを疑う、「佛智疑惑」の「罪・咎」を知らせんが為に、「唯五逆誹謗正法の文」が付されておるのでございます。まあ、釈迦諸佛の加勧、「一者至誠心」という釈迦牟尼佛の呼びかけの声でございましょう。「三心《さんじん》」が、一者、二者、三者と加勧されてくる。よきひとの仰せとして呼びかけを受ける訳です。親鸞さまは「本願欲生心成就の文」と名づけられます。真実信樂を通して、如来の「欲生心」が呼び喚してくる。願心に呼び帰される、「三心一心問答」を通して、「世尊我一心」という南無阿弥陀佛という主体が回復されてくる。「論主建《はじめ》に「我一心」と言えり」（聖・232頁）との、自己の建立、主体が回復されてくる出来事として宣布される訳でございましょうや。『魏訳』（古訳）では、「一切大衆、佛の所説を聞きたまえて歓喜せざるはなし」（聖・88頁）との、聞其名号の信心歓喜のみ語られますが、この『荘厳經』（新訳）では「佛の所説を聞きてみな大に歓喜し、信受奉行せり」という、曽我先生ではありませんが、「信に死して願に生きる」という、信受に死して、奉行に生きるという、「本願信心の願成就の文」だけでなく、願に生まれ生きるという「本願欲生心成就の文」まで語りべされておりますことは留意さるべき事でございましょう。

最後に、「佛説大乗荘厳経　巻下」という「經題」が付されます。この『荘厳經』は宋代、『如来会』は唐代の「新訳」と言われております。『平等覚經』・『大阿弥陀經』・『魏訳』は「旧訳」と言われます。まあ、書誌学的に申し上げれば、インドのサンスクリットの経典がチベット写本等を通して「五存七欠」と言われますように十二回ほど時代・地域社会の言葉の中で、二十四願經・三十六願經・四十八願經と整理され展開されてきたとお聞きする訳です。まあ、それは『無量壽經』の文化的な歴史でございまして、親鸞さまの視点は「夫れ、真実の教を顕わさば、則ち『大無量壽經』是なり」（聖・152頁）という、『大無量壽經』なる歴史観が「浄土真宗」という、浄土からの働きが真実教として顕れてきているのだと。つまり、本願成就の「世尊我一心」という無上の信心の発起を通して、『無量壽經』に説かれる本願の願心が尋ねられて往く、本願の内容が「三心」の願心の展開として源尋されて往くのだという事でございましょう。「総序」の標呼に「大無量壽經真実の教」と。これは『大經』下巻の始め、第十八願の成就の文でしょう。「浄土真宗」とは四十八願の本願、「別願」の展開でございます。法然聖人が『選択本願念佛集』を束ねて下さっておられますが、『選択集』の中には、「三經一論」という、『無量壽經』（大經・観經・阿弥陀經）と『浄土論』の一心との、本願成就を通して（一心の成就）、如来の願心の歩みの展開が源尋されてくる。同時に『観經・阿弥陀經』の一心（信心）が、「三心」の展開を通して照らし出され、信心が「三心一心問答」を通して批判、吟味されてくるという、見たこと聞いたこと、思ってみたこともない「無量壽經優婆提舎」が「讃嘆」され「自覚」せしめられてくる訳でございます。まあ、法然聖人は「三經一論」という命題を提起され、その内容は語られ、述べられません。未来世一切衆生にその信心なる主体の課題を託された。法然聖人は、何時そのことが縁熟してこの穢土の只中で萌芽し、「一心の華文」として開花するかは分からん。それでも、一切衆生の時の衆生にその命題を託される訳です。綽空（親鸞）さんが、偶々、法然聖人にお遇いされ、その託された宿題に相応され、応答されたのでございましょう。それが、「後序」とよばれます、「又、夢の告げに依って、綽空の字を改めて、同じき日、御筆をもって名《みな》の字を書かしめたまい畢《おわ》りぬ」（聖・400頁）と記されます。まあ、今度の親鸞さまの750回御遠忌をご縁に、東京の本多さんが、従来「善信」と呼ばれた「名」がこの「名」であると云われてきたが、この「名」は親鸞という名であると力説されました。何かお聞きしていると「流布語」というよりは、ご自分の「自大・邪見」として主張しておられ、さも、ご自分の説が正当化されていると自慢されます。親鸞さまの名前が、善信であろうと、親鸞であろうと、それは果名でしょう。夢告によって、吉水に出向かれ、法然聖人に出遇われた。そして恐らく法然聖人から、七高僧の伝承を物語る、本願の歴史、僧伽の歴史から賜った「綽空」という字を改められたと。法然聖人からいただいた「名前」ですよ、「綽空」は。まあ、念佛のご縁のある者からみれば「真筆・真影・真文」も宝物でございますよ。誰にもやりたくない、譲りたくない、隠しておきたいような、声聞衆の宝ものですよ。まあ、我執どころじゃない、法執の法執たる執着です。果名の場合はそうでしょう。凡夫の身が僧伽の一員に加わった、浄土聚会の民に帰化した、念佛の御同朋・御同行として迎えられた。こんな喜ぶべき慶びはないでしょう。それを救世観音の夢告を通して、「雑行を棄てて本願に帰す」という、法蔵因位の願心の歴史に呼び帰された、翻された。つまり、果名を、わしは「綽空」より「親鸞」がいいとか、そういう私どもの手持ちの道具の改変ではないのです。これはこの記述の前に、『選択集』の書写が許されて、「「選択本願念佛集」の内題の字、ならびに「南無阿弥陀佛　往生之業　念佛為本」と「釈の綽空」の字と、空の真筆をもって、これを書かしめたまいき」との、ご自分の体験された、経験された思い出です。まあ、果徳として考えて歓びの中の慶び、これに若くなしというようなものでしょう。まあ、大地の方々の先生はみんなそうです。曽我・金子・安田先生等、ご自分のご縁のあった先生方の言葉、揮毫、思い出等、懐かしくてたまらんという表現をされ、耳の底に留まったと云って大事にされておられます。藤元先生なんかは、安田先生の新しい講義集が出ると、見るのも惜しいと云って、カバンに入れて持ち歩いていたそうです。まあ、先生方にお会いした方々は、何度も何度も、その遺されたお言葉を生涯大事に止められて「仰せ」として味合わい、値遇うて往かれる訳です。声聞の「胎生」の世界というものはそういうものです。実は、吾人も声聞の病の大病に患うております。

「同じ日、御筆をもって名《みな》の字を書かしめたまい畢りぬ」と仰られるのは、真筆をもって書いていただいた「名」が、越後流罪・関東の無縁の人々との出会いを通して、改変されたのでございましょう。これは前にも、ご紹介しておりますが、「行巻」の道綽禅師の『安楽集』を引いておられます。その前に『論註』をお引きになり、「いかんが回向する」という内容を開かれて、「「一切苦悩の衆生を捨てずして、心に常に作願すらく、回向を首として大悲心を成就することを得たまえるがゆえに」とのたまえり」と。その回向の働きを二種の回向とされ、「往相回向は、己が功徳をもって一切衆生に回施して、作願して共に阿弥陀如来の安楽浄土に往生せしめたまえるなり」（聖・170頁）と。まあ、ここに「共に」という言葉が付せられます。往相回向も還相回向も「共に」という言葉が実は付すのですが、この名の「改変」が「共に」という内容を含んでの働きが往相回向という衆生に回施された働きです。まあ、本多さんは親鸞個人の名前の改変だと勘違いしておられるようです。まあ、余談です。

『安楽集』の言葉も、往相回向が「共に」回施される具体的な出来事として、改変が語られております。「ひとたび往生を得れば、すなわちよく一切諸悪を改変して大慈悲を成ぜんこと、かの香樹の伊蘭林を改むるがごとし。」・「言うところの「伊蘭林」は、衆生の身の内の三毒・三障・無辺の重罪に喩う。「栴檀」と言うは、衆生の念佛の心に喩う」（聖・171頁）と物語られます。「綽空の字を改めて、同じき日、御筆をもって名《みな》の字を書かしめたまい畢りぬ」という出来事は、こういう出来事でございましょう。往生の内容として「無量壽經優婆提舎」が展開してくる。「かの香樹の伊蘭林を改むるがごとし」というのは、果徳の名の変更ではなく、果徳の名を云々するものが、因位の名《みな》に呼び帰され、翻される出来事、「無量壽經優婆提舎」という「論」の事業なのでございます。人間の改名ではなく、佛法の事業、「無量壽經優婆提舎」という出来事なんだと。法然聖人が未来世一切衆生に託された「三經一論」という、衆生の宿題を、共々に頂いている、託されている御用なのだと。一生涯をあげて思い出され、一生涯をあげて値遇うて往くような課題なのだと。「信に死し、願に生きよ」という曽我先生の獅子吼される内容なのでございましょう。因位法蔵菩薩の名《みな》に帰らしめられる。因位の名《みな》、南無阿弥陀佛のお謂われを聞き開くご縁として、「愚禿釈鸞」の果徳の名が命終して「南無阿弥陀佛」という主体に生まれ生きることが、ここに始まってまいるような出来事の記載でございましょうや。

思えば、二年余り、この『荘厳經』の読誦・諷誦のご縁をいただきました。未来世一切衆生なるわれらに託された歴史、「無量壽經優婆提舎」が『無量壽經』・『異訳』等の本願文の展開を通して、三国に生まれた『浄土論』としての位置づけが『教行信証』でございましょう。それは仏教徒の「三時史観」も超え、「法滅」の時、無佛の時をも超え、「五濁悪世」の「有佛・無佛」の時を流通する智慧の念佛、縦糸の智慧の歴史でございます。それぞれの横糸の人生を貫いて、「浄土真宗は、在世・正法・像末・法滅、濁悪の群萌、斉しく、悲引したまうをや」（聖・357頁）と織りなされる無上の信心の智慧、信心海でございましょう。その「優婆提舎」は回施されし「回向心」として穢土の只中、この現実の社会、中東に勃発せし宗教・民族テロの派生、核の脅威の中、原発建設・原発再稼動を通して、この地球村に覇征する環境汚染への永久の旅路、人間中心の業報の世界への、阿鼻地獄の始まりでございましょうや。この現実の只中で、終わりなき流転への回帰が、終わりなき法蔵因位のご苦労でございましょう。「ただ念佛もうさるようにすぐべし」との、法然聖人の「世に出でる菩薩道」として、われらの流転の旅路に南無・帰命される訳でございます。

共に、聞法のご縁に集われた皆さま方に御礼申しあげますと共に、亦、三世十方世界より雲集して下さる恒沙無量の諸佛の方々の重愛を獲、その諸佛・よき人・よき朋、の加勧と、誹謗・謗法して下さる咨嗟に守護せられ、未来世一切衆生なる祈りに培われて、この『佛説大乗荘厳經』随聴記を終焉させていただきます。

学場房　世英　講述

帰本願八百十五歳（平成二十八年）一月十五日

南無阿弥陀佛

あとがき

この『佛説大乗荘厳經』随聴記は、平成二十六年の九月から平成二十八年の一月まで、一年半ばかり、毎月『荘厳經』を読誦・諷誦させていただき、講読させていただいた「随聴記」である。図らずも宗祖親鸞聖人七百五十回忌の御遠忌にお遇いし、改めて「五濁悪世」という「法難」の中、届けられた縦糸の智慧（智慧の念佛）と横糸の智慧（信心の智慧）が織り成され、法蔵の願力のなせる「阿修羅の琴の鼓する者なしといえども音曲自然なるがごとし」と譬えられたる時の時熟でございます。

『魏訳』の『無量壽經』を要とし、異訳経典を、『清浄平等覚經』・『大阿弥陀經』・『如来会』を読誦・諷誦させていただき、恒沙無量の諸佛の諸先輩のお念佛の味合いをお尋ねし、特に親鸞さまの『教行信証』という「無量壽經優婆提舎」の伝統として織り成される智慧の味合いとして「随聴」させていただき、まあ、己証にもならぬお粗末なものを表現させていただいてまいりました。今回も、『荘厳經』の「解釈」は昔の本派の御講師方の講本は多々あるのでございましょうが、講読・理解する才もございませんので、僅かに、安田先生等の「展開する本願」としてご指南があり、親鸞さまの『教行信証』という「無量壽經優婆提舎」の展開を通して「竊かに以み」、「謹按・謹顕」された内容を窺わさせていただくことでございます。『浄土文類』という「ことの葉」は、浄土よりの「十方衆生よ」という呼び声、浄土からのラブレターでありまして、身に余る呼び声は、一人の器よりこぼれ出づるものでありましょう。「身にも余りぬるかな」という感慨を少しき纏めさせていただきました。平成二十八年の二月からは、残された最後の『魏訳』をお尋ねさせていることでございますが、還暦より、「汝が命根、拾余歳なるべし」との限りあるものであり、余命を尽くして尋源させていただこうと欲うところでございます。

先日、安田先生の『親鸞における救済と自証』を数人の方々と輪読していた際、「法然上人の教学は非常に複雑です。普通の人は法然上人は単純で親鸞は『教行信証』で面倒なことを言っていると。そうではないのであって、親鸞の方が単純なのです。法然上人は非常に複雑なもの、残滓があるというのです」（第三巻第四講194頁）との言葉にふれ、名号の他には行信もない。非常に純粋になってきた。純化されてきた。形は単純になるのですとの声に、何処に立って聴聞しているかということが翻される事でありました。諸兄の「釈迦・弥陀は慈悲の父母、種種に善巧方便し、われらが無上の信心を発起せしめたまえり」との「母校」の称讃を通して、凡愚のわが身は「聞名」の「信心歓喜」に命終し、「我が名字を聞きて」という法蔵の願心の歩みの豊かさを味合いとして織り成される、そこに「称説」という御用が「利他円満の妙位、無上涅槃の極果なり」と奏でられるのでございます。改めて一生涯、「本願文」という源泉され、地表に湧出する、さらなるお念佛のご縁に値遇わんことを「願楽欲聞」し、日々新たなるお念佛として「尋発」せしめられる事でございます。

尚、この拙書の出版に当たり、「考古堂書店」さまからは快く出版いただき、柳本和貴さまよりは、校正等、ご協力ご指導いただきましたことを心よりお礼申し上げ、亦、これまでお育ていただき、加勧をいただいた、恒沙無量の諸佛の方々に、亦、講読に参集してくださった御同朋・御同行の方々、亦、未来世一切衆生の祈りの坐を届けられる未だ見ない三世十方の父母兄弟・姉妹の方々に衷心より感謝お礼申し上げる事であります。

帰本願八百十六歳（平成二十九年）九月二十日

新潟学佛道場子

学場房　世　英　業識

學場房　世英（山代　英世）

1947年（昭和22年）生まれ。
1970年（昭和45年）、大谷大学文学部・真宗学科卒業。
1972年（昭和47年）、大谷大学大学院中退。
真宗大谷派・浄泉寺住職。
在日浄土（僧伽）人・新潟学佛道場子。

著　書
『無量清浄平等覺經』随聴記―人類を貫く経糸
『佛説大阿弥陀経』随聴記―人類の歴史に届けられた誓願（ことの葉）
『親鸞』―法蔵なる足音―
『佛説無量壽如来會』随聴記―異邦の朋より―

『佛説大乗荘厳經』随聴記
―― 音曲自然《じねん》の奏 ――

平成30年2月1日発行

著　者　學場房 世英
発行者　柳 本 和 貴
発行所　㈱考古堂書店
〒951－8063
新潟市中央区古町通4番町563番地
☎025－229－4058　FAX 025－224－8654
印刷所　株式会社ウィザップ

ISBN978-4-87499-866-3 C0015